COURS D'ÉTUDE
POUR L'INSTRUCTION
DU PRINCE DE PARME.

COURS D'ÉTUDE

POUR L'INSTRUCTION

DU PRINCE DE PARME,

AUJOURD'HUI

S. A. R. L'INFANT

D. FERDINAND,

DUC DE PARME, PLAISANCE, GUASTALLE, &c. &c. &c.

Par M. l'Abbé de CONDILLAC, *de l'Académie françoise & de celles de Berlin, de Parme & de Lyon; ancien Précepteur de S. A. R.*

TOME SEIZIEME,

Où l'on a joint les Directions pour la conscience d'un Roi.

INTRODUC. A L'ÉTUDE DE L'HISTOIRE MODERNE

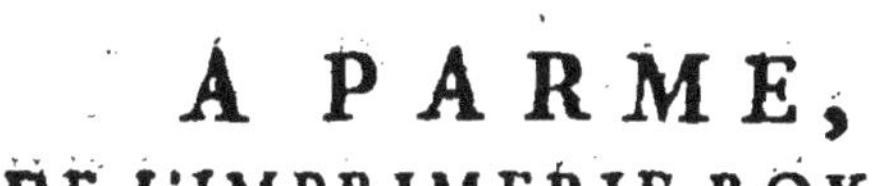

A PARME,

DE L'IMPRIMERIE ROYALE.

M. DCC. LXXV.

TABLE DES CHAPITRES.

PREMIERE PARTIE.

CHAPITRE I.

INTRODUCTION.

CHAPITRE II.

CHAPITRE III.

CHAPITRE IV.

CHAPITRE V.

SECONDE PARTIE.

CHAPITRE I.

OBJET DE CETTE SECONDE PARTIE.

CHAPITRE II.

CHAPITRE III.

TROISIEME PARTIE.

CHAPITRE I.

CHAPITRE II.

CHAPITRE III.

CHAPITRE IV.

CHAPITRE V.

TABLE
DES DIRECTIONS
POUR
LA CONSCIENCE D'UN ROI,

Que l'on a jointes à la fin de ce dernier volume.

FIN de la Table des Directions.

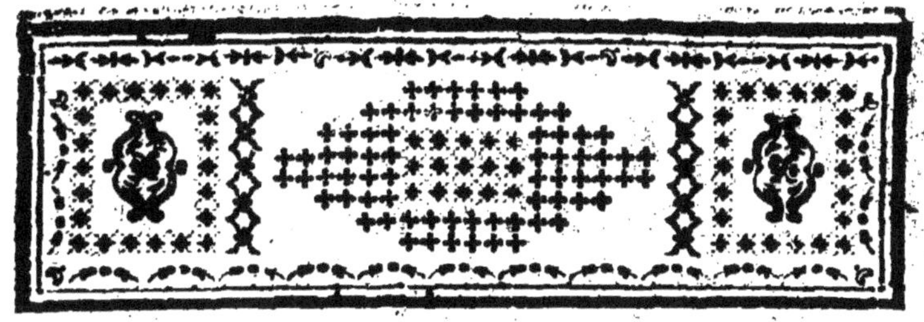

DE L'ÉTUDE DE L'HISTOIRE A MONSEIGNEUR LE PRINCE DE PARME.

PREMIERE PARTIE.

CHAPITRE PREMIER.

INTRODUCTION.

Que l'hiſtoire doit être une école de morale & de politique.

On a déja mis ſous vos yeux, Monſeigneur, tout ce que l'hiſtoire préſente de plus remarquable. Vous avez vu naître le genre humain, & à peine les hommes ont ils été formés, qu'ils n'ont plus été dignes que de la colere de leur Auteur. Ils abusent des bienfaits du ciel, ils sont condamnés à périr sous les eaux; & vous avez vu sortir de l'arche une famille privilégiée & destinée à repeupler la terre. A l'exception de quelques patriarches que Dieu a gouvernés d'une maniere miraculeuse, & choisis pour être les peres d'un peuple élu, nous ignorons les courses, les entreprises, les transmigrations & les établissements des enfants de Noé. Ces siecles qu'il seroit si avantageux de connoître, sont ensevelis dans une obscurité profonde. Nous ne savons point par quel enchaînement de révolutions extraordinaires, les hommes reproduits & multipliés en peu de temps, ont perdu les connoissances que leurs peres avoient avant le déluge.

En remontant aussi haut que peuvent nous conduire les monuments de l'histoire profane, vous n'avez en effet trouvé sur presque toute la terre que des hommes plongés dans la plus affreuse barbarie, & conduits par des passions brutales dont ils étoient les victimes. Ces sauvages, pareils aux brutes, paroissoient n'avoir comme elles qu'un instinct grossier. Il a fallu que l'excès de leurs malheurs les forçassent à réfléchir, que des hasards heureux & des hommes de génie les retirassent des forêts, leur apprissent à construire des cabanes, à nourrir des troupeaux, à cultiver la terre, & à s'aider mutuellement dans leurs besoins. La société seule étoit capable de leur faire connoître leurs devoirs, de leur présenter un bien public qu'ils devoient aimer; & en établissant une regle & un ordre entre eux, de hâter le développement de leur raison.

C'est dans l'Asie que jettant les premiers fondements de la société, les loix ont d'abord amené la sureté & la paix à la suite de la justice. Vous voyez s'élever à la fois les empires puissants d'Assyrie, de Babylone & d'Egypte, tandis que le reste de la terre est encore barbare. L'Europe se civilise à son tour; & les côtes d'Afrique que baigne la Méditerranée, sont enfin habitées par des hommes. On voit partout des villes, des loix, des magistrats, des rois & des arts; mais les vices qui tourmentoient les particuliers avant la naissance des sociétés, vont tourmenter les états. L'injustice, la violence, l'avarice, l'ambition, la rivalité, la jalousie ont rendu les nations ennemies les unes des autres; & vous avez vu commencer cette suite éternelle de guerres & de révolutions qui, depuis la ruine des Babyloniens jusqu'à nos jours, ont changé mille fois la face du monde.

Ninus vainqueur de Babylone; Sémiramis qui en lui succédant, porta l'empire d'Assyrie au plus haut degré d'élévation; Déjocès, à qui sa vertu soumit les Medes ses concitoyens; Cyrus dont la valeur donna l'empire de l'Asie entiere aux Perses, peuple jusqu'alors inconnu & peu puissant; tous ces héros, & quelques autres que je pourrois encore nommer, ont mérité une attention particuliere de votre part. En vous instruisant de ce que des monuments trop rares nous apprennent de l'ancienne Égypte, ce ne sont, Monseigneur, ni ses pyramides, ni le labyrinthe, ni le lac de Mœris, ni les inondations fécondes du Nil, ni la grandeur fastueuse des successeurs de Sésostris, qui sans doute vous ont le plus touché. Vous auriez voulu connoître les loix, les institutions, les établissements, les mœurs, les usages de cette contrée heureuse où la philosophie est née. C'est là que les hommes les plus célebres de l'antiquité sont allés puiser la sagesse pour la répandre chez des peuples ignorants; & cette philosophie n'étoit pas, comme aujourd'hui, une vaine spéculation; c'étoit l'art d'être heureux réduit en pratique.

Jamais pays n'a produit plus de vertus ni plus de talents que la Grece. En voyant les institutions rigides de Lycurgue, & la sagesse des Spartiates, avez vous regretté que des loix trop molles & favorables à nos vices, aient ailleurs dégradé l'humanité? en voyant les grandes choſès qu'ont faites les Athéniens, auriez vous voulu naître dans la patrie des Miltiade, des Ariſtide, des Thémiſtocle, des Cimon? C'eſt un favorable augure pour les hommes qui doivent un jour vous obéir, ſi, en liſant l'hiſtoire de la Grece, vous vous êtes intéreſſé à ſa proſpérité, & ſi vous avez vu avec plaiſir la vengeance, le faſte & toutes les forces de Xerxès venir ſe briſer contre le courage, la diſcipline & la liberté des Spartiates & des Athéniens. Vous ſerez certainement, Monſeigneur, un grand prince, ſi, plein d'admiration pour le génie de Philippe inépuiſable en reſſources, & le courage audacieux d'Alexandre, une raiſon prématurée vous a cependant porté à blâmer leur ambition, & deſirer qu'ils euſſent fait un meilleur emploi de leurs grandes qualités.

Les Romains dont la fortune élevée par dégrés, ſubjugue enfin toute la terre, vous ont préſenté un ſpectacle également agréable & inſtructif. D'une foule de brigands ou d'eſclaves fugitifs à qui Romulus avoit ouvert un aſyle, vous voyez naître les maîtres du monde. Ils prennent peu à peu des mœurs, & en s'accoutumant à obéir aux loix religieuſes de Numa, ils échappent à la ruine dont ils étoient menacés. La haine que leur inſpire la tyrannie de Tarquin, leur donne la force de ſecouer ſon joug, & les prépare à prendre toutes les vertus, qui accompagnent la liberté. A peine ont-ils des consuls, qu'ils ont déja autant de héros que de citoyens. Si l'orgueil, l'avarice & l'avidité des patriciens menacent encore la république d'une nouvelle servitude, on ne leur donne pas le temps d'affermir leur puissance ; bientôt des tribuns font connoître au peuple sa dignité, & forcent peu à peu ses ennemis à fléchir sous les loix de l'égalité. Le génie de Rome s'éleve, s'étend, s'agrandit, en quelque sorte, au milieu de ses dissentions domestiques. Sans législateur qui instruise la république à régler ses passions, & à ne se pas laisser effrayer par les caprices de la fortune ; elle acquiert par ses seules méditations cette patience prudente qui se rend maîtresse des événements, & cette magnanimité qui triomphe de tous les obstacles.

Vous avez pris sans doute plaisir à suivre les Romains dans leurs victoires. Quelque intérêt qui vous attache à la nation Gauloise, confondue depuis avec les François ses vainqueurs, n'avez vous pas craint que Brennus n'étouffât dans son berceau un peuple que son courage appelloit à l'empire du monde, & dont la prospérité & les malheurs devoient également servir d'éternelle instruction aux barbares qui envahiront un jour ses provinces? Pyrrhus vous a inquiété, Annibal vous a fait trembler. Conservez avec soin, Monseigneur, ces premiers ſentiments que vous a fait naître la lecture de l'hiſtoire ancienne. C'eſt là le premier avantage qu'on en doit retirer à votre âge. L'admiration pour les grands modeles que préſente l'antiquité, ouvrira votre ame à l'amour de la véritable gloire, & vous tiendra en garde contre les vices communs à tous les hommes, & contre les préjuges particuliers aux princes.

Ne conſidérer l'hiſtoire que comme un amas immenſe de faits qu'on tâche de ranger par ordre de dates dans ſa mémoire ; c'eſt ne ſatisfaire qu'une vaine & puérile curioſité qui décele un petit eſprit, ou ſe charger d'une érudition infructueuſe qui n'eſt propre qu'à faire un pédant. Que nous importe de connoître les erreurs de nos peres, ſi elles ne ſervent pas à nous rendre plus ſages ? cherchez, Monſeigneur, à former votre cœur & votre eſprit. L'hiſtoire doit être pendant toute votre vie l'école où vous vous inſtruirez de vos devoirs. En vous préſentant des peintures vives de la conſidération qui accompagne la vertu, & du mépris qui ſuit le vice, elle doit un jour ſuppléer aux hommes qui cultivent aujourd'hui les heureuſes qualités que la nature vous a données.

On oſe aujourd'hui vous montrer la vérité ; on oſe tantôt mettre un frein à vos paſſions.

naissantes, & tantôt secouer cette pesanteur naturelle qui retarde notre marche vers le bien; mais un jour viendra & il n'est pas loin, Monseigneur, qu'abandonné à vous même, vous ne trouverez autour de vous aucun secours contre des passions d'autant plus fortes & plus indiscrettes, que vous êtes plus élevé au dessus des hommes qui vous entourent. Vous ne connoissez pas le malheur, je dirois presque la misere de votre condition. La vérité, toujours timide, toujours fastidieuse, toujours étrangere dans les palais des princes, craindra certainement de se montrer devant vous. Redoutez, Monseigneur, ce moment de votre indépendance. Quand je vous l'ai annoncé comme prochain, si vous avez éprouvé un sentiment de joie & d'impatience, je dois vous avertir que vous devez redoubler d'attention pour ne pas échouer contre l'écueil qui vous attend. Triste & malheureux effet de votre grandeur ! vous serez environné de complaisants à gages qui épieront incessamment vos foibles, & dont la funeste adresse vous tendra des pieges d'autant plus dangereux qu'ils vous paroîtront agréables. Pour vous dominer impérieusement, ils iront au devant de vos desirs, ils tâcheront avec autant d'art que de constance de vous rendre esclave de leurs passions, en feignant d'obéir aux vôtres. Si vous les croyez, vous serez tenté de vous croire quelque chose de plus que un homme, & dupe de vos courtisans, vous vous trouverez rabaissé même au dessous d'eux.

A la voix insidieuse de la flatterie, opposez les réflexions que vous fournira l'histoire. Elle vous apprendra, si elle n'est pas écrite par la plume prostituée de nos écrivains modernes, que la vertu ne doit pas être d'un exercice plus commode & plus facile pour les princes que pour les autres hommes. Elle vous dira au contraire que plus vos devoirs sont étendus, plus vous devez livrer de combats & faire d'efforts pour les remplir. Elle vous avertira que né, comme tous les hommes avec un commencement de toutes les passions, vous devez craindre qu'elles ne vous conduisent aux plus grands vices ; elle vous dira que chaque vice du prince est un malheur public.

Jamais prince n'a mérité les éloges que lui prodiguent ses courtisans : c'est une vérité, c'est un axiome qui ne souffre aucune exception, & que vous devez religieusement vous répéter tous les jours de votre vie. Quand votre orgueil sera tenté d'ajouter foi à des flatteurs, rappellez-vous que les monarques les plus vils, les plus méchants même, les Caligula & les Néron, ont été regardés comme des dieux par les hommes qui avoient le malheur de les approcher. Serez vous prêt à vous laisser éblouir par votre pouvoir, ou amollir par les voluptés que vous prodiguera votre fortune? Rappellez vous avec quel œil dédaigneux l'histoire voit ces princes qui n'ont de grand que les titres dont ils sont accablés : elle flétrit leur mémoire. A peine daigne-t-elle conserver les noms de ces rois oisifs & paresseux, qui n'ont rien fait pour le bonheur des hommes; tandis qu'elle venge de simples citoyens de l'obscurité à laquelle leur état sembloit les condamner.

Lisez & relisez souvent, Monseigneur, les vies des *hommes illustres* de Plutarque. Si cette lecture vous touche, si elle vous intéresse, si vous ne l'abandonnez qu'avec peine, si vous y revenez avec plaisir; il vous est permis de juger avantageusement de vous, & de croire que vous avez fait & que vous ferez des progrès. Les héros de Plutarque ne sont presque tous que de simples citoyens; & les princes les plus puissants ne peuvent cependant être grands aux yeux de la vérite & de la raison, qu'en les prenant pour modeles. Choisissez-en un que vous veuilliez imiter. Mais je vous en avertis, Monseigneur, que ce ne soit pas un prince. Vous ne trouveriez point dans le tableau que Plutarque en fait, cet amour de la justice & du bien public qui distingue les citoyens d'une république. Je ne sais qu'elle gloire fausse & ambitieuse ternit toujours la vie des plus grands rois. Ils oublient trop souvent qu'ils ne sont que l'instrument du bonheur de leur peuple; & ils veulent que leur peuple soit l'instrument de leur gloire. Choisissez pour modele un simple citoyen de la Grece ou de Rome, prenez-le pour votre juge, demandez-vous souvent: Aristide, Fabricius, Phocion, Caton, Épaminondas auroient-ils agi ainsi? Vous sentirez alors votre ame s'élever, vous serez tenté de les imiter. Demandez-vous quel jugement ces grands hommes porteroient de telle ou telle action que vous voudrez faire; & vous acquerrez le goût le plus noble & le plus délicat pour la justice & la véritable gloire.

Mais il ne suffit pas, Monseigneur, que vous regardiez l'histoire comme une école de morale. Dans l'état où vous êtes né, ce n'est pas assez que vous soyez vertueux pour vous même, vous devez nous être utile, & il faut que vous acquériez les lumieres nécessaires à un prince chargé de veiller sur la société. La seule qualité d'homme & de citoyen, doit porter les particuliers à méditer sur ce qui fait le bonheur ou le malheur de la société, & les anciens nous ont laissé à cet égard un exemple trop négligé par les modernes. Quel est donc le devoir de ceux à qui les peuples n'ont remis

& ne confient le pouvoir souverain qu'à la charge de travailler au bonheur public?

Il y a un art pour rendre une république heureuse & florissante, c'est cet art qu'on appelle politique. Défiez-vous des personnes qui vous diront qu'il suffit d'avoir le cœur droit & l'esprit juste pour bien gouverner. Elles ne voudront vous rendre ignorant que pour se rendre nécessaires, abuser de votre ignorance, & vous tromper plus aisément. Le prince qui ne connoît pas les ressorts qui font mouvoir & fleurir la société, ou qui ignore comment il faut accélérer ou ralentir leur action; réduit à la condition d'un automate, ne sera que l'organe ridicule de ses ministres: son ignorance les enhardira au mal, & bientôt leur premier intérêt sera d'être ses favoris pour devenir les tyrans de ses peuples. S'il néglige de s'instruire, & de remonter jusqu'aux premiers principes de la prospérité & de la décadence des états, il s'égarera malgré les meilleures intentions. En remédiant à un abus, il en produira un autre. Le bien, fait par hazard & sans regle, ne sera jamais que passager, & tiendra toujours à quelque inconvénient. Vous avez dû remarquer dans l'histoire plusieurs rois dont on loue la probité; des Louis XII ont été honorés du titre *de peres du peuple*: ces princes vouloient sincérement le bonheur de leur royaume; mais faute de lumieres, ils n'ont jamais pu rien exécuter d'utile à la société. Après le plus long regne, n'étant encore instruits que par leur seule expérience, ils ne connoissoient que très-imparfaitement un cercle très étroit de choses.

C'est parce qu'on dédaigne par indifférence, par paresse ou par présomption de profiter de l'expérience des siecles passés, que chaque siecle ramene le spectacle des mêmes erreurs & des mêmes calamités. L'imbécille ignorance va échouer contre des écueils, autour desquels on voit encore flotter mille débris, restes malheureux de mille naufrages. Elle est obligée d'inventer, & peut à peine ébaucher des établissements dont on trouve le modele parfait dans un autre temps ou chez une autre nation. De-là ces vicissitudes, ces révolutions capricieuses & éternelles auxquelles les états semblent être condamnés. Nous faisons ridiculement & laborieusement des expériences malheureuses, quand nous devrions profiter de celles de nos peres. Tantôt le gouvernement s'égare dans de vaines spéculations, & ne court qu'après des chimeres; tantôt il s'applique gravement à faire des changements qui ne changent rien au sort malheureux de l'état. On étaye un édifice qui s'écroule, avec des poutres à moitié pourries. Nous nous agitons, comme des enfants, pour ne rien faire. Tant de fautes ne sont point impunies, & une fortune cruelle, inconstante & aveugle semble présider aux choses de ce monde; en usurpant sur les nations l'empire qu'y devroit avoir la prudence, elle les conduit à leur ruine à travers mille malheurs.

Avant que de commander une armée, Scipion & Lucullus apprirent dans la lecture de Xénophon, à devenir de grands capitaines. Ils ne se livroient point au stérile plaisir de lire de grandes actions de guerre & d'orner leur mémoire; ils s'appliquoient à démêler les causes des succès heureux ou des événements malheureux d'une entreprise particuliere ou d'une campagne entiere; ils étudioient l'art d'un général pour préparer la victoire, ou ses ressources pour réparer une défaite. Armes & discipline de chaque peuple, maniere différente de faire la guerre, mouvements des armées selon la différence de leurs positions ou terrains, rien n'échappoit à leurs méditations. Sans être sortis de Rome, Scipion & Lucullus avoient en quelque sorte fait la guerre contre plusieurs nations différentes, & sous les plus habiles capitaines de la Grece. Pleins ainsi du génie de ces grands hommes, ils en furent les rivaux dès qu'ils commanderent les légions romaines.

Quel que soit l'emploi auquel on est appellé, soit qu'il n'ait rapport qu'à une branche de l'adminiſtration publique, ſoit qu'il en embraſſe toutes les parties ; il n'eſt pas douteux qu'on ne puiſe dans l'hiſtoire les mêmes ſecours que Scipion & Lucullus y trouverent pour perfectionner leurs talents naturels & devenir de grands capitaines. Je pourrois, Monſeigneur, vous en citer mille exemples, & j'eſpere que même vous en ſerez un qu'on citera un jour aux princes qu'on voudra former aux grandes choſes.

Quelques peuples ont joui pendant pluſieurs ſiecles d'un bonheur conſtant ; d'autres n'ont eu qu'une proſpérité courte & paſſagere, ou n'ont exiſté que pour être malheureux. Quelques états n'ont jamais pu, malgré leurs efforts, ſortir de leur premiere médiocrité; quelques-uns ſont parvenus ſans peine à la plus grande puiſſance. Combien de nations autrefois célebres, & dont la durée ſembloit en quelque ſorte devoir être égale à celle du monde, ne ſont plus connues que dans l'hiſtoire? Perſes, Égyptiens, Grecs, Macédoniens, Carthaginois, Romains, tous ces peuples ſont détruits. Leurs proſpérités, leurs diſgraces, leurs révolutions, leur ruine ne doivent-elles être conſidérées que comme les jeux d'une fatalité aveugle? ne rapporterons-nous de leur hiſtoire, Monſeigneur, que la triſte & fauſſe conviction que tout eſt fragile, que tout cede aux coups du temps, que tout meurt, que les états ont un terme fatal; & quand il approche, qu'il n'y a plus ni sagesse, ni prudence, ni courage qui puissent les sauver?

Non. Chaque nation a eu le sort qu'elle devoit avoir; & quoique chaque état meure, chaque état peut & doit aspirer à l'immortalité. Ainsi que Phocion l'enseigne à Aristias, accoutumez-vous à voir dans la prospérité des peuples la récompense que l'Auteur de la nature a attachée à la pratique de la vertu; voyez dans leurs adversités, le châtiment dont il punit leurs vices. Aucun état florissant n'est déchu qu'après avoir abandonné les institutions qui l'avoient fait fleurir; aucun état n'est devenu heureux qu'en réparant ses fautes & corrigeant ses abus. La fortune n'est rien, la sagesse est tout; & ces grands événements rapportés dans l'histoire ancienne & moderne, & qui nous effrayent, seront autant de leçons salutaires si nous savons en profiter. Appliquez-vous dans vos études, Monseigneur, à démêler avec soin les causes du peu de prospérité & des malheurs infinis que les hommes ont éprouvés, & vous connoîtrez surement la route que vous devez prendre pour devenir le pere de vos sujets & le bienfaiteur des générations suivantes. La connoissance du passé levera le voile qui vous cache l'avenir. Vous verrez par quelles institu-

institutions les peuples inquiets qui déchirent aujourd'hui l'Europe, peuvent encore se rendre heureux. Vous connoîtrez le sort que chaque nation doit attendre de ses mœurs, de ses loix & de son gouvernement.

Il n'y a point d'histoire ainsi méditée, qui ne vous instruise de quelque vérité fondamentale, & ne vous preserve des préjugés de notre politique moderne qui cherche le bonheur où il n'est pas. Les rois de Babylone, d'Assyrie, d'Egypte & de Perse, ces monarques si puissants sembleront vous crier de dessous leurs ruines que la vaste étendue des provinces, le nombre des esclaves, les richesses, le faste & l'orgueil du pouvoir arbitraire hâtent la décadence des empires. La Phénicie, Tyr, & Carthage vous annonceront tristement que le commerce, l'avarice, les arts & l'industrie ne donnent qu'une prospérité passagere; & que les richesses accumulées avec peine trouvent toujours des ravisseurs, parce qu'elles excitent la cupidité des étrangers. Rome vous dira, Monseigneur, apprenez par mon exemple tout ce que la vertu produit de force & de grandeur; elle m'a donné l'empire du monde. Mais, ajoutera-t-elle, en me voyant déchirée par mes propres citoyens & la proie de quelques nations barbares qui n'avoient que du courage, apprenez à redouter l'injustice, la mollesse, l'avarice & l'ambition.

La Grece vous offre ses fastes ; lisez. C'est-là que vous pouvez faire une ample moisson de vérités politiques. Vous y apprendrez à la fois & ce que vous devez faire & ce que vous devez éviter. Les institutions de Lycurgue ne peuvent être trop étudiées ; jamais on ne peut trop en méditer l'esprit, quoiqu'il soit aujourd'hui impossible de nous élever au même degré de sagesse. Ce ne sera point sans fruit que vous découvrirez les vices des loix de Solon. La prospérité de Lacédémone vous prouvera que le plus petit état peut être très puissant, quand les loix ne tendent qu'à donner de la force & de l'énergie à nos ames. Athènes, illustrée par des efforts momentanés de courage & de magnanimité, & par son amour de la liberté & de la patrie, mais malheureuse parce qu'elle n'avoit aucune tenue dans sa conduite, vous donnera les leçons les plus utiles, en vous montrant que des vertus & des talents mal dirigés n'ont servi qu'à la perdre. Dans les divisions des Grecs, dans les malheurs que leur causa leur ambition, vous apprendrez à connoître les erreurs de l'Europe moderne qui se lasse, qui s'épuise, qui se déshonore par des guerres continuelles, dans lesquelles le vainqueur trouve toujours la fin de sa prospérité & le commencement de sa décadence.

Remarquez-le avec soin ; les mêmes loix, les mêmes passions, les mêmes mœurs, les mêmes vertus, les mêmes vices ont constamment produit les mêmes effets; le sort des états tient donc à des principes fixes, immuables & certains. Découvrez ces principes, Monseigneur, & je prends la liberté de vous le répéter, la politique n'aura plus de secrets pour vous. Plein de l'expérience de tous les siecles, vous saurez par quelle route les hommes doivent aller au bonheur. Sans être jamais la dupe de ce fatras de miseres, de ruses, de subtilités & d'inepties qu'on voudroit nous faire respecter, vous apprendrez à ne pas confondre les vrais biens avec ceux qui n'en ont que l'apparence. Vous distinguerez les remedes véritables des palliatifs trompeurs. Vous ressemblerez à ce pilote qui navige sans crainte & sans danger, parce qu'il connoît tous les écueils & tous les ports de la mer qu'il parcourt; il lit sa route dans un ciel serein, & est instruit des signes qui annoncent le calme & la tempête.

CHAPITRE II.

Des vérités fondamentales auxquelles il faut s'attacher en étudiant l'histoire.

PREMIERE VÉRITÉ.

De la nécessité des loix & des magistrats.

RIEN n'est plus aisé, en lisant l'histoire, que d'extraire des maximes pour le gouvernement des états; mais si on fait ce travail sans observer une certaine méthode, on croira amasser des vérités, & on ne se chargera que d'erreurs. Gardez-vous, Monseigneur, de vous laisser tromper par des historiens qui pour la plupart ne connoissent ni la société, ni le cœur humain, ni la fin que la politique doit se proposer. Leur vanité est toujours prête à tourner leurs petites observations en axiomes généraux. Ils confondent tout, & ils attribuent la prospérité ou les malheurs d'un état à des minuties qu'on peut négliger sans danger, ou dont on s'occupera sans fruit. Toutes les vérités ne sont pas du même ordre; & si vous ne les arrangez soigneusement en différentes classes suivant leur importance; si vous n'assignez pas à chacune d'elles le rang qui lui convient; ces principes fondamentaux qui sont vrais dans tous les temps & dans tous les lieux, parce qu'ils tiennent à la nature de notre cœur & de la société; si vous les confondez avec ces maximes moins importantes, qui ne sont vraies que dans quelques circonstances particulieres, & relativement à telle ou telle forme du gouvernement; soyez sûr qu'avec cet amas de demi-vérités ou de vérités en désordre, vos opérations toujours incertaines & louches, ne réussiront que par hasard & pour peu de temps.

Pandant plusieurs années, j'ai étudié l'histoire sans méthode & sans guide, & ce n'est qu'en échouant contre plusieurs écueils, que j'ai appris à les connoître. J'ai perdu beaucoup de temps; mais il n'appartenoit à personne, & mes erreurs n'ont fait aucun mal dans le monde. Qui n'est rien, peut se tromper sans péril. Il n'en est pas de même pour vous, Monseigneur; on est en droit de vous demander compte de tous vos moments. Les princes ont tant de devoirs à remplir, qu'ils n'ont pas un instant à perdre. Peut-être que le temps que vous mettriez à chercher la route que vous devez tenir, seroit un temps perdu, & vos sujets souffriroient un jour des fautes que vous auriez commises, en cherchant la vérité où elle n'est pas. Agréez donc l'hommage que je vous fais de quelques réflexions. Je ne vous les présenterois qu'en tremblant, si les personnes qui les mettront sous vos yeux, ne devoient pas vous faire remarquer les erreurs dans lesquelles je pourrai tomber.

La premiere vérité politique, & d'où découlent toutes les autres, c'est que la société ne peut exister sans loix & sans magistrats. Détruisez ce double lien qui unit les hommes, & ils rentrent sur le champ dans l'état de nature. Vous vous rappellez, Monseigneur, que vous n'avez vu dans aucune histoire que des peuples policés se soient passés de loix & de magistrats; bien loin delà, vous avez remarqué que les sauvages d'Afrique & d'Amérique, malgré leur ignorance & leur barbarie, ont senti la nécessité d'avoir des chefs & quelques coutumes qu'ils respectassent.

Pour vous convaincre de la vérité que je mets sous vos yeux, il suffit de vous étudier vous-même. Avec une médiocre attention, vous jugerez que vous n'êtes qu'un composé bifarre de passions & de raison, entre lesquelles il subsiste une guerre éternelle. Chaque passion ne voit, n'écoute, ne consulte que ses seuls intérêts, parce qu'elle est assez stupide pour espérer de trouver son bonheur en elle-même. Comme un tyran elle s'indigne des obstacles quelle rencontre. Tandis que chacune de vos passions ne cherche à vous occuper que de vous-même, & voudroit vous sacrifier l'univers entier; votre raison vous dit quelquefois que vous devez être juste, c'est-à-dire, ne pas exiger des autres ce que vous ne voudriez pas qu'ils exigeassent de vous. Elle vous apprend que tous les hommes ont les mêmes besoins, & qu'étant égaux par leur nature, & destinés à se donner des secours mutuels, chaque individu doit ménager les intérêts de ses pareils, en travaillant à son bonheur particulier. Ce n'est pas tout; convenez que votre raison souvent assoupie & comme étrangere en vous-même, n'ose presque pas vous parler. Avouez, cet aveu vous fera honneur, avouez que dans les moments où vous êtes le plus maître de vous, elle ne vous parle que d'une maniere timide & en bégayant; au lieu que les passions toujours adroites, vives & éloquentes semblent exercer sur vous un empire magique.

Tempérez ici, Monseigneur, la vivacité de votre esprit; marchons lentement. Ce que je viens d'avoir l'honneur de vous dire, n'est qu'un texte que vous devez méditer avec soin. Je me suis contenté de vous mettre sur la voie; étudiez par vous-même les mouvements de vos passions : dans les moments où votre cœur sera le plus calme, interrogez votre raison, recueillez les oracles qu'elle prononcera, & comparez-les aux saillies imprudentes de votre cœur. Il faut que l'étude vous donne une certaine peine; & vous ne saurez bien que ce que vous aurez appris par vos propres méditations.

Dès que vous vous connoîtrez vous-même, vous serez bien avancé pour connoître tous les hommes; car il n'y a personne qui n'éprouve comme vous l'empire de quelque passion & les miseres de l'humanité. Le levain est par-tout le même, quoique la fermentation ne soit pas par-tout égale. Nous sommes si accoutumés à nous préférer à tout, l'attrait du plaisir est si puissant sur nous, que ce n'est point sans des combats que les hommes les plus heureusement nés parviennent à se conduire par les regles de la raison, & pratiquent constamment la justice envers leurs pareils.

La premiere conséquence que vous tirerez de cette étude de vous-même, c'est que les hommes toujours enfants par la foiblesse de leur raiſon & la force de leurs paſſions, & par conſéquent toujours prêts à s'égarer, ont beſoin d'avoir des loix. Le légiſlateur eſt pour la ſociété, ce qu'ont été pour vous les perſonnes ſages qui, en préſidant à votre éducation, vous ont appris à régler les mouvements de votre cœur, à contracter des habitudes honnêtes, & à défendre votre raiſon contre les ſecouſſes des paſſions. On vous a rendu facile la pratique de quelques vertus, en vous les rendant agréables ; & c'eſt en cela que conſiſte tout l'art du légiſlateur. Il nous arrache à nos vices, en leur infligeant des châtiments qui les rendent hideux, mépriſables & dangereux. Il nous attache à la vertu par les récompenſes dont il l'honore. C'eſt par cet artifice que notre raiſon acquiert une force égale à celle des paſſions, & que les paſſions mêmes nous encouragent à la pratique des vertus les plus difficiles.

Remarquez que l'établiſſement des loix en ſuppoſe néceſſairement un autre : elles deviendroient inutiles, ſi des magiſtrats n'étoient chargés de les faire exécuter & de punir les coupables. En effet, que ſerviroit au légiſlateur de nous preſcrire les loix les plus ſages, & de décerner les récompenſes & les châtiments avec la plus exacte juſtice, ſi des magiſtrats n'étoient pas établis pour les diſtribuer ? les passions conserveroient leur autorité, & les loix ne seroient que des conseils aussi inutiles que ceux de notre raison.

Erigez-vous, Monseigneur, en Lycurgue ou en Solon. Avant que de poursuivre la lecture de cet écrit, amusez-vous à donner des loix à quelque peuple sauvage d'Amérique ou d'Afrique. Etablissez dans des demeures fixes ces hommes errants, apprenez-leur à nourrir des troupeaux & à cultiver la terre. Travaillez à développer les qualités sociales que la nature a placées dans leur ame, & que l'ignorance & les préjugés y ont, pour ainsi dire, étouffées. Ordonnez-leur, en un mot, de commencer à pratiquer les devoirs de l'humanité. Sachez leur rendre leur devoir agréable & utile, empoisonnez par des châtiments les plaisirs que promettent les passions; & vous verrez ces barbares, à chaque article de votre législation, perdre un vice & prendre une vertu.

Ce travail en apparence puéril, peut être pour vous de la plus grande utilité. Pour mieux sentir les verités que je viens d'avoir l'honneur de vous proposer, essayez d'affranchir les sujets des états de votre pere, des loix qui maintiennent parmi eux l'ordre, la police & la tranquillité publique. En détruisant les loix qui assurent la propriété des biens & la sureté des personnes, ôtez aux magiſtrats la dignité & la force qui les font reſpecter; & ſur le champ les paſſions en tumulte & ſoulevées les unes contre les autres, ruineront de fond en comble toute eſpece de regle, d'ordre & de ſubordination. Les mœurs deviendront atroces, & je ne déſeſpére pas que vous ne parveniez en peu de temps à faire des Parmeſans & des Plaiſantins, un peuple plus ſauvage que les Hurons & les Iroquois.

CHAPITRE III.

SECONDE VÉRITÉ.

Que la justice ou l'injustice des loix est la premiere cause de tous les biens & de tous les maux de la société.

Tous les peuples ont eu des loix ; mais peu d'entre eux ont été heureux. Quelle en est la cause ? C'est que les législateurs paroissent avoir presque toujours ignoré que l'objet de la société est d'unir les familles par un intérêt commun ; afin qu'au lieu de se nuire, elles se prêtent des secours mutuels dans leurs besoins journaliers, & joignent leurs forces pour repousser de concert un ennemi étranger qui voudroit les troubler. Si telle est, comme on n'en peut douter, la fin de la société, j'en conclus, Monseigneur, que les loix doivent être justes ; car leur injustice, loin de prévenir les injures & les torts que les citoyens pourroient se faire, ne serviroit au contraire qu'à les autoriser. Les hommes, ou oppresseurs ou opprimés en vertu des loix, se trouveroient encore exposés dans la société, aux mêmes inconvénients qu'ils éprouvoient dans l'état de nature. Ils se haïroient, ils se défieroient les uns des autres, ils ne seroient occupés qu'à se tromper & à se venger & leurs divisions domestiques priveroient la république des forces qui sont le fruit de l'union.

A quel signe certain jugera-t-on de la justice des loix? à leur impartialité. Je vais, Monseigneur, vous dire des vérités un peu dures pour l'oreille d'un prince; mais vous êtes sans doute préparé à les entendre; & si vous voulez ne pas oublier que vous n'êtes qu'un homme, il est nécessaire que vous ne les ignoriez pas.

Puisque la nature n'a mis aucune différence entre ses enfants; puisqu'elle me donne à moi comme à vous le même droit à ses faveurs, puisque nous avons tous la même raison, les mêmes sens, les mêmes organes; puisqu'elle n'a point créé des maîtres, des sujets, des esclaves, des princes, des nobles, des roturiers, des riches, des pauvres; comment les loix politiques, qui ne doivent être que le développement des loix naturelles, pourroient-elles établir sans danger une différence choquante & cruelle entre les hommes ? pourquoi la loi qui doit satisfaire la raison pour produire le bien, la révolteroit-elle sans produire le mal ? Toute législation est partiale, & par conséquent injuste, qui sacrifie une partie des citoyens à l'autre. Elle n'établira qu'un faux ordre, un faux bien, une fausse paix : car, de quel œil des hommes dont on blesse les intérêts, ne doivent-ils pas regarder ceux qui ne sont heureux qu'à leurs dépens ? n'ayant & ne pouvant point avoir de patrie, ne forment-ils pas une troupe d'ennemis, ou du moins d'étrangers dans le sein de l'état ? Les esclaves des anciens devoient haïr leurs maîtres, aussi se souleverent-ils souvent. Parmi nous autres modernes, ne seroit-il pas insensé de s'attendre à trouver des citoyens dans ces hommes, à qui leur extrême pauvreté & les mépris des riches & des grands défendent d'être libres, & presque d'être hommes.

L'impartialité des loix consiste principalement en deux choses : à établir l'égalité dans la fortune & dans la dignité des citoyens. Je ne vous invite point ici, Monseigneur, à imaginer une république à laquelle vous ne donniez que des loix impartiales ; sans doute, vous en verriez résulter le plus grand bonheur. A mesure que vos loix établiroient une plus grande égalité, elles deviendroient plus cheres à chaque citoyen. Elles seroient plus propres à tempérer les passions, à prêter des forces à la raison, & par conséquent à prévenir toute injustice. Comment l'avarice, l'ambition, la volupté, la paresse, l'oisiveté, l'envie, la haine, la jalousie, seules causes des malheurs & de la ruine des états, agiteroient-elles des hommes égaux en fortune & en dignité, & à qui les loix ne laisseroient pas même l'espérance de rompre l'egalité? Où les fortunes sont égales, l'amour des richesses est inconnu; & où l'amour des richesses est inconnu, la tempérance & l'amour de la gloire & de la patrie doivent être des vertus communes. Où la dignité & l'honneur de l'humanité sont également respectés dans tous les hommes, il doit regner un certain goût de justice, d'honneur & d'élévation, qui entretient la paix sans engourdir l'ame des citoyens. L'émulation y développera toutes les vertus, & l'amour du bien public ne permettra jamais aux talents d'être cachés ou de devenir dangereux. S'il s'éleve des maladies dans l'état, elles ne seront que passageres: il sera aisé aux magistrats d'y appliquer un remede; ou plutôt la force seule de sa constitution y rétablira l'ordre.

Voilà, Monseigneur, les biens que vous verriez naître en foule dans votre république; mais sans entreprendre ce travail, je vous prie ſeulement de vous rappeller ce que vous avez déja lu dans l'hiſtoire; & en continuant de l'étudier, d'examiner avec ſoin, ſi les peuples dont les conſtitutions ont été les plus impartiales, n'ont pas été les plus forts, les plus floriſſants & les plus heureux.

Ce qu'on vous a dit de la république de Sparte, doit vous donner de grandes lumieres ſur cette queſtion. Aucun autre état n'a jamais eu des loix plus conformes à l'ordre de la nature ou de l'égalité; auſſi voyez-vous qu'aucun autre état n'a jamais conſervé ſi long-temps ni ſi religieuſement ſa conſtitution. Si les Spartiates ont quelquefois été troublés par les alarmes que leur donnerent les Hilotes, s'ils ont enfin perdu leurs inſtitutions & leur bonheur; il me ſemble que vous ne devez en accuſer que ce reſte d'anciens préjugés dont la ſageſſe de Lycurgue n'avoit pu débarraſſer ſes concitoyens. Violant à l'égard des Hilotes les regles de l'humanité qu'ils reſpectoient entre eux, ils ſe virent forcés de craindre des hommes qui devoient les haïr; & leur joug devint de jour en jour plus peſant. L'immenſe intervalle qu'il y avoit entre le maître & l'eſclave, préparoit l'eſprit des Spartiates à admettre un jour des diſtinctions choquantes entre les citoyens mêmes. Qu'il a été malheureux pour Lacédémone, que Lycurgue ait été

contraint

contraint de violer la loi de l'égalité, en laissant à deux branches de la famille d'Hercule le droit de posséder héréditairement la première magistrature ? Pouvoit-on voir sans surprise que le mérite qui faisoit les sénateurs & les éphores, ne fît pas les rois qui leur étoient supérieurs ? La surprise devoit conduire au murmure, le murmure à la plainte, & la plainte à une révolution.

Remarquez, je vous prie, Monseigneur, que Lysander n'auroit pas été un ennemi de sa patrie, s'il eût pu aspirer légitimement au trône qui étoit le partage d'une autre famille. Pour occuper une place où ses talents l'appelloient, mais dont une loi partiale lui fermoit l'entrée, son ambition n'eut d'autre ressource que de renverser le gouvernement & les loix. Il remplit la république de ses intrigues ; il y introduisit des richesses, avec lesquelles l'état ne pouvoit subsister ; & bientôt Lacédémone, peuplée de citoyens mécontents de leur sort, & qui ne craignoient ni la servitude ni la tyrannie, commença à éprouver les malheurs qui annonçoient sa ruine.

Vous connoissez, Monseigneur, la situation des Romains sous leurs rois. Vous savez que les familles étoient distinguées en patriciennes & en plébéiennes, & qu'aucune loi n'avoit mis des bornes à l'avarice ni à l'étendue des héritages. Les ames étant par conséquent ouvertes à la vanité & à l'intérêt, il n'est point surprenant que le bien public fût négligé, & que les Romains n'eussent rien qui les distinguât avantageusement de leurs voisins. En effet, leur nom seroit demeuré inconnu comme celui de mille autres peuples, si la révolution des Tarquins, en leur donnant l'espérance de l'égalité, n'eût donné à chaque citoyen les sentiments d'un héros. Si cette élévation d'ame semble disparoître dans la république naissante, s'il éclate de nouveaux désordres, si le peuple abandonne sa patrie & se retire sur le mont Sacré, n'en accusez que la noblesse dont l'orgueil ne peut souffrir l'égalité. Si elle avoit réussi dans ses projets, Rome infailliblement peuplée de citoyens enorgueillis par leur grandeur ou avilis par leur bassesse, auroit été condamnée à languir dans l'esclavage & l'obscurité. C'est la noblesse qui étoit l'ennemi de la république, & non pas le peuple. C'est en ramenant les loix à l'égalité prescrite par la nature, c'est en défendant avec constance la dignité des plébéiens, que les tribuns préparerent & consommerent la fortune de l'état.

Les querelles de la place publique deviennent moins vives, l'ordre s'établit, les talens se multiplient, les mœurs s'épurent, toutes les vertus & les loix prennent une nouvelle force. Remarquez, Monseigneur, que cet heureux changement est l'ouvrage de cet esprit d'égalité qui dicte déja aux Romains des loix moins partiales. Pourquoi s'éleva-t-il enfin chez eux de nouvelles dissentions aussi funestes que les premieres avoient été avantageuses? C'est que celles-ci avoient établi l'égalité, & que les autres la ruinerent. La république malheureusement emportée par son ambition & ses conquêtes, n'avoit pas apperçu qu'elle travailloit à sa perte. Elle ne sentit point que les loix agraires & somptuaires, si favorables à l'égalité des fortunes, ne pourroient se maintenir au milieu des richesses qui fondirent à Rome, quand elle eut porté ses armes victorieuses en Afrique & en Asie. Plus on s'enrichit, plus on sentit le besoin de s'enrichir encore davantage. La république avoit pillé les vaincus, les citoyens pillerent la république. Tandis que les uns étoient riches comme des rois, les autres demandoient du pain & des spectacles. Plus les fortunes sont disproportionées, plus les vices se multiplient. C'est de cette inégalité monstrueuse que découlerent, comme de leur source, l'oubli ou plutôt le mépris des anciennes loix, les mœurs les plus infames, la perte de la liberté, les guerres civiles, les proscriptions publiées contre les hommes qui osoient avoir quelque mérite; & cette tyrannie stupide & sanguinaire des empereurs, qui ouvrit les provinces de l'empire à quelques hordes de barbares.

Parcourez toutes les histoires; & tous les faits vous prouveront que l'impartialité ou la partialité des loix a été la racine heureuse ou malheureuse de tous les biens, ou de tous les maux. Vous ne trouverez point de nation qui ait vu s'élever impunément au milieu d'elle des familles privilégiées par leurs droits ou par leurs richesses. Par-tout où l'égalité n'est pas respectée, la justice aura deux poids & deux mesures. Par-tout il se formera de ces patriciens orgueilleux qui trouvoient étrange que la nature eût daigné accorder à des plébéiens des poumons pour respirer, une bouche pour parler & des yeux pour voir.

Dès que vous en serez averti, Monseigneur, vous remarquerez sans peine que la politique ne se repaît que d'espérances chimériques, tant qu'elle se flatte de produire le bien sans établir des loix impartiales. Peut-être suspendra-t-elle pour quelques moments l'activité de l'avarice & de l'ambition; peut-être les forcera-t-elle à n'oser se montrer avec leur hardiesse ordinaire; mais alors même ces passions agiront en secret. Toujours infatigables, toujours inépuisables en ressources, elles lasseront la constance de la politique, & profiteront de ses distractions pour se rendre plus impérieuses que jamais. Quel peuple s'est corrigé de ses vices, si une heureuse révolution n'a commencé par lui donner le goût de l'égalité, & par abroger les loix injustes & partiales auxquelles il obéissoit?

Je n'abandonnerai pas aisément cette matiere, Monseigneur; elle est trop importante; & pour que l'étude de l'histoire vous soit plus utile, je dois vous avertir que les historiens n'indiquent ordinairement que les causes prochaines de la prospérité ou de l'adversité des états. Par exemple, on vous dira que la discipline & le courage des Romains, leur patience, leur justice envers les étrangers, leur magnanimité, leur amour de la patrie, leur désintéressement ont été les causes de leur élévation. Si vous vous en tenez-là, vous ne connoîtrez, si je puis parler ainsi, que les instruments qui ont servi à faire la fortune de la république romaine. Pour acquérir une connoissance vraiment digne d'un prince qui doit être un jour le législateur de ses sujets, vous devez remonter jusqu'à la cause qui a elle même produit le courage, l'amour de la patrie & les autres vertus des Romains. Vous la trouverez cette cause primitive dans la justice & l'impartialité de leurs loix, & si vous ne la regardez pas un jour comme le principe fondamental de votre politique, tous vos soins seront inutiles pour donner des vertus à vos sujets. Ces plantes cultivées dans un terrain qui ne leur est pas favorable, auront autant de la peine à prendre racine & se flétriront en naissant.

On s'en prend à Sylla, à Marius, à César, à Pompée, à Octave & à Antoine, si le république romaine a été détruite. On a tort. Ces hommes auroient servi utilement leur patrie qu'ils ont déchirée, si on avoit encore eu les loix & les mœurs qui firent des Camille & des Régulus.

En lisant dans l'histoire que les Grecs ont vaincu les Perses, parce qu'ils étoient aussi sages, aussi courageux, aussi habiles à la guerre, que les autres étoient imprudents, lâches & peu disciplinés; recherchez les causes de ceste différence, & vous apprendrez par quel art on peut faire encore de grands hommes. Les Grecs aimoient leur patrie, parce qu'ils y étoient libres, & que la qualité d'aucun citoyen n'y étoit avilie. Ils avoient toutes les vertus & tous les talents qui leur étoient nécessaires, parce que des loix impartiales, en n'admettant des préférences que pour les vertus & les talents, les exaltoient tous, ſi je puis parler ainſi, & n'en perdoient aucun. Dans la Perſe, au contraire, la naiſſance plaçoit au haſard ſur le trône un homme à peine capable de remplir un emploi obſcur. Cet homme ordinaire n'avoit pour inſtruments de ſes deſſeins que des courtiſans, à qui leurs intrigues & leur flatterie tenoient lieu de talents, & une populace accoutumée au mépris & aux injures, & perſuadée que le mérite toujours inutile, nuit quelquefois à la fortune.

Pour vous convaincre de plus en plus, Monſeigneur, d'une vérité qui eſt ſi importante pour vous, je vous prie, quand vous trouverez dans le cours de vos lectures, le regne d'un prince illuſtre par la félicité de ſa nation ou par l'importance de ſes entrepriſes, je vous prie d'examiner avec ſoin, ſi ce prince n'a pas conſtamment fait tous ſes efforts pour ſe rapprocher dans ſon adminiſtration des principes de la juſtice & de l'impartialité. N'a-t-il pas commencé par ſe regarder plutôt comme l'agent que comme le maître de ſa nation? pour élever l'ame de ſes ſujets, n'a-t-il pas travaillé à leur donner de la dignité? n'a-t-il pas cherché à leur perſuader que le mérite ſeul mettoit de la différence entre eux? Il aura jugé que ces loix barbares qui avilissent l'humanité, avilissoient & affoiblissoient son royaume. Il aura encouragé les vertus & les talents par les mêmes moyens qui font le bonheur des républiques bien gouvernées.

Je vous prie encore, Monseigneur, de jeter les yeux sur l'Europe, & vous verrez par vous-même que chaque état est plus ou moins heureux, à mesure que les loix se rapprochent plus ou moins de l'impartialité de la nature. Le paysan suédois est citoyen, il partage avec les autres ordres de la république la qualité de législateur. La Suede est-elle donc exposée aux mêmes injustices, aux mêmes vexations, à la même tyrannie que la Pologne, où tout ce qui n'est pas noble est barbarement sacrifié à la noblesse? L'Anglois, soumis à des loix qui respectent les droits de l'humanité dans le dernier des hommes, porte-t-il l'ame abjecte & abrutie de ce Turc, qui, ne sachant jamais quel sera le caprice du sultan & de son visir, ignore s'il est destiné à faire un bacha ou un palefrenier? Il doit y avoir autant de zele en Angleterre pour le bien public, & par conséquent de talents, qu'il y a de découragement & d'ineptie dans les états du grand-seigneur. La Hollande, cultivée par des citoyens, & gouvernée par des loix encore plus impartiales, nourrit un peuple nombreux, & donne des bornes à la mer suspendue ſur ſes côtes. Dans les provinces d'un deſpote, ne cherchez que des friches, & des hommes couverts de haillons qui abandonneroient leurs déſerts, s'ils ſavoient qu'il y a des terres qui ne dévorent pas leurs habitants.

Il y a certainement un plus grand nombre d'hommes heureux dans la Suiſſe, que dans tout le reſte de l'Europe. Pourquoi? Parce que les loix plus impartiales que par-tout ailleurs, y rapprochent davantage les hommes de l'égalité naturelle. Un citoyen n'eſt point là plus qu'un autre citoyen. On n'y craint que les loix, & on les aime, parce qu'on en eſt protégé. Eſt-on puiſſant? c'eſt parce qu'on eſt magiſtrat, & la puiſſance du magiſtrat a ſes bornes. Des fortunes ni trop grandes ni trop petites, n'inſpirent ni l'eſprit de tyrannie ni l'eſprit de ſervitude. De ſages loix ſomptuaires, en rendant inutiles de grandes richeſſes, empêchent de les deſirer, & temperent toutes les paſſions. C'eſt cette ſage économie qui entretient l'union & la paix entre des cantons inégaux en force & qui ont des gouvernements différents. Ils ſont voiſins, & cependant ils ſont ſans jalouſie, ſans rivalité & ſans haine. L'ariſtocratie même de quelques cantons n'a pas les vices naturels à ce gouvernement. Les ſujets obéiſſent ſans chagrin & ſans humiliation à des ſouverains, qui, ſe contentant d'être des bourgeois ſimples, peu riches & économes comme eux, cachent qu'ils forment un ordre privilégié.

Puiſqu'on ne peut attendre un avantage ſolide, réel & durable que des loix qui ſont conformes aux regles de la nature; puiſque tout gouvernement qui les offenſe, détruit l'ordre ſocial, & y ſubſtitue le trouble & la diviſion des citoyens; faut-il, Monſeigneur, vous dépouiller de votre qualité de prince, faut-il anéantir les prérogatives de la nobleſſe, & rendre au peuple les droits impreſcriptibles que la nature lui a donnés? faut-il détruire les grandes fortunes, & par un nouveau partage des terres donner un patrimoine aux pauvres? non. Mais modérez votre impatience, & contentez-vous de connoître actuellement les loix que la politique n'a pu violer impunément. Nous rechercherons dans la ſuite de cet ouvrage, les moyens par leſquels elle peut réparer ſes injuſtices, & malgré la corruption générale ſe rapprocher du bonheur.

CHAPITRE IV.

TROISIEME VÉRITÉ.

Que le citoyen doit obéir aux magistrats & les magistrats aux loix.

LA société a-t-elle des loix impartiales ? c'est certainement un grand bonheur. Mais après les réflexions que vous avez faites, Monseigneur, sur la force & les erreurs de nos passions, & sur le besoin qu'ont les loix d'être défendues & protégées par les magistrats ; vous jugerez que ce bonheur sera bien court, si les loix n'ont pas pour défenseurs des magistrats assez forts pour contraindre le citoyen d'y obéir, & en même temps assez foibles pour ne point oser eux-mêmes en secouer le joug. La politique n'a point d'opération aussi délicate & aussi difficile que l'établissement des magistratures. N'ayant que des hommes pour les revêtir d'une autorité qui peut devenir aussi funeste qu'elle peut être salutaire, & qui exigeroit la sagesse d'un Dieu ; dans quelles balances pesera-t-on ce pouvoir qu'on doit confier aux magistrats ?

Si le citoyen peut désobéir impunément aux magistrats, ne doutez point qu'il ne viole bientôt les loix mêmes qui lui paroîtront les plus sages. Quelques ames privilégiées, immobiles dans le choc des passions, que la regle ne gêne jamais, & pénétrées de respect pour la justice, n'empêcheront pas par leur exemple le mal public ; & l'état plus ou moins troublé, suivant que la licence des citoyens sera plus ou moins grande, penchera plus ou moins vers l'anarchie. Si les passions des magistrats ne sont pas au contraire elles-mêmes réprimées avec soin, pendant qu'ils répriment celles des citoyens, on n'a fui un écueil que pour échouer contre un autre ; de Carybde on est tombé dans Scylla. Les passions de la multitude gouvernoient la république ; celles des magistrats vont décider de son sort. La licence des particuliers commettoit des désordres dont ils se seroient peut-être lassés ; car le peuple entend quelquefois raison : la licence des magistrats en commettra qu'ils seront intéressés à maintenir. Quelque grand que soit leur pouvoir, ils le trouveront toujours trop petit dès qu'ils commenceront d'en abuser. Il s'établira une tyrannie sourde, & d'autant plus dangereuse qu'elle sera soutenue par la dignité même des loix.

C'eſt de la difficulté de ſaiſir avec force & préciſion ce point politique où les citoyens ſeront obligés d'obéir aux magiſtrats, tandis que les magiſtrats demeureront eux-mêmes ſoumis aux loix, que ſont nées ces diſſentions domeſtiques, ces querelles & ces révoltes que vous avez rencontrées dans toutes les hiſtoires ? La plupart des hiſtoriens vous ont dit, Monſeigneur, que c'eſt inconſtance, emportement & légereté de la part de la multitude : cet animal qu'on n'apprivoiſe point, court toujours après les nouveautés. Mais dans la vérité cette agitation des peuples n'eſt que l'inquiétude d'un malade qui prend ſans ceſſe de nouvelles attitudes, parce qu'il n'en trouve aucune qui le ſoulage. Le peuple ne ſe plaint qu'à la derniere extrémité ; il pardonne plus aiſément qu'il ne ſe venge, il n'eſt volage ni emporté quand il eſt heureux. Le bonheur le rend preſque auſſi immobile que la crainte inſpirée par un deſpote qui joint l'adreſſe à la dureté.

Les ſociétés, en ſe formant, ne donnerent certainement pas un pouvoir arbitraire à leurs magiſtrats ; & ſi vous voulez vous arrêter un moment, Monſeigneur, à conſidérer comment les hommes ſe ſont réunis pour former des républiques, vous jugerez de la juſtice des reproches qu'on fait au peuple.

Il seroit trop absurde de penser que des hommes qui n'avoient pas encore une idée claire & précise du bien qu'ils cherchoient en se réunissant, & gouvernés par des passions brutales, aient passé brusquement de la plus grande indépendance à la soumission la plus entiere. Croira-t-on que dans ces sociétés naissantes il y ait eu des contrats ou des conventions entre les citoyens & les magistrats? non sans doute. Des hommes égaux, & qui avoient les mêmes droits, se rapprochoient les uns des autres, parce que leurs qualités sociales & leur foiblesse les avertissoient du besoin de s'unir; mais ils ne faisoient point de loix pour fixer leurs droits respectifs, parce qu'ils ne pouvoient pas même soupçonner qu'ils dussent craindre de perdre leur liberté. Ils se choisissoient un chef, tel qu'ils le jugeoient le plus propre à leurs besoins; & tant que ses conseils ou, si l'on veut, ses ordres leur étoient agréables, ils lui obéissoient sans se croire inférieurs à lui. Ils retiroient leur confiance & le déposoient sans trouble, dès que son autorité leur étoit inutile ou nuisible; & vraisemblablement la société n'eut point d'autre regle de conduite pendant plusieurs siecles.

Si l'histoire nous représente les premiers rois de Babylone & d'Assyrie dont elle parle, comme des monarques absolus dont la volonté faisoit la loi ; il est évident que ces empires étoient déja trop étendus, & avoient fait de trop grands progrès dans les arts mêmes inutiles, pour n'être pas déja très-anciens. Il ne faut pas douter que ces premiers princes que nous connoissons, n'aient eu des prédécesseurs qui nous sont inconnus, & qui ne furent d'abord que les simples capitaines d'une nation libre. Ils devoient ressembler aux rois de la Grece dans les temps héroïques, ou à ces chefs des nations germaniques qui inonderent l'empire romain. Tels sont encore en Amérique les chefs de ces peuples sauvages qui nous retracent si bien l'image de la société naissante.

Il fallut avoir de nouveaux besoins & de nouveaux intérêts pour prendre de nouvelles idées ; & pour qu'il s'élevât des dissentions domestiques entre les magistrats & les citoyens, la société devoit avoir fait assez de progrès, pour que l'avantage d'y dominer, pût faire naître l'ambition. Seroit il naturel de penser que dans ces circonstances le peuple ait commencé à montrer de l'inquiétude & à s'agiter ? n'est-il pas plus vraisemblable que les magistrats fiers de leur dignité, aient abusé les premiers de leur crédit ? ils oublierent leur destination, ils tromperent le peuple, surprirent sa crédulité, & lui proposerent des réglements ou autoriserent des usages moins propres à établir l'obéissance du citoyen à la loi, qu'à la volonté du magistrat. Les sociétés qui n'avoient eu jusqu'alors que des ennemis étrangers, eurent dans leur sein des ennemis domestiques.

Daignez vous rappeller, Monseigneur, ce que vous avez vu dans le cours de vos lectures historiques. Tantôt le peuple lassé de ses désordres, indigné de n'avoir que des loix impuissantes, & frappé de la seule idée d'arrêter les abus, croit ne pouvoir jamais accorder une assez grande autorité à ses magistrats. Tantôt choqué de l'usage injuste ou trop sévere que les ministres des loix font de leur pouvoir; toute contrainte lui paroît l'ouvrage de la tyrannie; & pour être libre, il soumet ses magistrats à ses caprices. Ne réparant une faute que par une faute, les états continuerent à être malheureux; & Minos fut le premier qui voulant remédier efficacement aux désordres des Crétois, trouva dans ses méditations cette grande vérité, que le citoyen doit obéir aux magistrats & les magistrats aux loix. Par quel art pouvoit-on la réduire en pratique? Jamais problême politique ne fut plus difficile à résoudre, & jamais établissement ne devoit produire un plus grand bien.

Ce que Minos n'avoit qu'ébauché en Crete, Lycurgue le perfectionna à Lacédémone. Trou-

Trouvant la puissance publique partagée en différentes parties, ennemies les unes des autres, & qui toutes vouloient usurper de nouveaux droits; il ne fit qu'un seul gouvernement des trois autorités, du prince, des grands & du peuple, qui formoient, si je puis parler ainsi, trois administrations, trois gouvernements différents d'où résultoit la plus monstrueuse anarchie. Il donna au peuple la puissance souveraine ou législative, c'est-à-dire, le pouvoir de faire des loix & de décider des affaires générales qui intéressoient le corps entier de la république, telles que la paix, la guerre & les alliances. En même temps qu'il affermissoit la démocratie, il mit les citoyens législateurs dans la nécessité d'obéir aux loix qu'ils avoient faites. La loi acquit une force infinie sur chaque Spartiate en particulier, parce que l'assemblée génerale de la république n'avoit aucune part à la puissance exécutrice, qui étoit déposée toute entiere dans les mains des deux rois & du sénat.

De son côté la puissance exécutrice ne pouvoit rien usurper sur les droits de la puissance législative, & restoit soumise aux loix qu'elle étoit chargée de faire exécuter, parce que les magistrats avoient un juge toujours présent dans les assemblées du peuple. Ils ordonnoient en maîtres, & on leur obéissoit; mais ils étoient punis, si en ordonnant ils n'avoient pas été les simples ministres de la loi. Il n'étoit pas possible qu'ils fissent une ligue entre eux & changeassent le gouvernement en oligarchie; car il ne leur étoit pas possible de former de concert une conjuration contre la république. Il est vrai que les deux rois étant héréditaires, devoient naturellement s'occuper de la grandeur de leur maison & travailler à augmenter leurs prérogatives; mais remarquez, Monseigneur, que Sparte étoit plus en sureté avec ses deux rois, que si elle n'en avoit eu qu'un. La nature ne devoit leur donner que rarement le même caractere, les mêmes talents, les mêmes qualités. L'avarice & l'ambition de l'un contenoient l'avarice & l'ambition de l'autre; ou plutôt ces passions qui, grace à l'austérité de la discipline & des mœurs des Spartiates, n'avoient aucun moyen ni aucune espérance de se satisfaire, n'étoient, pour ainsi dire, que des passions mortes. Quand elles auroient eu quelque activité, le sénat ne les auroit-il pas aisément réprimées? Si ce corps auguste de magistrats se tenoit dans les bornes légitimes de son autorité, il étoit plus puissant que les rois, & il n'avoit aucun intérêt d'être ambitieux. Le sénat n'étoit point ouvert à des familles privilégiées; tout Spartiate pouvoit être fait sénateur, & n'étant élevé que par le choix d'un peuple aussi vertueux que jaloux de ses droits, jamais ses intérêts personnels ne pouvoient être différents des intérêts de la république.

Les Romains sans législateurs, & dirigés par la sagesse seule de leur génie, parvinrent à former un pareil gouvernement. Vous connoissez, Monseigneur, toutes leurs magistratures, & je me bornerai à vous faire observer que le partage de la puissance exécutrice en différentes parties étoit fait avec tant de sagesse, que sans s'embarrasser & se nuire en dépendant les unes des autres, elles tendoient toutes au même but par des moyens différents. L'ambition du magistrat consistoit à remplir si bien ses devoirs, qu'il méritât une seconde fois les suffrages de la place publique. En un mot, l'équilibre de toutes les autorités étoit d'autant mieux affermi, que les magistratures étoient courtes & passageres.

Quel que soit le partage de la puissance publique, vous concevez aisément, Monseigneur, qu'il ne peut qu'être utile; car quel qu'il soit, il est impossible qu'il ne tempere pas jusqu'à un certain point ces gouvernements extrêmes, tels que la monarchie arbitraire, l'aristocratie absolue & la pure démocratie, qui par leur nature ne peuvent avoir des loix impartiales, & n'ont que leurs passions pour les ministres de leur autorité.

Il y a des marques certaines pour juger de la justesse des proportions avec lesquelles doit se faire le partage de la puissance publique. Si vous lisez, Monseigneur, avec attention l'histoire des peuples anciens & modernes qui ont eu un gouvernement mixte, vous verrez constamment que ceux qui en ont retiré le plus grand avantage, ce sont ceux qui ont abandonné la puissance législative au corps entier de la nation, & confié la puissance exécutrice à un plus grand nombre de magistrats. Si un seul ordre de la république fait les loix, doit-on espérer qu'il sera juste à l'égard des autres? Si le nombre des magistrats est trop borné, suffiront-ils à leur emploi? L'expérience de tous les temps vous apprendra encore quon ne peut séparer avec trop de soin la puissance législative de la puissance exécutrice. Par quel miracle la loi seroit-elle toute puissante, si le législateur qui la publie, est lui-même le magistrat qui la fait observer? C'est pour n'avoir pas fait cette séparation nécessaire, que toutes les républiques de la Grece, à l'exception de Lacédémone, ne firent que de vains efforts pour former un gouvernement qui réunît les avantages du gouvernement populaire & de l'aristocratie. Dans les unes, le peuple législateur qui s'étoit réservé le droit de juger les jugements de ses magistrats, de réformer leurs sentences, & d'annuller leurs décrets, n'avoit en effet point de magistrats & faisoit inutilement des loix. Dans les autres, les magistrats ayant trop de part à la législation, exerçoient sur le corps entier du peuple, le pouvoir qu'ils ne devoient exercer que sur chaque citoyen en particulier; & dès-lors leurs passions trop libres n'étoient plus soumises aux loix.

On peut établir une barriere de séparation entre la puissance législative & la puissance exécutrice; mais elle sera bientôt renversée, si les assemblées de la nation sont trop fréquentes ou trop rares. Les peuples de l'Europe semblent à cet égard se conduire aujourd'hui avec plus de sagesse que les anciens. Si le peuple tient des assemblées trop fréquentes, il sera nécessairement plus difficile de le conduire. Il s'accoutumera à moins respecter les magistrats, & ses passions acquerront trop de force & de crédit. Les occasions de faire de nouvelles loix étant rares, il arrivera que ce peuple désœuvré & inquiet se formera un tribunal, s'érigera lui-même en magistrat pour avoir des clients; & dès ce moment tout est perdu. La république ne conservera aucune loi, aucune jurisprudence, aucune forme, aucun principe, aucun génie certains; & mille décrets contraires serviront de prétexte, de titre & d'aliment à la tyrannie des peuples.

Les assemblées de la puissance législative sont-elles trop rares ? les magistrats, éblouis de leur pouvoir, croiront ne plus avoir de juges. Ils se livreront à leur ambition, ils formeront des cabales, leurs intrigues sémeront la corruption ; & la nation assemblée n'ayant plus assez de force pour réprimer des abus & des vices qui auront acquis par l'habitude un certain empire, elle se trouvera les mains liées ; & fatiguée des efforts qu'elle aura faits pour réparer une partie de ses maux, elle désespérera enfin de les guérir. S'il est possible, que les assemblées législatives se tiennent régulièrement tous les ans dans des temps & des lieux marqués. Mais sur tout qu'une nation ne soit jamais séparée plus de trois ans de suite : elle s'accoutumeroit à s'oublier.

En méditant l'histoire, vous remarquerez, Monseigneur, que si ces assemblées n'ont pas des magistrats particuliers & distingués des magistrats ordinaires, l'ordre naturel des choses sera renversé ; & que la puissance législative qui ne doit rien avoir de supérieur ni même d'égal, sera cependant subordonnée à des magistrats qu'elle a droit de juger & de punir. Ne doit il pas en résulter plusieurs inconvénients ? Qu'il soit permis aux magistrats ordinaires de faire des représentations & des remontrances ; mais que les magistrats des comices & les représentants de la nation puissent seuls proposer des loix. Ce droit leur appartient, & ne sera pas dangereux; parce qu'ils ne sont point chargés de faire exécuter les loix, & que leur pouvoir expirant quand ils se séparent, ils sont seuls véritablement attachés à la liberté de la nation. Que les magistrats ordinaires, semblables à Valérius Publicola, qui par respect pour la majesté du peuple romain fit baisser ses faisceaux en entrant dans la place publique, ne paroissent aux assemblées que comme de simples citoyens qui viennent apprendre ce qu'on leur ordonne d'observer & de faire observer.

Avec quelque empire que les magistrats commandent aux citoyens, jamais leur autorité ne sera dangereuse, s'ils doivent rendre compte de leur administration, s'ils sont choisis par le peuple, & sur-tout s'ils ne possedent que des magistratures courtes & passageres, qui ne leur donneront pas des intérêts distingués de ceux de la république. Voulez-vous qu'ils aient une vigilance éclairée, courageuse & toujours égale? que le prix du bien qu'ils auront fait, soit l'espérance de pouvoir, après quelques années de repos, être encore revêtus de la même dignité. Qu'il ne soit jamais permis de continuer un magistrat dans ses fonctions, quand le temps de sa magistrature est expiré. Cette regle ne doit souffrir aucune exception ; il ne faut pas même y déroger en faveur d'un Aristide, d'un Thémistocle, d'un Camille ou d'un Scipion. L'histoire vous apprendra, Monseigneur, que l'intrigue, la cabale & l'esprit de parti n'ont jamais manqué de profiter des honneurs extraordinaires qu'on a accordés à quelques grands hommes.

La puissance exécutrice doit être partagée en autant de branches différentes que la société a de besoins différents. Les Romains eurent des consuls, des censeurs, des préteurs, des édiles, des questeurs, des pontifes, des tribuns, un sénat & quelquefois un dictateur. Que le partage de la puissance entre les magistratures ne soit jamais fait avec assez peu d'art, pour que l'une soit un obstacle aux opérations de l'autre. Rien n'est plus dangereux dans un état que des magistrats qui ont des prétentions indécises & opposées, ou qui ne connoissent ni l'étendue ni les bornes de leur autorité & de leur devoir. Un autre mal qui n'est peut-être pas moins grand, c'est de voir dans une république des magistrats inutiles. C'est parce qu'ils n'ont rien à faire qu'ils veulent se mêler de tout ; leur inquiétude n'est propre qu'à embarrasser & gêner les ressorts du gouvernement. Imitez la prudence des Romains qui dans les affaires extraordinaires créoient des décemvirs ou des magistrats dont le pouvoir finissoit avec la commission dont ils étoient chargés.

Je passe rapidement, Monseigneur, sur les moyens que la politique peut employer pour soumettre les magistrats à l'empire des loix. J'aurai occasion de traiter cette matiere avec plus d'étendue, lorsque dans la seconde partie de cet écrit, j'aurai l'honneur de mettre sous vos yeux un examen des principaux gouvernements de l'Europe. Mais avant que de finir ce chapitre, je dois vous avertir de vous tenir en garde contre ces historiens timides qui ne connoissant ni l'homme ni la société, ne voient la paix & l'ordre qu'où ils voient un calme stupide. Si vous les en croyez, jamais le magistrat ne sera assez puissant, jamais le peuple ne sera assez accablé & assez soumis. Leur politique enseigne la tyrannie, & au lieu de gouverner par les loix, ils veulent étonner par des coups d'état. Défiez-vous de ces especes de romanciers qui pour intéresser & attacher leurs lecteurs, se plaisent à jeter l'alarme dans leur esprit, & leur présentent par tout des précipices. Pour vous, Monseigneur, ne vous laissez jamais effrayer par ces peintures puériles. Les débats ordinaires dans les gouvernements mixtes, loin de les ébranler en affermissent la constitution. Ils prouvent la liberté d'un état, &, si je puis parler ainsi, la force de son tempérament. Un calme profond est au contraire l'avant-coureur de la décadence. C'est la preuve que les mœurs se corrompent, que la patrie, la liberté & le bien public ne sont plus des objets assez intéressants pour remuer les esprits, & que les citoyens sont enchaînés par la crainte, ou vendus à la faveur & à l'avarice.

CHAPITRE V.

QUATRIEME VÉRITÉ.

Qu'il faut se précautionner contre les passions des étrangers.

SI chaque nation séparée de toutes les autres, ne devoit être occupée que d'elle-même; si des mers impraticables ou de vastes déserts coupoient toute communication entre elles; la politique presque toute entiere se borneroit à ce que je viens de dire de l'impartialité des loix & de l'autorité des magistrats. Mais il n'en a pas été ordonné ainsi, Monseigneur; & sans parler de l'art des navigateurs qui semble au contraire avoir rapproché tous les peuples pour multiplier, mêler, confondre & embrouiller leurs intérêts & leurs affaires; les continents des deux mondes sont trop vastes pour ne renfermer qu'une seule société. Des peuples libres, indépendants & liés entre eux par les seuls devoirs de l'humanité & les droits des nations, sont voisins, se touchent, & semblent se confondre sur leurs frontieres. Vous devez conclure de-là qu'il ne suffit pas à un état de se précautionner contre ses propres passions, il ne doit pas moins se défier de celles des étrangers.

Les nations, dit Cicéron, devroient ne se regarder que comme les différents quartiers d'une même cité. La nature a établi une société générale entre tous les hommes; les états se doivent les mêmes devoirs que les familles réunies sous un même gouvernement. Notre raison nous tient ce langage; mais nos passions en tiennent un tout différent; & il n'est que trop vrai que tous les peuples tendent à se corrompre & à se ruiner mutuellement. Le commerce qui les unit, ne sert qu'à rendre plus facile la communication de leurs vices; une rivalité odieuse les divise, & souvent ils se déchirent par des guerres cruelles. Tel est le tableau que présente l'histoire; & il n'aura rien d'étonnant pour vous, Monseigneur, si vous ne perdez pas de vue cet empire absolu avec lequel les passions gouvernent les hommes.

Il est évident que l'avarice, l'ambition & la haine ont allumé toutes les guerres qui ont déja fait périr tant de peuples, & qui changeront encore mille fois la face du monde. C'est donc contre ces passions que la politique doit se prémunir ; & l'histoire lui en apprendra les moyens les plus sûrs.

Voulez-vous ne pas craindre l'avarice des étrangers ? commencez vous même par ne pas croire que vous ne serez heureux qu'autant que vous serez riche. Suivez le conseil que Lycurgue donnoit aux Spartiates, & que Platon a répété dans ses écrits. Que vos richesses ne soient pas capables de tenter la cupidité de vos voisins. On craindra toujours d'offenser un peuple pauvre & qui est content de sa pauvreté. Je vous supplie, Monseigneur, de suspendre un moment votre lecture, & de rechercher par quelles causes les nations riches ont toujours été vaincues & subjuguées par les nations pauvres. Les Cantons Suisses sont beaucoup moins riches que les Provinces-Unies ; & voilà pourquoi ils ont beaucoup moins d'envieux, de rivaux & d'ennemis. Les bourgeois de Berne ont-ils bien songé à ce qu'ils faisoient, s'il est vrai qu'ils amassent un trésor dans leur ville ? c'est la boëte de Pandore apportée parmi eux. Il n'est pas question d'examiner ici les ravages que cet or accumulé produiroit chez eux, si des mains infideles le pilloient ; que ces richesses, si elles existent, soient toujours enfouies. Mais il peut arriver une circonstance où l'espérance de les piller, exaltera assez les passions pour déranger l'heureuse harmonie qui regne entre les familles souveraines & les familles sujettes. Ce trésor, en excitant l'envie & l'avarice, peut exposer les Bernois à devenir la proie d'un ravisseur étranger, ou du moins à soutenir une guerre dangereuse.

Qu'un état se garde d'acheter la paix, comme ont fait les empereurs romains & tant d'autres princes aussi lâches qu'eux. Donner de l'or à ses ennemis pour les éloigner de ses frontieres, c'est les appeller dans le cœur de ses provinces. Je ne vois pas que les peuples qui ont médité & exécuté de grandes choses, aient payé à prix d'argent les services de leurs alliés. Ce commerce, commun aujourd'hui en Europe, est une preuve de foiblesse, d'avarice & de mauvais gouvernement. Pourquoi ne faire qu'un vil trafic de l'amitié, qui ne doit pas être entre les états moins sacrée ni moins fondée sur l'estime qu'entre les particuliers? Qui sait se faire respecter par sa fidélité, sa justice, sa prudence & son courage, n'aura jamais besoin d'acheter des amis. L'état qui manque de ces qualités, n'y suppléera point par sa libéralité. En achetant des alliés, il leur apprendra à mettre leurs services à l'enchere. Ils le rançonneront, ils le serviront mal, ils le trahiront même, si quelque puissance les paye pour être des traîtres. Les Romains n'ont eu notre politique que quand leur décadence annonçoit leur ruine.

Pour imposer à l'ambition, il faut l'intimider. Doit-on donc affecter de l'orgueil, vouloir dominer chez ses voisins, prendre des airs insolents & menaçants de hauteur, se faire un point d'honneur de ne point reculer quand on a tort, & se targuer de ses forces ? non. L'expérience de tous les siecles vous apprend que par cette conduite on révolte plus qu'on n'intimide, & que pour contenir l'ambition on allumeroit la haine : passion par sa nature plus inconsidérée, plus aveugle, plus hardie & plus entreprenante que l'autre. Il faut avoir des forces : mais pour les rendre plus considérables, il ne faut offenser ni menacer personne ; il faut montrer qu'on peut attaquer, mais se tenir sur la défensive. C'est par cette conduite savante & modérée que la politique évite la haine des étrangers, & s'en fait respecter en contenant leur ambition. Si vous voulez conserver la paix, soyez toujours prêt à faire la guerre avec avantage : maxime usée dans les livres, & inconnue dans la pratique.

Que la paix ne vous plaise pas parce qu'elle est compagne de la mollesse, des plaisirs & de l'oisiveté, car vos citoyens ne seroient que des lâches, mais parce qu'elle est l'état naturel de l'homme, & le seul conforme à la justice & à la nature d'un être raisonnable, & vous aurez l'ame élevée. Si un peuple s'accoutume à juger des forces par le nombre de ses bras & de ses forteresses, c'est une preuve qu'il néglige la discipline, qu'il n'en connoît pas le prix, & qu'il a peu de vertus militaires. Pour suppléer à ce qui lui manque, il assemblera bientôt des armées innombrables; mais ce seront les armées de Xerxès & de Darius destinées à être battues par des poignées de Grecs ou de Macédoniens disciplinés.

Il faut qu'on ne puisse attaquer un état, sans craindre de s'exposer au ressentiment de ses alliés; il doit donc leur être sincérement & fidellement attaché. Si vous voulez que vos alliances soient solides, commencez par penser que les intérêts de vos alliés sont les vôtres, & n'en attendez jamais que ce que vous devez en attendre. Etudiez le caractere, le génie, les mœurs, les vertus, les vices, les forces, la foiblesse des peuples qui peuvent vous servir, ou que vous devez craindre. Connoissez la nature, les caprices & les erreurs des passions humaines pour vous mettre en état de les ménager ou de vous en servir.

Ne

Ne confondez jamais vos alliés & vos ennemis naturels; ne craignez jamais de trop bien ſervir les premiers, & ménagez les ſeconds, mais ſans baſſeſſe & ſans ceſſer de vous en défier. Dans toute l'Europe, les traités ne ſont depuis long-temps qu'un jeu : on diroit que les peuples ne ſe rapprochent que pour ſe tendre des pieges; & il eſt rare que des alliés ne ſe reprochent pas des négligences & même des perfidies. Pourquoi? C'eſt que l'on contracte preſque toujours ſans ſavoir préciſément ce qu'on veut; c'eſt qu'une ambition puérile, des eſpérances frivoles ou une haine aveugle dreſſent ſouvent les articles des alliances; c'eſt qu'on ne veut que ſortir d'un mauvais pas, & qu'au lieu de porter ſa vue dans l'avenir & d'être occupé de ſes intérêts généraux qui ne changent jamais, on ne ſonge qu'au moment préſent : que le principe & la fin de toute alliance ſoit donc la ſeule conſervation des alliés. Je ne m'arrête pas, Monſeigneur, ſur ces objets importants; je les ai traités ailleurs, & je vous prie de me permettre de vous renvoyer aux *Entretiens de Phocion* & aux *Principes des négociations*.

La haine n'eſt qu'une paſſion deſtructive des états que quand, étant convertie en habitude par une longue ſuite d'injures faites ou reçues, deux nations ſe ſont fait un principe de se regarder comme ennemies. Alors la politique [n]e juge plus de ses intérêts que par ses préjugés; & elle fait la double faute de se livrer à ses passions & de s'exposer à celles des étrangers. Il est aisé, à la naissance des premiers différents, de prévenir la haine. Pourquoi ne pas consulter alors la justice? J'aurai tort, si on peut me citer un peuple qui se soit mal trouvé d'avoir été juste. Quand la haine est une fois formée, pourquoi la nourrir, au lieu de l'éteindre? est-il si doux de faire du mal à ses ennemis, qu'il doive paroître avantageux d'ébranler sa constitution & de s'exposer à périr, en les rendant plus entreprenants, plus audacieux & plus implacables? Cessez de haïr par un effort de politique, & vous parviendrez enfin à vous faire aimer.

L'histoire prouve par mille exemples, qu'un peuple ne mérite point la haine d'un autre peuple, sans se rendre suspect à tous ses voisins; & bientôt il excitera une indignation générale. Par combien d'actes de justice, de modération & de générosité les Spartiates ne furent-ils pas obligés de faire oublier la cruauté avec laquelle ils traiterent les Messéniens? La haine envénimée qu'ils montrerent contre Athènes, à la fin de la guerre du Péloponese, ne souleva-t-elle pas toute la Grece contre eux ; & cette haine ne ruina-t-elle pas leur république ? L'histoire de la grandeur & de la décadence des Romains met encore cette vérité dans un plus grand jour. Tant que ce peuple attaché aux regles de la justice, fit la guerre avec générosité & la paix sans abuser de ses avantages, une foule d'alliés s'empressa de contribuer à ses succès. Ses ennemis réduits à leurs seules forces, n'avoient point de confiance, cet acharnement ou ce désespoir que la haine inspire, & qui étoient nécessaires pour suspendre & arrêter la fortune des Romains. A peine la république corrompue par une trop grande prospérité, commence-t-elle à se rendre suspecte, qu'elle paroît moins puissante, quoiqu'elle ait entre les mains toutes les forces de l'univers. Son avarice & sa cruauté la rendent odieuse, & son empire est ébranlé. Les nations consternées & à moitié assujetties trouvent des ressources dans leur haine, & parviennent à ruiner leurs vainqueurs.

Ce n'est pas contre ces trois passions seulement que la politique doit se précautionner. Ce ne sont pas toujours des ennemis armés qu'un état doit le plus redouter ; c'est souvent ses propres amis qu'il est plus sage de craindre. Lycurgue ne l'ignoroit pas : aussi sa loi, appellée la *Xénélasie*, ne permettoit elle aux Lacédémoniens de sortir de chez eux que pour exécuter quelque commission de la république. Quand ils étoient obligés de recevoir quelque étranger, cette loi ordonnoit de lui donner un *proxene*, sorte d'inspecteur, qui éclairoit sa conduite, & l'obligeoit à cacher ses vices.

Des voisins qui par leur commerce, nous communiquent leur oisiveté, leur mollesse, leur faste, leur luxe & leur avarice, sont plus redoutables que des armées qui ravagent nos campagnes. Des soldats qui nous pillent, donnent de l'indignation, & l'indignation tend les ressorts de notre ame; mais des amis qui nous corrompent, nous anéantissent en effet. Une armée étrangere dans le cœur de la Suisse lui feroit-elle plus de mal que les mœurs de leurs voisins? Cynéas, avec la doctrine empoisonnée d'Epicure, étoit plus dangereux pour les Romains que Pyrrhus.

Quoique j'aie déja pris la liberté de vous conseiller, Monseigneur, la lecture des *Entretiens de Phocion*, & qu'ainsi je puisse me dispenser de faire voir ici par quels liens étroits la morale & la politique sont unies; je ne puis m'empêcher de remettre encore sous vos yeux quelques vérités qu'on ne peut trop répéter aux princes, & que la politique moderne s'obstine à regarder comme des erreurs.

Les anciens pensoient que la morale est la base de la politique; que sans les mœurs c'est-à-dire, sans le mépris des richesses, la tempérance, l'amour du travail & de la médiocrité, les loix s'écroulent & le bonheur fuit loin des républiques. Cette doctrine est consignée dans tous leurs écrits. Que disent au contraire les institutions de la plupart des peuples de l'Europe? Lisez, si vous le pouvez, ces ouvrages sans nombre que l'ignorance & l'avarice nous ont dictés sur le commerce & les finances; vous y trouverez par-tout des principes opposés à ceux des anciens. Qui se trompe d'eux ou de nous? Il est du moins évident que les philosophes anciens vouloient faire d'honnêtes gens, & que les nôtres qui ne paroissent que des facteurs, des banquiers & des agioteurs, ne veulent par leurs éloges du luxe & leurs calculs sur l'intérêt, faire que des hommes efféminés & des mercenaires.

Je ne cherche point, Monseigneur, à vous faire un sermon; mon intention n'est que de vous dire la vérité de la maniere la plus simple. Je voudrois de tout mon cœur que la politique moderne pût s'accorder avec les principes de la nature. Lycurgue, dont je ne fais que vous répéter le langage & les leçons, n'étoit pas un Cénobite misantrope qui prît plaisir à tourmenter les hommes ; il a élevé des autels au Rire & à la Gaieté. L'avarice rend malheureux l'homme qu'elle posséde ; par quel prodige, disoient les politiques anciens rendroit-elle donc heureux un état assez peu éclairé pour chercher sa prospérité dans des richesses accumulées ? l'amour de l'argent abaisse & dégrade mon ame : s'il est sordide, il me prépare à être injuste, lâche, rampant & impitoyable ; s'il est joint à la prodigalité, tous les vices me gouverneront avec d'autant plus d'empire, que languissant dans la mollesse, le luxe & le faste, je serai poursuivi par des besoins toujours renaissants & toujours insatiables. Pourquoi, concluoient les anciens, cette passion ne causeroit-elle pas les mêmes ravages dans un état ?

Parcourez l'histoire, & tâchez de découvrir une société qui, en s'entrichissant comme Carthage, ait acquis, comme Sparte & Rome dans la pauvreté, les vertus & les talents qui font la sureté & la force d'une république. Nommez-moi un seul état, un seul royaume où les richesses n'aient pas fait germer l'esprit de tyrannie & l'esprit de servitude. Où n'ont-elles pas soufflé la division, l'injustice, le brigandage & le mépris des loix naturelles & politiques ? dans quel pays n'ont-elles pas appelé lé un ravisseur étranger? Je ne me lasse point de le demander : Pourquoi Lacédémone enrichie par les conseils de Lysander, ne put-elle conserver l'empire qu'elle avoit acquis dans la pauvreté? Pourquoi la république romaine tombe-t-elle en décadence, dès qu'elle est enrichie des dépouilles des vaincus?

Notre politique financiere sera bonne, Monseigneur, quand elle nous aura appris en quels lieux on achete au poids de l'or le désintéressement qui est le premier lien des citoyens, la tempérance qui les dispose à remplir leurs devoirs, le courage & la prudence qui leur sont nécessaires pour défendre la patrie, les talents en un mot, & sur-tout la justice qui doit être l'ame de toutes leurs pensées & la fin de toutes leurs entreprises. Si la société achete aujourd'hui à prix modique les actions qui sont nécessaires, demain elle ne remuera les ames qu'en donnant de plus grandes récompenses; & bientôt au milieu de toutes les richesses de l'univers, elle sera trop pauvre pour contenter une avidité à laquelle on aura appris à ne mettre aucune borne. Les richesses ne sont qu'un ressort qui s'use en peu de temps. Les rois de Perse & les empereurs romains étoient riches; à quoi leur ont servi leurs richesses? Je suis long, Monseigneur; mais j'écris dans un siecle où toutes les ames sont vénales; je combats des préjugés qu'il est presque impossible de détruire; & les écrivains qui louent l'argent, le luxe & nos passions, sont bien plus longs que moi. Je ne dis plus qu'un mot. Si la Perse a dû être subjuguée par les Macédoniens; si Carthage a dû être vaincue par les Romains; la providence n'a donc pas voulu que les richesses fussent un moyen dans les mains de la politique, pour faire fleurir une société.

CHAPITRE VI.

CINQUIEME VÉRITÉ.

Que les états ne doivent pas se proposer un autre bonheur que celui auquel ils sont appellés par la nature.

Un ancien a cru que les états, sujets aux mêmes vicissitudes que l'homme, ont leur enfance, leur jeunesse, leur virilité, & que la vieillesse enfin leur annonce la mort. Cette idée peu approfondie a été adoptée comme une vérité. On est assez généralement persuadé que le corps de la société est soumis, ainsi que les citoyens qui le composent, aux loix inévitables de la mort; l'écrivain le plus éloquent de nos jours a soutenu ce paradoxe. *Si Sparte & Rome*, dit-il, dans son Contrat social, *ont péri; quel état peut espérer de durer toujours? Si nous voulons former un établissement durable, ne songeons point à le rendre éternel. Pour réussir, il ne faut pas tenter l'impossible, ni se flatter de donner à l'ouvrage des hommes une solidité que les choses humaines ne comportent pas.*

Je dois mourir, parce que le temps seul flétrit, use & détruit en moi tous les organes & les ressorts de la vie, & que je ne puis m'en créer de nouveaux. Il n'en est pas de même du corps de la société, dont toutes les parties se renouvellent incessamment par de nouvelles générations. Elle a toujours des vieillards pour délibérer, & de jeunes hommes pour exécuter. Je sais que nous naissons tous avec des passions qui nous inclinent vers le vice, & que par conséquent tout état a une tendance à la corruption & à sa fin. Je sais qu'aucun peuple jusqu'à présent n'a pu y résister; mais est-il permis d'en conclure qu'aucun peuple ne pourra faire ce qu'aucun peuple n'a encore fait? ce n'est point la faute de la nature, si nous détournons nos passions de l'usage & de la fin pour lesquels elle nous ont été données. Retenues dans de certaines bornes, elles donnent de l'activité à la vertu, & nous conduiront au bonheur. Au lieu de les retenir; pourquoi les irritons-nous? Au lieu de les diriger, pourquoi leur permettons-nous de nous conduire? C'est la faute du législateur, si les loix nous égarent; c'est sa faute, si son gouvernement ne conserve pas toujours sa premiere force & sa premiere intégrité.

Sparte, en sortant des mains de Lycurgue, étoit faite pour vivre éternellement. Pourquoi, après six siecles de prospérité, se relâche-t-elle de l'attention qu'elle devoit avoir sur elle-même? pourquoi n'épie t-elle pas continuellement les ruses & les artifices des passions, pour les prévenir? Quand elles ont fait une plaie légere aux mœurs & aux loix, pourquoi les Spartiates la négligent-ils? pourquoi la déchirent-ils? pourquoi la laissent-ils s'envenimer? S'il ne tenoit qu'à eux d'y appliquer un remede efficace; s'il étoit aisé d'étouffer le germe d'avarice que leur donnerent les dépouilles de Mardonius; s'ils pouvoient sans peine reprendre leur premiere vertu; pourquoi dira-t on que le terme fatal pour Lacédémone étoit arrivé, & que rien ne pouvoit le retarder? Après la guerre du Péloponese même, temps où les Spartiates commençoient à avoir tous les vices des autres Grecs, étoit-il impossible que ce peuple s'apperçût qu'il renonçoit aux institutions de son législateur, & qu'il sacrifiât à sa sureté sa vengeance, son avarice & son ambition? pourquoi ne pouvoit-il pas avoir un second Lycurgue qui l'arrachât une seconde fois à ses vices? Il est certain que, loin d'affoiblir les loix, le temps au contraire les rend plus précieuses & plus respectables aux citoyens. Sparte a péri; non pas parce qu'il est de l'essence de tout état de mourir; mais parce que de mauvais magiſtrats & de mauvais politiques l'ont immolée à leur avarice & à leur ambition, quand ils pouvoient la ſauver.

C'eſt l'impartialité de la légiſlation; c'eſt l'obéiſſance des magiſtrats aux loix, & des citoyens aux magiſtrats; c'eſt la conduite prudente & courageuſe d'un peuple à l'égard des étrangers, qui le rendent heureux & floriſſant; mais c'eſt la maniere dont il uſe de ces inſtruments du bonheur, qui décide de la durée plus ou moins longue de ſon exiſtence. Cet état heureux pour ſubſiſter éternellement, n'a qu'à ne pas abuſer de la ſageſſe de ſes loix; c'eſt-à-dire, qu'il ne doit rechercher que la proſpérité à laquelle la nature lui permet, ou plutôt lui ordonne d'aſpirer. C'eſt-là ce qui conſolide de jour en jour ſon gouvernement. S'il viole l'ordre preſcrit par la nature, s'il s'égare, s'il fait un mauvais emploi de ſes forces, de ſa ſageſſe & de ſon bonheur, ſes loix s'affoibliront, ſes mœurs ſe dégraderont, & au milieu de ſa proſpérité même on découvrira la cauſe de ſa ruine.

Quel eſt donc ce bonheur que la politique doit ſe propoſer? C'eſt, Monſeigneur, la médiocrité. Pour s'en convaincre, il ſuffiroit peut-être de faire quelques réflexions ſur notre foiblesse, & de voir qu'une trop grande prospérité est un fardeau que nous ne pouvons supporter. Qu'une république, gouvernée par les principes que j'ai établis, aspire à ce qu'on appelle communément une grande fortune; il n'est pas douteux qu'elle n'y parvienne. Elle trouvera en elle-même les forces & les ressources dont elle aura besoin. Elle prendra naturellement les moyens les plus propres pour réussir; elle aura sans effort la fermeté, le courage & la patience nécessaires pour vaincre les plus grands obstacles. Mais quel est le terme où ces malheureux avantages la conduiront? Ouvrez l'histoire, Monseigneur; elle vous en instruira.

Le gouvernement de Carthage, dit Aristote, fut établi à peu-près sur les mêmes principes que celui de Lacédémone : le partage de la puissance publique étoit tel qu'on ne devoit craindre ni la tyrannie ni l'anarchie. Les citoyens étoient unis, & leur union les faisoit respecter; le travail de leurs mains & la récolte de leurs champs suffisoient à leurs besoins; que faut-il davantage aux hommes? Malheureusement cette république qui n'étoit pas entiérement dégagée des préjugés & des passions de Tyr, se dégoûta du bonheur solide, mais peu brillant dont elle jouissoit. Elle ne put resister à l'attrait d'une grande fortune que lui offroit sa situation; elle ouvrit son port au commerce, acquit des richesses qui lui donnerent de l'orgueil; & se sentant une sorte de supériorité sur ses voisins, elle en abusa, elle fit des conquêtes. Dès ce moment Carthage, déchirée par tous les vices qui marchent à la suite de l'avarice & de l'ambition, vit anéantir l'autorité des loix. Les cabales, les factions, les partis y déciderent de tout, & ne pouvant plus se corriger, elle trouva sa ruine au milieu de ses richesses & de ses triomphes.

N'est-ce pas l'ambition de Sésostris qui a perdu l'Egypte, si heureuse & si florissante tant qu'elle s'est sagement tenue dans ses limites? Cyrus a été le Sésostris des Perses. Il a conquis de vastes provinces; mais dès que ce peuple a été le maître de l'Asie, n'a-t-il pas été accablé sous le poids de sa fortune? n'est il pas devenu aussi esclave & aussi lâche qu'il avoit été libre & courageux? Mettez-vous Monseigneur, à la place de Cyrus; examinez sa situation après ses conquêtes, & imaginez par quels moyens vous auriez pu empêcher que vos loix, vôtre gouvernement, vos successeurs & vos sujets ne se corrompissent. Faites, je vous prie, ce travail: vous ne trouverez pas ce que vous chercherez; mais vous vous convaincrez parfaitement de la vérité de mes réflexions. En lisant l'histoire de la république romaine, on voit avec douleur qu'elle ne se sert de la sagesse de ses loix & de ses institutions que pour se détruire. On voit avec chagrin que chacun de ses triomphes est un pas qu'elle fait vers sa décadence; on est irrité qu'elle ne se serve de ses vertus que pour acquérir des vices.

J'ai tort, Monseigneur, si Carthage, l'Egypte, la Perse & Rome pouvoient former de grands empires, subjuguer leurs voisins, avoir de grandes richesses, & conserver les mœurs, les loix & le gouvernement qui les avoient rendues capables de faire des choses si difficiles. J'ai tort si ces puissances avoient quelque moyen de ne se laisser enivrer par le poison de leur prospérité; s'il leur étoit possible de vaincre des peuples riches, sans s'enrichir de leurs dépouilles; & d'acquérir des richesses, sans préférer l'argent, le luxe & la mollesse à la pauvreté, à la simplicité & à la tempérance.

Après ce que j'ai déja dit sur la corruption qui accompagne les richesses, il est inutile de m'étendre davantage sur cette matiere. D'ailleurs vous avez, Monseigneur, l'ame trop élevée & trop noble, & vous êtes encore trop jeune pour que l'amour de l'argent soit un motif capable de vous remuer. Il suffit de vous avertir, & je l'ai déja fait bien des fois, que notre politique moderne est dans l'erreur la plus dangereuse, quand elle regarde l'argent comme le nerf de la guerre & de la paix, & le principe du bonheur.

Mais ce n'est jamais trop tôt qu'on peut prémunir un prince contre l'ambition : tout ce qui vous entoure, n'est malheureusement que trop propre à vous faire regarder cette passion comme la vertu des grandes ames. Mille bouches s'ouvrent continuellement pour louer les conquérants ; on vous crie que de grandes provinces, des millions de sujets & des revenus immenses font un grand prince. Xerxès & Claude élevés sur les deux trônes les plus puissants qu'il y ait eu dans le monde, n'étoient-ils pas les derniers des hommes? Plus l'empire est grand, plus le prince paroît petit & incapable de gouverner.

Ayez toujours présent à l'esprit, Monseigneur, que sans la justice il n'est ni véritable gloire ni grandeur solide ni bonheur durable & que les hommes ne sont pas grands par leurs passions, mais par leur raison. Les particuliers sont obligés de se lier entre eux par les conventions de la société & d'y obéir pour être heureux; soyez convaincu que les sociétés, sous peine d'être malheureuses, doivent de même observer

observer entre elles les loix de bienveillance qui unissent les citoyens. Il leur est ordonné de s'aider & de se secourir: le droit des gens est un droit sacré; c'est la nature qui nous l'a donné, & nous sommes punis pour y avoir substitué les maximes barbares que nos passions nous ont dictées. C'est une proposition plus absurde encore qu'impie, que la providence ait condamné les hommes à déchirer & tourmenter leurs pareils pour se rendre heureux. Si une nation ambitieuse n'a pas les qualités nécessaires pour réussir dans ses entreprises, l'histoire vous apprendra qu'elle s'affoiblit d'abord par les efforts inutiles qu'elle fait pour s'élever. Elle épuise ses forces en se faisant haïr, & déchue de ses espérances, finit infailliblement par éprouver la vengeance de ses ennemis qui la méprisent. Si ses institutions lui doivent donner des succès, l'histoire vous apprendra encore, qu'elle se dégrade par ses triomphes, parce que sa prospérité lui ôte nécessairement l'art d'employer ses forces & la plupart de ses vertus. Quel terrible exemple pour les ambitieux, que la république romaine qui tombe sous le joug de quelques-uns de ses citoyens, parce qu'elle a étendu son empire sur le monde entier!

La plupart des hommes ne sont malheureux, que parce qu'ils dédaignent avec stupidité le bonheur que la nature a mis sous leur main, pour courir après les chimeres que leur présentent leurs passions. Ils cherchent avec peine & loin d'eux, ce qu'ils trouveroient sûrement au-dedans d'eux-mêmes, s'ils vouloient connoître le prix de la médiocrité. La nature qui veut unir les hommes, & dont l'objet est certainement de les rendre heureux, les uns par les autres, pouvoit-elle attacher le bonheur à une autre condition que la médiocrité, dont la vertu propre est de tempérer & de régler les passions qui troublent le monde, de nous satisfaire à peu de frais, & par-là même, de ne point rendre un homme incommode & suspect à un autre homme?

Un état qui est assez sage pour se contenter de la médiocrité de sa fortune, est un état, Monseigneur, qui peut & doit vivre éternellement, si d'ailleurs il se conforme aux regles dont je viens d'avoir l'honneur de vous entretenir.

CHAPITRR VII.

Application des vérités précédentes aux évènements généraux rapportés dans l'histoire ancienne.

On l'a dit cent fois, Monseigneur, & il faudra encore le dire mille, & peut-être inutilement: dans les états où un despote possede toute la puissance publique, les sujets esclaves n'ont ni patrie ni amour du bien public. Conduits comme de vils troupeaux, & toujours sacrifiés à quelque passion du maître ou de ses favoris, je ne sais quelle indifférence stupide engourdit les ressorts de l'ame & dégrade l'humanité. Sous ce gouvernement les mœurs publiques sont nécessairement mauvaises. Les richesses doivent par principe être préférées à tout le reste, parce que le prince, qui possede de grands trésors ou de grands revenus, doit faire estimer l'avarice, le luxe & la prodigalité. Les loix seront partiales, parce que le prince est homme, & qu'il n'aura jamais la sagesse & le courage de ne pas sacrifier la nation à ses courtisans & à ses valets. On n'obéira pas aux loix, parce qu'on y craint & respecte plus la faveur & le crédit que les loix.

Ne cherchez dans le despotisme aucune suite dans les vues, dans les projets, dans les entreprises : à chaque prince qui se succéde ou à chaque ministre qu'il choisit, il se succéde une nouvelle politique ou plutot une nouvelle passion. La fortune place les monarques sur le trône ; mais elle les place au hasard. La nature ne les fait pas plus intelligents que les autres hommes, & leur éducation ordinairement dégrade encore les dons de la nature. L'état avoit besoin d'un homme ferme & courageux, & il obéit à un homme indolent, timide & paresseux. Le poids énorme du desporisme écrase les talents dans le despote comme dans les esclaves. Tel prince est justement méprisé, qui eût été estimé dans un rang inférieur, & peut-être un exellent magistrat dans une république. Le gouvernement de ses prédécesseurs ayant humilié & corrompu toutes les ames, il ne trouve plus les instruments nécessaires pour faire le bien, & son embarras le jette dans l'inaction. Enfin la nature fait-elle un effort ? place-t-elle sur le trône un homme dont le génie & les talents développés, par quelques circonstances heureuses, rompent tous les obſtacles qui les arrêtent? C'eſt un beau jour, mais court, & la nuit qui ſuccéde paroîtra plus obſcure. Ce prince paroît grand, parce qu'on le compare à ſes pareils; il ſeroit petit, ſi on comparoit ſes actions aux devoirs indiſpenſables d'un homme qui s'eſt imprudemment chargé de faire ſeul le bonheur de ſes ſujets.

Ce gouvernement éprouve des agitations à ſa naiſſance; car des hommes accoutumés à être libres, n'obéiſſent pas ſans peine à un maître: mais ces agitations mêmes, ſi elles ne rétabliſſent pas promptement la liberté, ſont bien-tôt traitées d'attentats contre la tranquillité publique, & ſervent ordinairement de prétexte pour hâter & affermir la puiſſance du prince. On ne doit pas être étonné des délations, dirai-je infâmes ou ridicules, qui effrayerent ſous les premiers empereurs romains. Les actions les plus indifférentes devinrent des crimes: plus les citoyens avoient été libres, plus il falloit ſe hâter d'étouffer dans les eſclaves le ſentiment de l'ancienne liberté. Après quelques efforts, le peuple ſe laſſe par pareſſe, par inconſidération & par ignorance de défendre les anciennes loix. Content de la plus légere ſatisfaction après les plus grandes injures, il ne demande pas mieux que d'eſpérer un avenir heureux pour ſe conſoler du préſent qui l'afflige; on diroit qu'il aime à se tromper, & les promesses les plus légeres suffisent pour le tranquilliser.

Quand le prince, en divisant les ordres de l'état & les menaçant les uns par les autres, est enfin parvenu à s'emparer de toute la puissance publique & ne plus craindre ses sujets, les citoyens les plus considérables se précipitent au-devant du joug par bassesse, par flatterie, par ambition & par avarice. Le peuple accoutumé par la crainte & par l'exemple des grands à obéir machinalement, ne sait plus s'il est de la même espece qu'eux, & croit enfin que sa situation déplorable est son état naturel. Il parvient à regarder sa stupidité comme le fondement & le gage de son repos & de la sureté publique; il se croiroit malheureux s'il lui étoit permis de se remuer. Si par hasard on lui laisse la liberté de respirer un moment dans sa misere, il croit recevoir une grace, & emporté par l'engouement de sa reconnoissance, il ne manquera pas de se charger de nouvelles chaînes. Dès-lors on ne distingue plus les intérêts de la nation des passions & des caprices de son maître. La vérité proscrite est condamnée au silence. Chaque sujet aussi indifférent sur l'avenir que sur le passé, blâme & loue tout. Il y a une assemblée d'hommes, mais il n'y a plus de société, parce que le propre de l'esclave est de ne penser qu'à lui. Si l'état subsiste, c'est qu'il n'a pas la force de se dissoudre lui-même ; mais qu'il s'éleve contre lui un ennemi qui n'ait pas les mêmes vices, & rien ne pourra empêcher sa ruine.

L'aristocratie qui confere le pouvoir souverain à des familles privilégiées, se conduit avec plus d'ordre, de suite & de méthode que le gouvernement dont je viens de parler ; à moins que l'état ne soit partagé par deux factions qui cherchent mutuellement à se perdre pour dominer. Ses sujets compteront davantage sur la stabilité des loix que les sujets d'un despote. Ses alliés lui sont plus attachés, parce que ses alliances seront moins incertaines. Cependant la république ne sera pas florissante, si les familles patriciennes, par une espece de prodige, ne temperent la rigueur naturelle de leur joug, & n'invitent leurs sujets à croire qu'ils ont une patrie.

On n'a point vu l'aristocratie se porter à de certains excès de violence & de barbarie qui ont déshonoré quelques princes ; mais les hommes ont ils besoin d'un Caligula ou d'un Néron pour être malheureux ? Elle est toujours plus défiante, plus jalouse, plus soupçonneuse, plus timide que le gouvernement d'un seul, & par conséquent plus injuste. Des patriciens qui ne sont pas séparés de leurs sujets par un long intervalle, souffriront-ils patiemment que des plébéiens faits pour obéir; osent avoir des vertus, des talents, du crédit & de la considération? La societé fleurira-t-elle sous une tyrannie sourde, & d'autant plus accablante qu'elle s'exerce par le ministere même des loix, ou du moins des formes juridiques?

Si les institutions particulieres de ce gouvernement autorisent les patriciens à avoir des talents, & donnent l'essor à leur genie, les passions seront plus libres; & l'état continuellement vexé par les cabales, les intrigues & les partis des grands, sera dans le trouble, jusqu'a ce qu'enfin l'oligarchie ou la tyrannie de plusieurs fasse place à la tyrannie d'un seul. Si l'aristocratie a pris des mesures efficaces pour prévenir l'ascendant qu'une famille patricienne pourroit prendre sur les autres par ses services, ses richesses & son mérite; l'état n'évitera les désordres d'une révolution domestique, que pour tomber dans la langueur, & préparer à ses ennemis une conquête plus aisée. On ne conservera cette égalité nécessaire à l'aristocratie, qu'en gênant tellement les nobles, qu'ils ne puissent avoir ni montrer impunément des talents supérieurs. Les voies sourdes & détournées de l'intrigue seront seules en honneur. Personne n'osera se montrer tel qu'il est. Dès-lors tout doit s'affaisser, se dégrader, s'anéantir, & au premier orage qui s'élevera, la républi-que qui a craint les talents, manquera de pilotes pour la conduire.

Dans la démocratie, le citoyen, toujours disposé à confondre la licence & la liberté, craint de s'imposer un joug trop dur par ses propres loix, & ne regarde ses magistrats que comme les ministres de ses passions. Le peuple sait qu'il est véritablement souverain, il aura des complaisants, des flatteurs, & par conséquent tous les préjugés & tous les vices d'un despote. Dans les deux gouvernements, dont j'ai d'abord parlé, on manque de mouvement : dans la démocratie, il est continuel & devient souvent convulsif. Elle offre des citoyens prêts à se dévouer au bien public, elle donne à l'ame les ressorts qui produisent l'héroïsme; mais faute de regle & de lumiere, ces ressorts ne sont mis en mouvement que par les préjugés & les passions. Ne demandez point à ce peuple prince d'avoir un caractere, il ne sera que volage & inconsidéré. Il n'est jamais heureux, parce qu'il est toujours dans un excès. Sa liberté ne peut se soutenir que par des révolutions continuelles. Tous les établissements, toutes les loix qu'il imagine pour la conserver, sont autant de fautes par lesquelles il répare d'autres fautes; & par-là il est toujours exposé à devenir la dupe d'un tyran adroit ou à succomber sous l'autorité d'un sénat qui établira l'aristocratie.

Si la démocratie est plus sujette que les deux gouvernements, dont je viens de parler, à éprouver des troubles & des révolutions domestiques, elle est aussi plus propre à résister aux entreprises de ses ennemis. Tant que les citoyens préferent leur liberté aux richesses & aux voluptés, ils ne se laissent point accabler par les plus grands malheurs. Le danger suspend leurs dissentions & réunit leurs forces. Chaque homme ayant tout à perdre, si la patrie est vaincue, devient un héros pour sa défense. Aucun bras n'est inutile, aucun talent n'est perdu. Les ressources se multiplient, & l'amour de la patrie tient lieu des loix qui manquent, & supplée au pouvoir trop foible des magistrats. A mesure que le gouvernement incline davantage vers la démocratie, la république a plus de défenseurs. L'aristocratie n'ayant pour citoyens que ses nobles, se défendra avec beaucoup moins de fermeté que le gouvernement populaire, mais avec beaucoup plus de courage que le despotisme où une seule personne est intéressée à la conservation de l'état.

Voilà, Monseigneur, un tableau fidele des trois gouvernements les plus ordinaires; &

puisque vous les avez rencontrés chez presque tous les peuples de l'antiquité, devez-vous être surpris de cette longue suite de calamités dont l'histoire ancienne vous offre le tableau tragique ? Puisque les passions ont été l'ame du monde, les peuples ont dû éprouver au dedans les révolutions les plus effrayantes, & se dévorer mutuellement par les guerres les plus cruelles. Par-tout la servitude a dû s'établir sur les débris de la liberté ruinée ; par-tout vous devez rencontrer des empires envahis, subjugués & détruits.

Mais gardez-vous de croire que la différence des climats exige de la part des peuples une politique différente. Il est faux que le *despotisme convienne aux pays chauds, la barbarie aux pays froids, & la bonne police aux régions intermédiaires.* Il n'est pas vrai que les rayons du soleil, plus ou moins perpendiculaires, plus ou moins obliques, décident du gouvernement que chaque peuple doit avoir, & le portent à l'établir sans qu'il s'en apperçoive. Il n'est pas vrai que *la forme de gouvernement qui seroit la meilleure dans un pays, fût la pire daus un autre.* Ces erreurs sont combattues par des faits dont il est impossible de douter. Est-il arrivé des révolutions dans l'ordre des corps célestes ou sur le globe que nous habitons, quand les hommes ont vu la servitude s'établir dans les provinces où la liberté avoit régné avec le plus de gloire, & des républiques se former dans le sein même de la tyrannie ?

Par tout où les hommes seront hommes, par-tout où ils auront une raison & un cœur capable de s'ouvrir à l'avarice, à l'ambition & aux voluptés, le même gouvernement leur conviendra ; parce qu'ils ont par-tout le même intérêt de se défendre contre ces passions & d'affermir l'empire de la raison. Je conviens que la différence des climats, influant sur nos organes, donne aux passions plus ou moins d'énergie ou d'activité ; mais faut-il conclure de-là, que l'Asie, par exemple, est destinée à l'esclavage & l'Europe à la liberté ? non ; mais que la politique en Asie & en Europe doit employer les mêmes moyens avec différentes proportions, pour affermir le bonheur des peuples & prévenir les desordres & les ravages des passions. Les passions des Asiatiques sont enveloppées &, pour ainsi dire, engourdies par la paresse. J'en concluerai qu'on a besoin de beaucoup moins d'institutions chez eux que chez les Européens, pour former & conserver une république. Mais les uns & les autres, quelles que soient leurs passions, ont un égal besoin que leurs loix soient impartiales, & que les magistrats y soient soumis en commandant aux citoyens. Sous l'équateur comme sous le pole, si on veut être constamment heureux, il ne faut pas moins se tenir en garde contre les passions de ses voisins que contre les siennes propres. Quelque pays qu'habitent les hommes, toute société est placée entre deux éceuils; le despotisme & l'anarchie. Les passions des magistrats conduisent à l'un, les passions des citoyens conduisent à l'autre: il n'y a, par conséquent, & il ne peut y avoir de bonne forme de gouvernement que celle qui me garantit à la fois des deux dangers dont je suis menacé.

Les peuples les plus célebres & les mieux constitués de l'antiquité ont dû voir renverser leur république, parce qu'il n'y en a aucun qui n'ait négligé quelqu'une des regles les plus essentielles à la conservation politique. Mais au milieu de cette chûte des états qui se succédent les uns aux autres, je vous prie de remarquer avec quelle facilité sont subjugués les peuples qui ne sont pas libres, tandis qu'une ville qui se gouverne par ses loix, arrête, & rend vains quelquefois les projets des conquérants les plus redoutables. Dès qu'il paroîtra un Sésostris en Égypte, l'Orient consterné doit le reconnoître pour son vainqueur & son maître. Ces peuples sont incapables de résister, & il ne faut, pour ainsi dire, qu'un instant de sagesse & de courage de la part de leurs ennemis pour les ruiner. Dès qu'il naîtra un Cyrus, l'Asie doit être soumise à la domination des Perses. Dès qu'un

Alexandre ſuccédera en Macédoine à un Philippe, la monarchie de Cyrus doit être renverſée. Dès qu'il ſe formera une république romaine, les rois doivent être humiliés & les nations aſſujetties. Tous ces peuples vaincus n'avoient ſubſiſté pendant long-temps, que parce qu'ils n'avoient été attaqués juſqu'alors que par des ennemis qui n'avoient ni plus de valeur ni plus de prudence qu'eux.

Avec quelle noble & fiere conſtance les états libres ne défendent-ils pas au contraire leur liberté? La Macédoine a eu plus de peine à ſoumettre quelques villes de la Grece que l'Aſie entiere. L'Aſie une fois vaincue a été ſoumiſe pour toujours : la Grece vaincue ne s'eſt point laiſſé accabler par ſes diſgraces. Tandis qu'Alexandre effrayoit l'Aſie, la Grece indocile ſous le joug, tentoit de le ſecouer. Elle retrouve encore en elle-même aſſez de courage pour réſiſter à ſes propres vices, & à des princes puiſſants qui avoient l'art de la diviſer. Le deſir d'être libre ſubſiſte quand la liberté paroît perdue ſans retour, & il produit encore la ligue ou la confédération des Achéens, qui ne peut être détruite que par une autre république deſtinée à tout vaincre.

Avec combien de peine le ſeul peuple qui ait ſu être conquérant par principe & avec méthode, ne triompha-t-il pas de l'Italie ? Eques, Volsques, Toscans, Samnites, ces peuples toujours défaits n'étoient jamais domptés. Enfin rappellez vous, Monseigneur, la fin de Carthage. Cette ville si humiliée par la bataille de Zama & par les conditions de la paix qui termina la seconde guerre punique; cette ville, dont les mœurs étoient si corrompues & les loix si vicieuses, que ne fit elle pas encore de grand & d'héroïque, quand se voyant sur le bord du précipice, elle osa tenter de résister au génie de la république romaine ?

CHAPITRE VIII.

Application des vérités précédentes à quelques objets importants de l'histoire des peuples modernes de l'Europe.

APRÈS ce que je viens de dire sur l'histoire ancienne, mon objet n'est pas, Monseigneur, de mettre sous vos yeux un abrégé de l'histoire moderne de l'Europe, & en vous présentant un tableau de la fortune heureuse ou malheureuse de tant d'états, de vous faire voir que tous les faits concourent constamment à prouver la vérité des principes politiques que vous avez étudiés. Ce travail est réservé à vos méditations ; & j'espere que vous le ferez avec succès.

Je me borne à l'examen de quelques questions qui me paroissent les plus importantes. La ruine de l'empire romain fit prendre à l'Europe une face nouvelle; & des peuples souveraiverainement jaloux de leur indépendance, s'étant établis dans des provinces où régnoit auparavant le despotisme le plus dur ; pourquoi sur les ruines de la liberté germanique le gouvernement monarchique est-il devenu général en Europe ? Cependant par quelle raison le despotisme si commun & si barbare chez les anciens, & qui deshonore encore l'Asie, est-il aujourd'hui inconnu dans la chrétienté ? Quelles loix, quelles mœurs, quels usages ont élevé une barriere entre les souverains & les abus monstrueux de ce pouvoir qui dégrade l'humanité ? Pourquoi les états libres qui se sont formés parmi nous, n'ont-ils joui de presqu'aucune considération ? L'Europe ayant été déchirée par des guerres continuelles que l'ambition a fait naître, aucun peuple moderne n'est cependant parvenu à ce point de grandeur & de puissance qui rend si célebres quelques peuples anciens ; quelle en est la cause ? Enfin pourquoi tant d'états modernes dont la constitution est presque toujours si vicieuse, ont-ils une plus longue durée que les états anciens dont nous admirons la sagesse ? En répondant à ces questions, il me semble, Monseigneur, que j'embrasserai tout ce que l'histoire moderne renferme de plus intéressant, de plus curieux & de plus utile.

Vous avez remarqué, dans le cours de vos études, que les barbares dont descendent toutes les nations de l'Europe, avoient dans la Germanie le gouvernement le plus libre. Sans loix écrites, ils ne se gouvernoient que par des coutumes grossieres dont le pere instruisoit ses enfants; la licence de ne consulter que ses forces, de tout oser & de tout faire, c'étoit leur liberté. Leurs rois n'étoient que leurs capitaines; leurs magistrats n'avoient qu'une autorité précaire. Mais ces peuples ayant déja appris, par le commerce & la fréquentation des Romains, à être avares & même voluptueux à leur maniere, quand ils s'établirent dans les provinces de l'empire; il étoit impossible qu'ils fissent des conquêtes, eussent des demeures fixes, acquissent un patrimoine, & se mêlassent avec des hommes plus éclairés qu'eux, mais efféminés, timides & asservis depuis long-temps au despotisme le plus dur, sans que leurs mœurs & leurs coutumes ne s'altérassent promptement. Vous avez vu, Monseigneur, combien les hommes doivent prendre de précautions pour être libres : comment donc les Bourguignons, les Goths, les Vandales, les Francs, &c. auroient-ils pu conserver une liberté qu'ils n'aimoient que par instinct, dont ils ne connoissoient ni le prix, ni la fragilité, & qui ne pouvoit s'associer ni avec leurs préjugés anciens ni avec leurs vices nouveaux ?

Quoiqu'en s'établissant sur leurs conquêtes, les barbares adoptassent quelques loix romaines qui leur paroissoient utiles, leur gouvernement ne fut encore qu'un vrai brigandage. De-là des désordres, des violences, des rapines, des injures, des plaintes, dont les rois & les grands, déja assez riches pour être ambitieux, ne tarderent pas à profiter pour écraser le peuple & agrandir leur autorité. Je passe rapidement, Monseigneur, au regne de Charlemagne qui forme l'époque la plus remarquable de l'histoire moderne. Les vertus & les talents de ce prince furent perdus pour son empire qui comprenoit la plus grande partie de l'Europe. Soit que les François fussent encore trop barbares pour aimer leur gouvernement naissant; soit que les successeurs de Charlemagne fussent incapables de faire respecter des loix que le temps & l'habitude n'avoient pas consacrées; les anciens vices reparurent avec les anciennes passions, & l'état fut encore en proie aux mêmes divisions qui l'avoient troublé sous les Mérovingiens. Les princes & les grands, ennemis les uns des autres, se disputerent l'autorité souveraine que Charlemagne avoit voulu placer dans les mains de la nation, & la détruisirent. Tandis que le peuple, incapable de défendre ses droits, étoit sacrifié de toutes parts à l'avidité des grands, & qu'il sembloit devoir s'élever autant de principautés indépendantes qu'il y avoit de seigneurs en état de se cantonner dans leurs provinces ou dans leurs terres; on vit sortir du sein de cette anarchie une sorte de droit & de police qui tendoit à rapprocher toutes les parties désunies de l'état. Il y eut une ombre de subordination : les grands consentirent à être unis entre eux par un hommage & un serment, & c'est ce qu'on a appellé le gouvernement féodal.

Cette révolution particuliere de l'empire françois qui embrassoit une partie considérable de l'Italie, la Germanie jusqu'à la mer Baltique, & quelques provinces au-delà des Pyrénées, devint le principe d'une révolution générale en Europe. Guillaume le Conquérant porta, comme tout le monde sait, la police féodale en Angleterre, & bientôt l'indépendance de ses barons tenta la vanité des grands d'Ecosse qui voulurent jouir des mêmes prérogatives. Les seigneurs espagnols en prirent l'idée dans les provinces que les François possédoient dans leur voisinage, ou la reçurent des Croisés qui les venoient défendre contre les Maures. L'Italie entiere ne connut point d'autres loix. Peut-être pourroit-on soupçonner que les Polonois & les Danois, par imitation de ce qu'ils voyoient en Allemagne, adopterent aussi quelques usages d'un gouvernement analogue à leurs mœurs & à leur politique.

Quoiqu'il en soit des progrès du gouvernement féodal, on vous a dit, Monseigneur, qu'il s'étoit presqu'étendu sur toute l'Europe. Par-tout l'hommage & le serment servoient de lien entre le suserain & le vassal; mais partout ils leur imposoient des devoirs différents. Si les seigneurs étoient foibles, leurs conventions étoient mieux observées : s'ils étoient puissants, tous les droits étoient équivoques, tous les devoirs étoient incertains, parce qu'on vuidoit les querelles les armes à la main, & que le sort des armes n'est jamais constant. Le despotisme le plus dur étoit établi, si on ne considere que le pouvoir que les seigneurs exerçoient sur les sujets de leurs terres; mais la liberté la plus anarchique regnoit entre les seigneurs.

Cependant il étoit impossible que les hommes toujours conduits par le desir d'être heureux, ne sentissent pas la nécessité de remédier à des désordres dont ils étoient tous les jours les victimes. Les esprits furent forcés par l'excès des malheurs à se rapprocher. On fit des

G 3

traités & de nouvelles conventions qui servirent à donner une sorte de frein aux passions. En faisant quelques progrès, on sentit la nécessité d'établir une subordination encore plus exacte; & ne sachant comment s'y prendre, on affranchit le peuple, on augmenta les devoirs des vassaux à l'égard de leurs suserains, on permit à ceux-ci d'affecter de nouvelles prérogatives; & les rois, comme seigneurs suserains de leur nation, se trouverent revêtus d'une nouvelle autorité, qui les mit en état de se faire de nouvelles prétentions : déja je vois la monarchie s'élever sur les ruines du gouvernement féodal.

Il seroit trop long de développer ici les différentes causes qui favoriserent à la fois cette révolution. Vous observerez seulement, Monseigneur, que plus un gouvernement est vicieux, moins il a de moyens pour subsister. Suserains, vassaux, sujets, tous avoient également à se plaindre de la police barbare des fiefs, tous conjuroient sa ruine; & elle n'auroit point subsisté en Allemagne, si l'empire n'eût été electif, & que ses dietes, en conservant un reste de puissance publique, n'eussent donné à tous les princes un intérêt commun, & fourni des moyens de pallier les maux dont ils se plaignoient. Par-tout ailleurs les rois héréditaires jouissoient d'une considération favorable aux progrès de leur autorité. Tandis que, pour abaisser la noblesse, ils fomentoient ses divisions, & travailloient à donner du crédit au tiers-état; le clergé vexé par les seigneurs, & persuadé que le gouvernement monarchique des juifs est le modele de la plus sage administration, ne cessoit de contribuer aux progrès de la monarchie. En faisant des loix agréables & dont tout le monde sentoit l'utilité, les princes essayoient à devenir législateurs. Ils formerent des tribunaux où leur volonté fut bientôt regardée comme la loi de l'état. Ils entretinrent des troupes réglées, & en exigeant avec moins de rigueur le service des fiefs, ils amollirent les seigneurs, & se mirent en état de les traiter comme des rebelles, s'ils troubloient encore la paix publique par leurs guerres privées. Ils assemblerent quelquefois leur nation pour feindre de la consulter, & leur véritable intention étoit de ne la pas effaroucher par une autorité trop ouvertement arbitraire.

Bientôt les guerres étrangeres succéderent aux guerres domestiques, & de nouveaux intérêts donnerent une nouvelle façon de penser. Les nations se lierent par des négociations & des traités, elles formerent des ligues, & chacune d'elles fut moins occupée de ses propre affaires que des événements étrangers. Cepen dant les mœurs s'adoucirent, avec de nouveaux besoins les arts se perfectionnoient. Le commerce fit des progrès rapides, le nouveau-monde répandit des richesses immenses dans l'Europe, tandis que des Navigateurs hardis nous apportoient le luxe & les superfluités des provinces les plus reculées de l'Asie. Parmi des hommes pleins d'idées de chevalerie, d'ambition, de richesses & de plaisirs, il fut facile aux princes de donner au gouvernement la forme qu'ils desiroient.

Les peuples en effet s'abandonnerent avec tant de docilité & de sécurité au cours des événements, que sans la fermentation que les querelles de religion causerent dans les esprits, jamais ils n'auroient eu assez de courage pour oser tenter de secouer le joug dont ils étoient déja accablés. Le pouvoir arbitraire avoit fait insensiblement ses progrès, & ses abus les plus excessifs n'auroient excité que des émeutes inutiles; parce qu'on haïssoit la tyrannie sans aimer la liberté, & qu'on se seroit contenté ridiculement de repousser l'une sans établir l'autre.

Jamais, dit un historien célebre, sans les nouveautés de Luther & de Calvin, sans le zele enthousiaste des Puritains & l'opiniâtreté du clergé à vouloir conserver des cérémonies indifférentes à la religion, l'Angleterre ne seroit venue à bout d'établir la forme de gouvernement dont elle se glorifie aujourd'hui. En effet, lasse de toujours combattre pour une liberté mal affermie, elle s'étoit enfin accoutumée à voir violer la *Grande-chartre*, & à se contenter des vaines promesses qu'on lui faisoit de ne la plus violer. Le regne de Henri VIII avoit été tyrannique sans porter à la révolte. Edouard & Marie avoient gouverné avec empire & dureté; & on s'étoit contenté de les haïr sans éclater. Elisabeth, en éblouissant les Anglois par sa prudence & son courage, leur avoit inspiré une sécurité dangereuse, & les Stuards, ses successeurs, auroient profité, sans peine & sans beaucoup d'art de cette disposition pour établir un vrai despotisme, si le zele de la religion ne fût venu au secours de l'état. Dans la situation où se trouvoit l'Angleterre, il n'y avoit plus que le fanatisme qui fait mépriser les richesses, les plaisirs, les commodités de la vie, & aimer le martyre & la mort, qui pût faire braver les dangers qui accompagnent la révolte, & former le projet de détruire un gouvernement établi.

La réflexion de M. Hume est très juste, & ce qu'il dit de l'Angleterre, il faut l'appliquer aux Provinces-Unies. Jamais elles n'auroient tenté de secouer le joug de l'Espagne, si elles n'avoient craint que le gouvernement sévere & rigoureux de Philippe II, & qu'on n'eût attaqué que leurs franchises & leurs privileges politiques. On se seroit contenté de murmurer, de se plaindre & de faire des remontrances. Il y auroit eu tout au plus quelques séditions imprudemment commencées & mal soutenues. Les séditieux se seroient bientôt lassés de s'exposer à des châtiments séveres sans produire aucun bien; & pour éviter de plus grands maux, on n'auroit cherché qu'à apprivoiser son maître par des complaisances. Mais aucune considération humaine ne fut capable d'arrêter les mécontents, quand ils furent menacés de l'inquisition, & crurent leur salut éternel en danger. Ils ne songerent sérieusement à former une république, qu'après s'être convaincus qu'il ne leur restoit que ce seul moyen de conserver leur nouvelle doctrine, & de se débarrasser pour toujours de ce qu'ils appelloient les superstitions & la tyrannie de l'Eglise romaine.

C'est le luthéranisme qui a mis les Suédois en état d'abaisser le clergé dont le despotisme avoit causé tant de maux, & de fermer pour toujours l'entrée de leur pays aux Danois. Tant qu'en Boheme & en Hongrie les esprits ont été échauffés & irrités par les querelles de religion, ces deux royaumes ont pu se vanter d'être libres; dès qu'ils n'ont plus eu de fanatisme, ils n'ont plus eu de liberté. Il est très vraisemblable que, sans les différents élevés dans l'empire au sujet de la religion, l'Allemagne n'auroit pas conservé son gouvernement. La maison d'Autriche assez puissante & assez riche pour regarder la couronne impériale comme son patrimoine, auroit intimidé, séduit, acheté & corrompu les princes & les dietes de l'empire. La politique est presque toujours la dupe d'un avantage présent dont elle peut jouir; & il est infiniment rare qu'un état ait la sagesse de prévoir & de prévenir les maux qu'il ne sent pas encore. Des vues d'ambition pouvoient faire agir les princes qui s'opposoient à Charles-Quint & à ses successeurs; mais il falloit un intérêt supérieur à celui de la politique, pour qu'ils trouvassent des forces toujours nouvelles, & que les Allemands montrassent une fermeté capable de résister à l'ambition autrichienne & d'en triompher.

Quelque vicieux que soit le gouvernement féodal, quelques maux qu'il ait causés à nos peres, il est vraisemblable que quelques peuples lui doivent l'avantage de vivre aujourd'hui sous un gouvernement tempéré, où ils ne sont ni libres ni opprimés. Plusieurs princes nés avec les passions de Tibere & de Néron, ont commis des violences, & auroient été des tyrans comme ces princes, si les mêmes conjonctures leur avoient donné les mêmes espérances & les mêmes craintes. Mais on étoit accoutumé à les respecter, on reconnoissoit leur supériorité, ils n'ont jamais été obligés de répandre des torrents de sang, ils étoient sûrs de réussir en ne voulant faire que des progrès lents & insensibles. Ainsi malgré la méchanceté de quelques princes, la monarchie s'est prêtée à des tempéraments de douceur & de conciliation, & s'est fait un caractere particulier qu'on ne trouve point chez les anciens. Le passage de la liberté à la servitude fut trop prompt chez les Romains. Pour affermir son empire, Auguste se vit dans la nécessité de faire périr les citoyens les plus jaloux de leur liberté & qui avoient un mérite distingué. Ses successeurs crurent toujours avoir des ennemis qu'il falloit perdre, & voilà ce qui rendit leur politique oppressive & sanguinaire.

Mais le gouvernement féodal ayant donné aux grands de la force, du crédit, de la considération & des droits qu'on ne pouvoit détruire que successivement, les princes s'étoient accoutumés à marcher pas à pas, & même à reculer quand ils s'étoient trop avancés. Avant que de proscrire une coutume qui leur étoit contraire, ils sentirent qu'il falloit l'affoiblir & l'ébranler à plusieurs reprises. En la détruisant, on ne détruisoit point la fierté & le courage qu'elle avoit inspirés. Les seigneurs avoient déja perdu la souveraineté de leurs justices; ils n'étoient plus les maîtres de faire de nouveaux fiefs, d'affranchir leurs sujets ou de les soumettre à de nouvelles redevances; déja ils ne pouvoient plus se faire la guerre sans être regardés comme des perturbateurs du repos public; & cependant le prince étoit encore contraint de respecter leur fierté & de craindre leur courage. Dans ce flux & reflux d'autorité & d'indépendance, il se forma des mœurs publiques qui tempérerent l'âcreté du pouvoir & la bassesse de l'obéissance. Ces mœurs publiques avoient d'autant plus de crédit, que loin de combattre les passions, elles en étoient l'ouvrage. D'ailleurs l'Europe professoit une religion réprimante qui nous enseigne que devant Dieu le monarque le plus puissant n'est que l'égal du plus vil de ses esclaves. Les chrétiens n'élevent point des autels à leurs rois; après leur mort ils n'en font point des dieux.

Au milieu de cette barbarie des fiefs, il se réveilla cependant, Monseigneur, quelques idées de liberté. La plupart des villes affranchies par les *Chartres de commune* que leur vendirent leurs seigneurs, commencerent à avoir leurs magistrats & leurs conseils ; mais elles portoient encore la marque de leur servitude, & elles étoient plongées dans une ignorance trop profonde, pour jeter les fondements solides d'un gouvernement libre. Les villes qui, par leur situation sur la mer ou sur quelque grande riviere, se trouverent à portée de faire le commerce, furent seules florissantes. Elles jouirent de la considération que donnent les richesses, elles se liguerent ensemble, quelquefois se firent craindre de leurs voisins, & n'eurent cependant qu'une existence précaire. La fortune de ces villes tenta l'avarice de leurs anciens seigneurs, & à mesure que le gouvernement féodal tomboit en décadence, & que la monarchie faisoit des progrés, *la Hanse Teutonique* s'affoiblissoit; & cette confédération répandue dans toute l'Europe, ne subsista plus qu'entre cinq ou six villes.

Quelques-unes de ces républiques en proie à leurs divisions domestiques, se défendirent avec succès contre les étrangers, & virent expirer leur liberté sous la tyrannie d'un de leurs citoyens ; tel fut le sort de Florence. Genes toujours agitée par des passions qui ressembloient plus à l'ambition qu'à l'amour de la liberté, ne continua à être une république, que parce qu'elle ne pouvoit se fixer à aucun gouvernement; & une révolution lui rendoit l'indépendance qu'une révolution lui avoit ôtée. Riche, avare, séditieuse, elle est enfin gouvernée par des maîtres qui seroient sans beaucoup de peine des courtisans dans une monarchie. Venise parvint à donner des bornes à l'autorité absolue de ses doges. Le peuple se fit des tribuns, qui tous les ans élurent les sénateurs qui devoient former le conseil du premier magistrat de la république. Mais cet heureux gouvernement ne jetta pas de profondes racines. Les Vénitiens, tranquilles & occupés de leur commerce, préféroient les richesses à la liberté. Ils furent punis de leur négligence à veiller sur la chose publique; & dans le treizieme siecle il s'éleva parmi eux une aristocratie rigoureuse qui éteignit la liberté au dedans, & ne fut puissante & respectée au-dehors que par la barbarie & la foiblesse où les autres états languissoient.

C'est dans les montagnes de Suisse, que la liberté, fruit du courage, de la grandeur d'ame & de l'amour de la patrie, a eu les succés les plus heureux. Les Cantons d'Uri, de Schwitz & d'Underwald opprimés par leurs seigneurs, leverent l'étendard de la révolte au commencement du quatorzieme siecle, & huit ans après, la célebre bataille de Morgarten apprit à leur ancien maître à les respecter. Lucerne & Zurich se joignirent aux confédérés, & cet exemple fut bientôt suivi par ceux de Glaris, de Zug & de Berne. Ces braves républicains, dont j'aurai l'honneur de vous parler, Monseigneur, avec plus d'étendue dans la seconde partie de cet ouvrage, étoient guerriers sans être ambitieux. Ils vouloient associer leurs voisins à leur bonheur & non pas en faire des sujets. Je crois voir Aratus, je crois voir se former la ligue des Achéens; & ce n'est pas sans plaisir qu'on retrouve chez les modernes la sagesse des anciens. Fribourg, Soleure, Bâle, & Schaffouse desirerent enfin d'être libres, & leur union au corps Helvétique le rendit plus considérable. Cette république fédérative, emportée par le courage qui l'avoit formée, eut le malheur de trop s'intéresser aux querelles de ses voisins; mais l'erreur fut courte, & bientôt elle eut la sagesse de ne se point laisser éblouir par les avantages qu'elle avoit eus sur des princes puissants, ni par leurs négociations trompeuses. Elle ne se servit de sa puissance que pour être heureuse. Moins sage qu'elle ne l'a été, elle auroit pu se faire craindre, elle se contente de se faire estimer.

Après le tableau que j'ai mis sous vos yeux de la situation des différents états que les barbares

res du nord ont fondés, il vous sera aisé, Monseigneur, de deviner par quelles raisons aucune de ces puissances n'est parvenue à dominer les autres, & à jouer dans l'Europe moderne le rôle que les Medes, les Perses & les Macédoniens ont fait dans l'Asie, les Spartiates dans la Grece, & les Romains dans le monde entier. Vous avez dû voir que le gouvernement féodal qui réunissoit tous les vices politiques, affoiblissoit prodigieusement les royaumes en apparence les plus forts, & les tenoit dans l'impuissance d'agir au dehors avec succès par la voie de la force, ou de s'y faire estimer & respecter par la sagesse uniforme & constante de leur conduite.

Les nations concentrées en elles-mêmes par leurs propres divisions, & dont toutes les parties étoient ennemies les unes des autres, étoient continuellement occupées des guerres domestiques que faisoit naître l'absurdité des loix ; & avant que de se rendre redoutables au-dehors, il falloit quelles détruisissent leur police féodale. Les rois dont la suseraineté s'étendoit sur un grand pays, n'avoient que l'avantage d'avoir des vassaux plus puissants, & par conséquent plus indociles. Les princes les plus considérables n'avoient que leurs domaines pour subsister ; ils n'étoient suivis à la guerre que par leurs vassaux immédiats dont le service étoit souvent incertain & toujours très court ; ainsi les entreprises, à peine ébauchées, ne pouvoient jamais avoir des suites importantes. Faute de discipline & d'art, la fortune décidoit des succès, & la fortune n'est jamais constante. De-là ces treves ridicules que le vainqueur toujours épuisé étoit obligé d'accorder au vaincu, qui avoit le temps de réparer ses pertes pour recommencer encore une guerre inutile. Toutes les villes, tous les bourgs, tous les villages étoient fortifiés ; & avec les batailles qui soumirent l'Asie aux Perses & aux Macédoniens, Cyrus & Alexandre auroient à peine conquis une province en France & en Allemagne.

Rappellez-vous, Monseigneur, l'histoire d'Espagne, depuis cette époque célebre où le comte Julien, pour se venger du roi Rodrigue qui avoit déshonoré sa fille, appella les Sarrazins dans sa patrie, jusqu'au temps que Ferdinand le Catholique réunit sous son pouvoir toutes les provinces qui composent aujourd'hui la monarchie espagnole. Si pendant cette longue suite de guerres, qui durerent près de huit siecles, on n'examine que la conduite des Chrétiens, on est étonné que les Arabes ne les subjuguent pas promptement. Si on ne fait attention qu'à celle des Arabes, on est surpris qu'ils ne soient pas repoussés en Afrique après quelques campagnes. C'est que les uns ni les autres n'avoient dans leur gouvernement le principe d'une prospérité constante. Leurs loix étoient également barbares & vicieuses. Les succès tenant à des causes particulieres & momentanées, disparoissoient avec elles. Tantôt les états du Miramolin sont déchirés par des guerres civiles, & tantôt ce sont les Chrétiens qui sont divisés entre eux. Alfonse IV, surnommé le Grand, remplit l'Espagne de la terreur de son nom; chaque jour est marqué par quelque avantage; & il est prêt à accabler ses ennemis. Mais il meurt, & Almanzor qui monte sur le trône chancelant de Cordoue, repousse les chrétiens consternés dans les montagnes des Asturies. Il leur enleve le royaume de Léon, la Galice, la Vieille-Castille & une grande partie du Portugal, mais son successeur qui n'a pas ses talents, n'aura pas ses succès. Rien n'est décisif, rien ne finit, & l'Espagne est toujours partagée entre des peuples ennemis qui ont à peu près les mêmes vices, ou des vices qui leur sont également nuisibles.

Mais pourquoi m'arrêterois-je plus longtemps à parler des malheurs d'un pays qui vous est cher? Les mêmes causes qui pendant plusieurs siecles ont entretenu une rivalité impuisſante entre les Chrétiens & les Arabes d'Eſpagne, ont nourri des haines ambitieuſes & inutiles en Europe depuis trois ſiecles. Ce n'eſt plus par notre vertu & notre force, diſoit Cicéron, que nous ſubſiſtons aujourd'hui ; c'eſt par l'ignorante ſtupidité de nos ennemis, qui ne ſavent pas profiter de nos vices & de nos fautes pour hâter notre ruine où nous nous précipitons nous-mêmes. Il n'y avoit point d'état en Europe qui, dans le moment même qu'il formoit des projets ambitieux d'agrandiſſement, n'eût dû dire de lui-même, ce que Cicéron diſoit de la république romaine. En effet, la France avoit-elle ſous Charles VIII les choſes néceſſaires pour établir ſon empire ſur l'Italie ? Charles-Quint avoit de rares talents ; mais s'il vouloit faire de grandes choſes, pourquoi formoit-il des entrepriſes au-deſſus de ſes forces ? pourquoi laiſſoit-il dans ſa maiſon un projet d'élévation qu'il ſeroit impoſſible d'exécuter ? A quoi ont abouti les forces dont Louis XIV à étonné l'Europe ? Quel fruit les Anglois retireront-ils des entrepriſes qui les épuiſent ?

Les mêmes vices, Monſeigneur, les mêmes fautes politiques qui ont entretenu en Eſpagne une ſorte d'équilibre entre les peuples qui vouloient y dominer, ont fait échouer en Europe les princes qui ont aſpiré à la monarchie universelle; & les ambitieux qui voudront les imiter, ne doivent pas s'attendre à un sort plus heureux. A peine s'éleve-t-il une grande puissance en Europe, qu'elle doit s'affoiblir par l'abus qu'elle fait de ses forces & de sa fortune. On a de l'inquiétude & de la vanité, mais on n'a point une véritable ambition. C'est précisément parce que les états sont trop grands & trop étendus, que la politique est incapable de les agrandir encore. Les intrigues des cours, les intérêts particuliers de quelques courtisans accrédités décident de tout; & ne voyons-nous pas que la république romaine perdit ses forces, quand les mêmes vices infesterent la place publique? Quand les princes auront du courage & de l'élévation dans l'esprit, la flatterie en abusera pour leur faire concevoir des espérances chimériques. A peine auront-ils commencé à agir, qu'ils seront obligés de recourir à des expédients; & ce n'est point en imaginant des expédients qu'un état éleve sa fortune.

Ne cherchez en Europe aucune vue systématique, aucune prévoyance, aucune tenue, aucune suite; vous y trouverez au contraire des contradictions ridicules, de grands projets & de petits moyens. Vous verrez des princes qui veulent être conquérants, & qui éteignent dans leur nation le génie militaire. Vous verrez de grandes armées, & des soldats mercenaires ramassés dans la lie du peuple. On médite la monarchie universelle, & on regarde la prise d'une bicoque comme une conquête importante. Le même prince qui veut avoir une nation militaire, lui inspire le goût du commerce & du luxe, pour augmenter le produit de ses douanes. On montre beaucoup d'ambition & peu de forces, & il faudroit montrer beaucoup de forces & peu d'ambition. Avec une pareille politique, une puissance doit échouer au moindre revers, s'affoiblir par ses succès mêmes, & ne point accabler un état plus foible qu'elle. L'Europe a employé plus de sang, plus d'argent, plus de stratagêmes, plus d'intrigues & de fourberies qu'il n'en faudroit pour conquérir le monde entier; & cependant aucun état n'a en effet augmenté sa fortune. Quand je vois nos guerres, il me semble voir des convalescents exténués & qui ne peuvent se soutenir, joûter ou lutter les uns contre les autres & après le plus léger effort se demander grace & la permission de se reposer.

Avec la politique dure, avare & ambitieuse qui fit perdre aux Spartiates l'empire de la Grece, pourquoi un état moderne prétend-il acquérir l'empire de l'Europe? C'est bien par un autre art que le nôtre que les Romains conquirent le monde. Loix impartiales ; magiſtrats puiſſants, mais eſclaves des loix ; citoyens libres, mais qui ſavoient qu'il n'y a point de liberté pour qui n'aime pas les loix ; vertus civiles, vertus politiques, amour de la gloire, amour de la patrie, diſcipline auſtere & ſavante : ils avoient tout ce qui eſt néceſſaire pour rendre un peuple puiſſant. Ils pouvoient inſpirer de la terreur, & en ſe conciliant des alliés par leur générosité, ils ne vouloient pas même réduire leurs ennemis au déſeſpoir. Nos états modernes, dont les vertus & les vices ſont à peu près les mêmes, & qui n'ont que l'ambition ruineuſe que les Romains montrerent dans leur décadence, pourquoi ont-ils l'audace d'aſpirer ouvertement à la même fortune ?

Comparez, Monſeigneur, la conduite des princes de l'Europe qui ont été les plus ambitieux, à celle de Cyrus & de Philippe de Macédoine ; & vous ne ſerez point étonné des ſuccès différents qu'ils ont eus. Ceux-ci devoient cauſer une révolution extraordinaire dans le monde, & porter pour un inſtant leur royaume au plus haut point de grandeur & de puiſſance ; parce qu'ils commencerent par ſe conformer à la plupart des regles que la nature preſcrit pour le bonheur des états. Avant que de faire de grandes entrepriſes, ils corrigerent les vices de leur nation, ils réprimerent les abus, ils ne parurent armés que de l'autorité des loix, ils feignirent d'en supporter le joug pour le faire aimer à leurs sujets. Ils ne partoient point d'une cour oisive & voluptueuse pour aller battre leurs ennemis. Tandis qu'ils se comportoient plutôt en administrateurs qu'en maîtres de l'état, les Perses & les Macédoniens, animés par ces exemples, se crurent citoyens sous un gouvernement libre, & en eurent les vertus. Par une espece de prodige, comme le dit Tacite, la majesté de l'empire étoit unie à la liberté publique: graces à la prudence du prince, c'étoit un gouvernement mixte. Il fut alors aisé en inspirant aux sujets l'amour de la patrie & de la gloire, de les former à la discipline la plus sévere, de leur donner le plus grand courage & la plus grande patience, & d'en faire ainsi des instruments propres aux plus grandes choses.

Xénophon vous apprendra, Monseigneur, combien Cyrus étoit attaché aux régles de la justice à l'égard de ses sujets, & craignoit d'effaroucher les passions de ses voisins. L'histoire vous dira que Philippe, conduit par un génie aussi grand que son ambition, faisoit mille efforts pour la cacher, & tâchoit de paroître juste en commençant ses entreprises, moderé & même bienfaisant après la victoire.

En vous exposant, Monseigneur, les raisons qui ont empêché les états modernes de paroître avec le même éclat que quelques nations célebres de l'antiquité, je vous ai développé, si je ne me trompe, les causes qui, malgré leur foiblesse, les font subsister depuis si long-temps. C'est de cette impuissance même où ils sont de se ruiner les uns les autres, qu'est venue leur longue durée. Livrés à leurs vices depuis que l'argent est le nerf de la guerre & de la paix, & se faisant par inquiétude des blessures qui ne sont pas mortelles, ils sont tombés dans un affaissement qui empêche toujours le vainqueur de porter le dernier coup au vaincu. Chaque état est sur le penchant du précipice ; mais aucun de ses ennemis n'a l'habileté ou la force de l'y faire tomber.

Quel seroit aujourd'hui le sort de la France, si les successeurs de Louis XI, au lieu de se livrer à l'ambition de faire des conquêtes, avoient cultivé la paix avec leurs voisins, porté la fécondité & l'abondance dans leurs provinces, & fait regner dans leur royaume ces loix salutaires & saintes qui ne les auroient fait craindre qu'en les faisant aimer & respecter ? A quel degré de gloire, d'élévation, & de puissance ne seroit pas parvenue la maison d'Autriche, si Charles-Quint aussi habile qu'ambitieux, loin de tourmenter l'Europe & de se fatiguer inutilement lui-même, se fût rapproché, autant que les circonstances pouvoient le permettre, des loix par lesquelles la nature ordonne aux états d'être heureux ? Je serois tenté de suivre cette idée ; mais je me borne, Monseigneur, à vous prier de faire vous même cet ouvrage. Comparez ce qu'un siecle de justice, de sagesse & de modération auroit valu aux princes autrichiens, à ce que deux siecles d'intrigue, de guerre & d'ambition leur ont fait perdre.

Cherchez encore à pénétrer quel auroit été le sort de l'Europe, si la révolution par laquelle les Vénitiens dépouillerent leur doge de son autorité, avoit eu chez eux les mêmes suites que la révolution des Tarquins eut chez les Romains. Supposez que les tribuns du peuple de Venise eussent établi solidement la liberté, que les loix fussent devenues impartiales, & qu'elles eussent acquis un empire absolu sur les citoyens & les magistrats ; supposez à Venise les mêmes mœurs, la même discipline & la même modération qu'eut Lacédémone, ou les mêmes mœurs, la même discipline & la même ambition qu'eut la république romaine ; & vous verrez, si je ne me trompe, que les Vénitiens auroient acquis en Europe la même considération que les Spartiates eurent autrefois dans la Grece, ou l'empire que les Romains exercerent sur le monde entier. Ce travail, tout chimérique qu'il paroît, ne vous sera pas inutile; il servira à graver plus profondément dans votre esprit les vérités politiques que je vous ai présentées; & ce qui vaut encore mieux, Monseigneur, il servira à vous les faire aimer.

DE L'ÉTUDE DE L'HISTOIRE.

A MONSEIGNEUR

LE PRINCE DE PARME.

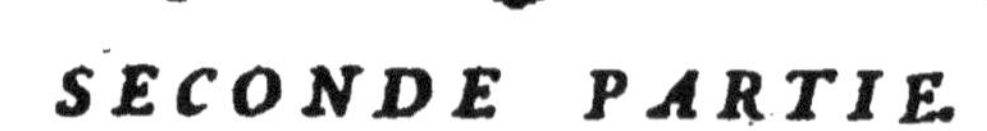

SECONDE PARTIE.

CHAPITRE I.

OBJET DE CETTE SECONDE PARTIE.

Réflexions générales sur quelques états de l'Europe où le prince possede toute la puissance publique.

Les cinq vérités, Monseigneur, que je viens d'avoir l'honneur de vous exposer dans la premiere partie de cet ouvrage, sont les résultats généraux de l'étude de l'histoire. Voilà, quoi qu'on en puiſſe dire, à quoi ſe réduit toute la ſcience de rendre les ſociétés heureuſes & floriſſantes. Le reſte n'eſt qu'une pure charlatanerie dont les intriguants & les ambitieux couvrent leur ignorance ou leurs mauvaiſes intentions. Cette charlatanerie qu'on oſe appellier politique, n'eſt propre qu'à tromper les peuples & pallier leurs maux. Marchant à tâtons, toujours ſubordonnée aux circonſtances, aux paſſions & aux événements, elle eſt tour-à-tour heureuſe ou malheureuſe, comme il plaît à la fortune. Elle échoue aujourd'hui par les mêmes moyens qui la firent réuſſir hier; & on ne peut extraire de ſes diſgraces ou de ſes ſuccès aucun principe fixe ni aucune regle certaine.

Je ſuis perſuadé qu'en vous rappellant la ſuite & l'enchaînement des faits hiſtoriques, que je vous ai indiqués, vous vous convaincrez chaque jour davantage que le bonheur eſt le fruit de la ſageſſe. Mais vous ne devez pas, Monſeigneur, vous en tenir là. La théorie n'eſt rien, ſi elle n'eſt ſuivie de la pratique; & la vérité ne doit pas être ſtérile entre les mains d'un prince. Puiſque vous connoiſſez les ſources où la politique va puiſer le bonheur, commencez par vous ſervir de cette connoiſſance pour votre propre avantage. Dites-vous tous les jours que vous rendrez vos ſujets heureux; dites-vous tous les jours que c'est votre devoir, & qu'en le remplissant vous goûterez la satisfaction la plus pure. Avant que de faire l'examen du gouvernement des duchés de Parme & Plaisance, avant que d'en méditer la réforme ; commencez par étudier les gouvernements actuels de l'Europe, & juger lesquels d'entre eux s'approchent ou s'éloignent davantage des regles prescrites par la nature. En voyant les différentes formes que la société a prises en Europe, vous sentirez en quelque sorte les ressources de votre esprit s'étendre & se multiplier. Ce tableau, peut-être plus intéressant pour vous que l'histoire des siecles passés, vous rendra plus sensibles les vérités que vous aimez. D'ailleurs cette étude est absolument nécessaire à un prince ; sa sureté en dépend. Comment se comporteroit il avec prudence à l'égard des étrangers, s'il ignoroit ce que le gouvernement de chaque peuple lui ordonne d'en espérer ou d'en craindre ?

Je ne m'étendrai pas sur les différents pays où le gouvernement est purement monarchique, c'est-à-dire, où le prince possede toute l'autorité publique. Quoiqu'il y ait de grands rois qui méritent l'amour, l'estime & la confiance de leurs sujets, il est à craindre que les réflexions que j'ai faites sur le despotisme en général, ne puissent toujours s'appliquer à chaque état où la volonté seule du prince fait la loi. En effet, quand on supposeroit le plus vaste génie à la tête d'un royaume, quand le monarque posséderoit toutes les vertus d'Aristide & de Socrate, je suis sûr que ses états seront exposés à plusieurs injustices & à plusieurs abus. Ne pouvant ni tout voir ni tout faire par lui-même, il sentira, au milieu de ses opérations, qu'il est accablé d'un poids trop pesant pour les forces d'un homme. Je consens qu'on soit heureux; mais qu'est-ce qu'un bonheur attaché à la vie d'un prince, & qui peut vous échapper à chaque instant? La crainte de l'avenir ne permet pas de jouir du présent: les sujets peuvent donner leur confiance au prince; mais ils la refuseront à son gouvernement.

Je sens, Monseigneur, combien est délicate la matiere que je traite dans la seconde partie de mon ouvrage. Je connois assez les préjugés & les passions qui gouvernent la plupart des hommes, pour ne pas ignorer qu'en osant faire quelques remarques critiques sur les gouvernements actuels de l'Europe, je m'expose à une sorte de censure. Mais, Monseigneur, vous répondrez pour moi à ces censeurs; vous leur imposerez silence en disant que vous aimez la vérité & que je vous la dois. Vous leur direz que, si mes réflexions sont vraies, il faut en profiter ; & que, si je me suis trompé, on doit encore quelque reconnoissance à la peine que j'ai prise. Vous ajouterez enfin que la maxime qui défend d'appercevoir les défauts & les erreurs du gouvernement, est une maxime pernicieuse, inventée par les ennemis de la société, & qui ne peut être défendue que par ceux qui profitent des mauvais établissements & qui craignent les bonnes loix.

Si je vous faisois, Monseigneur, un tableau fidele de la situation actuelle de la plupart des monarchies de l'Europe, ce que je vous dirois aujourd'hui, ne seroit peut-être pas vrai demain; car le vice fondamental de ces gouvernements, c'est de n'avoir que des regles flottantes, incertaines & mobiles. Dans les états libres, la république donne son caractere aux magistrats : dans les monarchies, le prince imprime le sien aux loix & aux affaires. Par un plus grand malheur encore, il n'est que trop ordinaire que les ministres & les personnes chargées d'une administration importante, n'aient aucun caractere ; parce qu'elles se sont accoutumées à se laisser conduire par la faveur qui leur donne chaque jour des intérêts opposés. On est gouverné par les événements qu'on devroit diriger, & les caprices de la fortune décident par conséquent de tout.

Quoi

Quoique le prince, dans toutes les monarchies de l'Europe, possede seul la puissance souveraine, l'exercice de cette puissance n'est pas le même par-tout. Les peuples ont un caractere qui assigne des bornes à un pouvoir qui n'en reconnoît aucune. D'anciennes traditions, de vieilles loix, des préjugés, des passions forment dans chaque état des mœurs publiques & une sorte de routine & d'allure, qui se font respecter jusqu'à un certain point par le souverain même. Le monarque le plus absolu a beau se dire qu'il peut tout, il sent qu'il n'est qu'un homme, & que s'il choque & révolte tous ses sujets, il ne pourra leur opposer que les forces d'un seul homme.

Les François & les Russes conviennent également que le prince est suprême législateur : en France cependant la monarchie n'est pas la même qu'en Russie. Dans le premier royaume, des corps entiers de magistrats aimés, considérés & respectés disent qu'ils sont les dépositaires, les gardiens & les conservateurs des loix. En accordant tout au prince, ils attachent à leur enrégistrement je ne sais quelle force qu'on ne peut définir, & on est convenu de dire, peut-être sans se trop entendre, que le législateur doit gouverner conformément aux loix. Le sénat de Russie au contraire, loin d'oser modifier ou rejeter une loi, se croiroit coupable de lese-majesté, s'il osoit l'examiner; il croit qu'il est de l'essence de la puissance législative de ne connoître aucune borne & de pouvoir à son gré changer, annuller & abroger toutes les loix. Le czar est le chef de son église, & la religion qui est en quelque sorte soumise au gouvernement, en augmente beaucoup l'autorité. Le clergé de France, libre & indépendant dans les choses ecclésiastiques ou spirituelles, exerce une sorte d'empire sur le gouvernement qui fait qu'il ne doit point porter la main à l'encensoir. Tandis que la noblesse russe qui s'est formée sans avoir jamais eu de pouvoir & de crédit, pense sans orgueil d'elle-même & ne porte qu'un vain nom; la haute noblesse de France qui n'a pas perdu le souvenir de ses anciens fiefs, en voit encore subsister quelques traces dont elle se glorifie. Elle a conservé ses mœurs particulieres qu'elle a communiquées à une noblesse inférieure qui se fait une gloire de l'imiter. Tous obéissent au gouvernement, & prétendent aussi obéir à ce qu'ils appellent leur honneur. La nation françoise cultive les arts & les sciences; vaine, frivole, dissipée, spirituelle, glorieuse, légere, inconstante, elle s'est fait un goût fin & délicat sur les bienséances & les procédés qu'il seroit dangereux d'offenser. Rien de tout cela n'est en Russie. A force d'ignorance, d'injuſtice & de barbarie, les hommes diſtribués ailleurs en différentes claſſes, y ſont tous mis dans la derniere. Remarquez, je vous prie, Monſeigneur, que l'égalité qui aſſure la liberté des citoyens dans les états libres, n'eſt propre dans les autres pays qu'à rendre le joug du deſpotiſme plus accablant. Le czar parle, voilà la loi : pourvu qu'il ne choque point les préjugés ou les paſſions de ſa garde, il eſt le maître abſolu, tant qu'elle le laiſſe ſur le trône.

Veut-on connoître la force de l'empire que le génie d'une nation exerce ſur elle même ? Il ſuffit de faire un retour ſur ſon propre cœur, d'examiner avec quelle confiance on s'abandonne aux abſurdités au milieu deſquelles on eſt né ; combien il en coûte à la raiſon pour déranger les habitudes qu'on a contractées. Quel doit donc être le ſort des nations entieres qui ſont emportées rapidement par le préjugé général qui les gouverne, & qui leur tient lieu de raiſon, de ſageſſe & de réflexion.

Il y a un ſiecle que le Danemarck avoit encore une couronne élective, & des états-généraux qui ne vouloient confier au roi & au ſénat que le pouvoir néceſſaire pour faire exécuter les loix. Les meſures capables d'affermir cette forme de gouvernement, avoient été mal prises : le sénat en abusa pour usurper des droits qui ne lui appartenoient pas. Il éludoit la force des loix, & sous prétexte de les faire exécuter ou de produire un plus grand bien, il ne faisoit en effet exécuter que ses ordres. Favorisé dans son usurpation par la noblesse dont il protégeoit les injustices, il s'étoit rendu également odieux & redoutable au roi, au clergé & au peuple. L'oppression réunit les opprimés, & les états de 1660 en détruisant l'autorité du sénat & de la noblesse, conférerent au roi la puissance la plus despotique.

Ne consultez que l'acte par lequel les états-généraux se sont démis de leur pouvoir pour le conférer au prince, & vous croirez que le roi de Danemarck est à Copenhague un véritable sultan. Les Danois semblent avoir rafiné l'art de la servitude; on diroit qu'ils ont regardé l'ombre même ou l'espérance de la liberté comme la source de tous les maux de leur nation. Pourquoi ces redoutables monarques ont-ils cependant continué à gouverner avec autant de modération que quelques autres princes moins puissants qu'eux? c'est qu'ils ont été gênés par les mœurs de la nation qui, en se faisant esclave, a conservé quelques qualités d'un peuple libre. Ce ne furent ni la crainte ni l'esprit de servitude qui produisirent la révolution de 1660. C'est parce que les Danois avoient du courage & ne pouvoient s'accoutumer à la domination de la noblesse, que leur orgueil se souleva contre la tyrannie du sénat. Ils se livrerent avec emportement à une haine aveugle. La nation ne crut pouvoir jamais trop humilier ses ennemis : pour les perdre sans retour, elle se chargea elle-même de fers, & s'ôta avec soin tous les moyens de pouvoir recouvrer sa liberté. Ce triomphe bisarre & ridicule lui cacha sa servitude, & lui donna de la fierté. *Vous vouliez nous accabler*, disoient les Danois au sénat & à la noblesse, *& c'est nous qui vous opprimons*. Ils se persuaderent qu'après le bienfait qu'ils avoient accordé au prince, il seroit leur ami & leur protecteur. Ces étranges idées entretinrent, au milieu du despotisme des mœurs libres & indépendantes. Le germe n'en a pas été étouffé, l'habitude les conserve encore, & tant qu'elles subsisteront, les rois de Danemarck, avant que d'agir, les consulteront avec plus de soin que les loix qui leur permettent de tout faire impunément.

Etudiez avec soin, Monseigneur, le caractere de chaque nation, & vous verrez que chaque état est plus ou moins avancé dans le despotisme, suivant que les esprits osent plus ou moins penser par eux-mêmes ou n'ont que les idées qu'on leur donne. Il y des peuples qui ne peuvent souffrir ni une entiere servitude ni une entiere liberté ; & les passions des sujets contiennent alors celles du prince. Dans ce mélange de fierté & d'abaissement, une nation peut encore se faire respecter ; elle porte encore en elle-même un ressort capable de la mouvoir & de la faire agir ; elle peut encore espérer des succès & des lueurs de prospérité. Combien de conséquences ne pourrez vous pas tirer de ces réflexions ? Vous penserez que plus la monarchie emploie d'art & de politique, si je puis parler ainsi, à se despotiser, plus elle travaille contre les vrais intérêts du monarque. Ce qu'elle regarde comme un avantage, est une véritable dégradation. Plus le prince appesantira son autorité sur ses sujets, moins il se fera craindre & respecter par ses voisins & ses ennemis : à mesure qu'il paroîtra plus puissant au dedans, son peuple paroîtra plus foible au dehors.

Je vous prie d'examiner quelles sont les passions & les qualités les plus propres à retenir la monarchie dans de certaines bornes ; & vous vous en instruirez dans l'histoire des peuples qui ont défendu pendant long-temps leur liberté, & dans l'histoire des peuples qui se sont trouvés esclaves avant même que de soupçonner qu'ils pussent cesser d'être libres. Une nation est-elle accusée d'inconstance & de légéreté ? se livre-t-elle aux nouveautés ? fait-elle peu de cas de ses anciens établissements ? Vous devez être sur que son inconsidération n'est pas d'un bon augure pour l'avenir. Mais sans m'arrêter à ces détails, je me contenterai de remarquer que trois causes contribuent principalement aux progrès du despotisme ; la crainte, le luxe & la pauvreté.

La promptitude avec laquelle les Romains, c'est-à-dire, le peuple de l'antiquité qui a eu le plus en horreur la tyrannie, passerent de la plus grande liberté à la servitude la plus accablante, prouve toute l'étendue du pouvoir que la crainte a sur nos esprits. Les proscriptions d'Octave, d'Antoine & de Lépidus glacerent à un tel point l'ame de leurs concitoyens, qu'ils adorerent leur tyran, parce qu'il voulut bien paroître humain, quand il n'eut plus besoin de répandre du sang pour regner tranquillement. Sous Tibere, ils se porterent si avidement au devant du joug, que ce prince le plus timide & le plus soupçonneux des hommes, s'en plaignoit quelquefois, & auroit voulu retrouver quelque trace d'une liberté qu'il redoutoit. Ne soyons point étonnés de ce changement dans un peuple qui venoit de voir des Brutus & des Cassius. Quand l'innocent ne peut plus compter sur son innocence; quand il n'est plus de sureté pour l'homme de bien; quand les dangers qui nous menacent sont assez grands pour ne nous occuper que de nous mêmes; la terreur anéantit en quelque sorte toutes les facultés de notre ame, & la politique n'a plus de ressources pour nous délivrer de cette passion impérieuse. Vous l'avez vu : Marc-Aurele tenta inutilement de se dépouiller d'une partie de sa puissance, & de rendre au sénat & à la ville de Rome une sorte de dignité; la crainte avoit trop accablé les esprits, & la servitude avoit déja fait naître l'amour de la servitude.

Les ames ne se dégradent peut-être pas moins par le luxe que par la crainte; & le despotisme l'a souvent employé avec succès. Chaque besoin superflu que donne le luxe, est une chaîne qui servira à nous garrotter. Le propre du luxe est d'avilir les esprits au point de n'estimer & de ne considérer que le luxe : dès-lors nous ne sommes gouvernés que par les passions les plus méprisables. Une fortune médiocre nous paroît le plus grand des maux, & la fortune la plus immense ne nous paroîtra qu'une fortune médiocre. Nous vendrons notre liberté à vil prix, parce que nous sommes incapables d'en connoître la valeur.

Il est une pauvreté que donnent les bonnes mœurs, qui est l'ame de la justice, &

qui fera de grandes choses ; c'est la pauvreté qui se contente du nécessaire & qui méprise les richesses. Mais cette pauvreté qui est une suite du luxe & des rapines du gouvernement, elle ne fait que des séditieux qui veulent troubler l'état pour le piller, ou des mercenaires qui ne demandent que des salaires. Le mal est parvenu à son comble, quand les sujets ne vivent plus que des bienfaits du gouvernement, ou que n'attendant rien de leur économie ni de leur industrie, ils se sont accoutumés à leur misere, & regardent leur paresse comme le plus grand bien.

CHAPITRE II.

Du gouvernement des Cantons Suisses, de la Pologne, de Venise & de Genes.

LA Suisse vous présente, Monseigneur, une image de la république fédérative des anciens Grecs. Si cet heureux pays n'a pas une Lacédémone, tous ses Cantons, il le faut avouer, sont bien plus sages que ne l'ont été les autres villes de la Grece. Liés entre eux à peu-près par les mêmes alliances qui unissoient les Grecs, aucune rivalité ne les divise. Il faut que le fondement sur lequel porte la sagesse des Suisses soit bien solide, pour que des états libres, indépendants, inégaux en force & qui n'ont pas la même constitution, n'aient cependant ni ambition, ni crainte, ni jalousie les uns des autres. Les querelles mêmes de religion qui ont allumé tant de guerres & excité des haines éternelles par-tout ailleurs, n'ont causé parmi eux que de légeres commotions.

Le fanatiſme & la vengeance ont fait dans leur ame des traces ſi peu profondes, qu'une paix ſincere a promptement rétabli l'harmonie : les diviſions des Suiſſes ont laiſſé voir qu'ils étoient hommes, & les ſuites ont prouvé qu'ils étoient de tous les hommes les plus ſages.

C'eſt dans la Suiſſe que ſe ſont conſervées les idées les plus vraies & les plus naturelles de la ſociété ; on n'y croit point qu'un homme doive être ſacrifié à un autre homme. Un payſan du pays allemand dans le canton de Berne, eſt perſuadé ſans orgueil que les magiſtrats ne ſont que ſes gens d'affaires. Vous verrez des citoyens qui obéiſſent avec reſpect & ſans terreur à des loix impartiales. Le magiſtrat ſans faſte, ſans décoration extérieure, & tiré du corps des métiers, ne paroît point armé de ce pouvoir impoſant dont on voit ailleurs que les loix ont beſoin pour ſoutenir leur majeſté preſque toujours violée. La ſimplicité du gouvernement Helvétique eſt admirable, & toute la machine eſt mue par un petit nombre de reſſorts. Pourquoi les mouvements en ſont-ils exacts, réguliers & prompts ? pourquoi ne voit-on point dans la Suiſſe de ces brigues, de ces factions, de ces intrigues, de ces révolutions ſi communes dans les pays libres ? pourquoi les Cantons ne ſe fatiguent-ils point par des négociations continuelles, des craintes & des ſoupçons réciproques ? Après avoir recouvré & affermi leur liberté les armes à la main, pourquoi les Suisses, du haut de leurs montagnes, semblent-ils regarder en pitié les troubles puérils mais cruels de l'Europe, sans y prendre part ?

C'est que les Suisses ont des mœurs, & n'ont pas nos malheureuses passions. En établissant leur république, ils ont compris cette grande vérité que le bonheur n'est point l'ouvrage des richesses, du luxe, de la mollesse, de l'ambition & de la tyrannie ; & que la probité est l'appui le plus solide du gouvernement. Vous aurez souvent occasion, Monseigneur, de remarquer que les législateurs n'ont toujours accablé les peuples de loix inutiles, que parce qu'ils ont d'abord négligé de régler les mœurs. On n'a pas observé que nos vices se reproduisent & se multiplient avec une prodigieuse célérité, quand on laisse subsister le foyer qui les produit. On a augmenté le nombre des magistrats, on a étendu leur pouvoir pour donner de la force aux loix & de la dignité au gouvernement ; mais il falloit prévoir que les nouvelles loix ne seroient pas plus respectées que les anciennes, & que cent magistrats corrompus n'en vaudroient pas un qui auroit de la probité.

Des loix somptuaires, en privant les Suisses de la plupart des besoins des autres nations, accoutument leur ame à la modération, à la frugalité, au travail & à l'économie, & rendent superflue une grande fortune dont ils n'oseroient ni ne sauroient jouir. Aucun citoyen n'est pauvre, parce qu'aucun citoyen n'est trop riche; ainsi la république ne connoît ni les vices que donnent les richesses, ni les vices que donne la pauvreté. De cette source découle l'impartialité des loix. Tout le monde leur obéit, parce qu'elles paroissent justes à tout le monde; & le magistrat ne peut que rarement abuser de son autorité. Il n'en abusera même que dans des choses peu importantes; car on n'a point pour des magistrats la même complaisance que pour des princes.

Si des loix partiales offensoient une partie des citoyens pour favoriser l'autre, si les magistrats pouvoient trouver un intérêt à être avares & ambitieux; les mêmes divisions qui perdirent la Grece, perdroient bientôt la Suisse. Au lieu de ne songer qu'à se conserver, les Cantons aspireroient à s'agrandir. Ils prendroient part imprudemment aux querelles de leurs voisins, ils leur promettroient de se mêler de leurs affaires domestiques; & de vains traités, de frivoles garanties les exposeroient à tous les malheurs qu'ils croiroient prévenir.

Les Suisses ne s'exposant point par ambition aux périls d'une fortune hasardeuse, ont toujours des magistrats assez habiles & assez expérimentés pour les gouverner. Ils ne trouvent aucun écueil sur leur route, & jamais ils ne sont obligés d'ébranler ou d'altérer les principes de leur gouvernement, en recourant à des moyens extraordinaires pour se sauver des dangers extraordinaires auxquels une nation ambitieuse est nécessairement exposée. C'est par cette double sagesse du gouvernement à l'égard des citoyens, & de la république entiere envers les étrangers, que la Suisse paroît ne devoir craindre aucune révolution. Outre que suivant le précepte de Lycurgue, elle ne possede pas des richesses capables de tenter la cupidité de ses voisins, son territoire est naturellement fortifié. En y pénétrant, un ennemi se croiroit transporté dans ces champs de la fable qui produisoient des hommes tout armés. Sans faire la guerre pour leur compte, les Cantons ont la prudence de se faire des soldats aux dépens de la folie inquiete & ambitieuse des autres nations. Heureux les Suisses, si le service étranger sert à purger leur pays des hommes qui n'ont pas l'ame républicaine, & n'en ouvre pas l'entrée aux vices de leurs voisins!

S'ils perdent leurs mœurs, ils éprouveront une révolution subite. Les magistrats trop foibles alors pour contenir les citoyens qui leur communiqueront leurs vices, seront cependant trop forts pour obéir aux loix. Cette exactitude scrupuleuse & même minutieuse sur les mœurs, que les peuples corrompus appellent pédanterie, & dont les sages de l'antiquité faisoient tant de cas, est plus nécessaire aux Cantons Helvétiques qu'à tout autre peuple de l'Europe. Leurs magistrats doivent être d'autant plus attentifs, que la corruption ne peut commencer chez eux que par des bagatelles dont il seroit insensé de s'inquiéter de l'autre côté du lac de Geneve ou sur les terres de France.

Je vous prie, Monseigneur, quittez la lecture de mon ouvrage, lisez dans Tite-Live le discours admirable que cet historien met dans la bouche de Caton en faveur de la loi Oppia. Il vous dira pourquoi le luxe & l'avarice qui le suit, ont détruit tous les empires. Vous verrez que les alarmes de Caton n'étoient point de vaines alarmes. Tout ce qu'il avoit prévu, arriva, dès qu'on eut permis aux dames romaines de porter des parures enrichies d'or & de pourpre. Pour contenter leurs femmes, les maris troublerent la république par leurs intrigues, & vendirent leurs suffrages. Ils firent la guerre pour piller, & commanderent les provinces comme des brigands. Vous savez le mot de Jugurtha : *o ville vénale, que tu périrois promptement, si quelque prince étoit assez riche pour t'acheter!* La Suisse corrompue par l'amour de l'argent, ne devroit-elle pas craindre un nouveau Philippe de Macédoine, qui faisoit précéder son armée par des mulets chargés d'or? Qui oseroit répondre que sa confédération subsistât, & que les Cantons divisés ne se détruisissent pas les uns les autres par leurs propres armes? Que l'exemple des Grecs qui ne périrent que quand ils eurent rompu leur alliance, soit toujours présent à leur mémoire. Que dans leurs querelles domestiques, s'il leur en survient, ils pensent que leur union est leur plus grand bien. Qu'ils ne permettent jamais aux étrangers d'être leurs auxiliaires, ni même leurs médiateurs. Puisse cet heureux pays ne posséder que des Aristide, des Phocion, & n'élever jamais à la magistrature des Périclès ni des Lysander?

Je vais mettre sous vos yeux, Monseigneur, un tableau bien différent de celui que je viens de vous présenter. Rappellez-vous, je vous prie, l'idée qu'on vous a donnée du gouvernement des François après le regne de Clotaire II, & vous connoîtrez à peu de chose près le gouvernement actuel de la Pologne. Chaque gentilhomme polonois est une espece de souverain dans ses possessions; il a le droit de glaive ve & de justice sur tous ses sujets ou ses serfs ; & ces malheureux ne jouissent de quelques droits de l'humanité, que parce qu'il est heureusement impossible de les tous violer. Paysans, bourgeois, tout ce qui n'est pas noble, se trouve par principe ennemi d'une constitution politique qui loin de protéger les foibles, favorise au contraire la tyrannie des plus forts. Tandis qu'une noblesse fiere s'est emparée de tout le pouvoir, & ne veut point obéir aux loix, de vastes provinces sont habitées & nonchalamment cultivées par des serfs. Ces Hilotes deviendroient redoutables à leurs maîtres, si une longue habitude ne les avoit accoutumés à tout souffrir, ou si le malheur de leur condition ne s'opposoit à leur multiplication. N'en doutez pas, sans cet anéantissement du peuple, la Pologne auroit sa guerre de la *jacquerie*, comme la France a eu la sienne ; & les serfs polonois iroient à la chasse des gentilshommes, comme les Spartiates alloient autrefois à celle des Hilotes qu'ils redoutoient. Les seuls nobles sont citoyens en Pologne, &, tant la constitution de la république est vicieuse, ces citoyens, malgré leur amour effréné pour la liberté, sont plutôt des despotes que des républicains, & déchirent leur patrie qu'ils aiment, parce qu'ils ne savent pas être libres.

Il y a peu de princes en Europe qui aient autant de graces à distribuer qu'un roi de Pologne. Il dispose des biens royaux, appellés *starosties*, *ténutes*, ou *advocaties*, dont le nombre est très considérable; il nomme à toutes les prélatures, aux palatinats & aux castellanies qui ouvrent l'entrée du sénat à ceux qui en sont revêtus; il confére toutes les charges, entre lesquelles il faut distinguer celles de grand-général, de grand-chancelier, de grand-trésorier & de grand-maréchal: magistratures importantes qui embrassent & partagent entre elles tous les objets rélatifs à l'administration. Le prince représente la majesté de l'état, il forme seul un ordre de la république, & préside le sénat chargé de la puissance exécutrice. Avec des prérogatives beaucoup moins étendues, combien de rois ont réussi à se rendre absolus. En Pologne, au contraire, tout cela n'a servi qu'à faire naître la plus parfaite anarchie. Ce phénomene politique mérite, Monseigneur, que vous vous arrétiez un moment à le considérer.

Si la couronne avoit été héréditaire, les Polonois toujours jaloux de leur liberté, auroient sans doute pris des mesures pour se délivrer de la crainte que le pouvoir & l'ambition de leur roi leur auroient inspirée. Vraisemblablement ils auroient tari dans ses mains la source de ces graces, qui lui donnent tant de courtisans & de créatures. La diete de la nation les auroit distribuées elle-même pour attacher les citoyens à ses intérêts ; & le prince qui n'auroit eu aucun moyen pour corrompre & étendre son autorité, auroit été obligé de se soumettre aux loix, & en état de les faire observer. Malheureusement les Polonois trop pleins de confiance en eux-mêmes, ne purent se persuader qu'un roi qu'ils avoient élu librement, qui étoit lié par les serments les plus sacrés, & dont on observeroit sans cesse toutes les démarches, osât méditer la ruine des privileges de la nation & former le projet de s'en rendre le maître. Il est vrai que la Pologne a conservé sa liberté ; mais la liberté étoit-elle le seul bien que les Polonois devoient desirer ? Si les rois n'ont pu asservir la nation, ils ont du moins réussi à rendre la liberté orageuse : & la licence qui en a pris la place ne peut s'associer avec aucune loi raisonnable.

Il s'est formé un esprit singulier dans la république. On se défia du prince jusqu'à le haïr, parce qu'il avoit de grandes faveurs à répandre ; & cependant on fut son courtisan. Pour obtenir des starosties & des charges, on fit des bassesses & des lâchetés ; on reprit sa fierté naturelle après les avoir obtenues, & on n'eut aucune reconnoissance. On vit à la fois des intrigues de courtisans & des factions de républicains. Il est aisé de juger par-là des troubles qui durent agiter la Pologne. Les vices s'accumulerent, de sorte que la république tombant dans le dernier abaissement, n'eut plus d'alliés parce qu'elle ne pouvoit leur être d'aucun secours, & fut obligée de se prêter à tous les caprices de ses voisins. On diroit que pour conserver leur indépendance, les Polonois n'ont voulu avoir aucun gouvernement. Sans l'unanimité qu'ils exigent dans leurs délibérations, sans le *veto* qui rend chaque gentilhomme l'arbitre de la perte ou du salut de l'état, sans l'usage des considérations qui ne sont à proprement parler que des conjurations, il y a long-temps qu'ils ne seroient plus libres. Ce sont des vices qui ont paré le mal que pouvoient faire d'autres vices. Mais ces remedes monstrueux qui multiplient, aggravent & perpétuent les maux de la république, ne deviendront-ils pas à la fin mortels, si elle n'ouvre les yeux sur sa situation, & n'a le courage de faire une réforme nécessaire?

En croyant avoir une puissance législative, la Pologne en effet n'en a aucune; car je vous prie, Monseigneur, de remarquer que la diete générale qui seule est en droit de faire des loix, n'a qu'un droit dont il lui est en quelque sorte impossible de se servir. Si par hasard elle parvient à faire une loi, cette loi n'aura presque jamais aucune force; car il est rare qu'une diete ne soit pas dissoute, & alors tout ce qu'elle a fait est annullé. L'unanimité requise par les Polonois pour porter une loi, qu'il me soit permis de le dire, est l'absurdité la plus complete qui ait jamais été imaginée en politique. Comment a-t-on pu se flatter que tous les *nonces* ou députés d'un grand royaume à la diete générale, verroient les intérêts publics du même œil, & qu'ils concourroient tous avec le même esprit, les mêmes lumieres, le même zele & le même amour de la patrie à faire des loix? Chaque nonce est le maître de son suffrage, & si l'un d'eux prononce le malheureux mot *veto*, j'empêche; non seulement l'activité de la diete est suspendue, mais tous les actes qu'elle avoit déja passés d'une voix unanime sont détruits.

Supposons que par un prodige, une diete générale parvint à n'éprouver aucune opposition; vous verriez naître des loix auxquelles plusieurs *palatinats* refuseroient d'obéir. Premiérement elles ne seroient point reconnues par les provinces qui n'auroient pas envoyé leurs nonces à la diete générale; & cet événement n'est pas rare, parce que les *diétines ante-comitiales* qu'on tient dans chaque palatinat pour nommer ses représentants & dresser leurs instructions, sont sujettes au redoutable *veto* qui les dissout, & qu'elles se séparent souvent avant que d'avoir rien pu résoudre. En second lieu, ces loix seroient portées aux *diétines post-comitiales* des palatinats dont les nonces auroient assisté à la diete générale ; & il ne faudroit encore que le *veto* d'un gentilhomme pour les détruire ; car les loix de la diete générale n'ont de force qu'autant qu'elles sont reçues unanimement par les membres qui composent es *diétines post-comitiales*.

N'y ayant point de puissance législative en Pologne, vous en devez conclure, Monseigneur, que malgré les fonctions attribuées au roi, au sénat & aux quatre grands officiers de la couronne, il ne peut point y avoir de puissance exécutrice. En effet, si les magistrats chargés de faire observer les loix, avoient assez de force pour contraindre la noblesse à leur obéir, il est vraisemblable qu'ils en auroient profité pour s'emparer de l'autorité qui appartient à la diete générale & dont elle ne peut se servir. Le roi ne peut rien sans le sénat, le sénat ne peut rien sans le roi. S'ils sont divisés, la république est nécessairement sans activité ; & s'ils sont unis, leur union même ne produit qu'un bien médiocre. La noblesse qui croit toujours qu'on attente à ses prérogatives, est accoutumée à regarder le prince comme son ennemi, & les sénateurs comme des flatteurs plus occupés de leur fortune particuliere que de celle de l'état. Elle n'aime, elle ne reconnoît, elle ne protége en quelque sorte que les quatre grands officiers de la couronne, qui n'étant dans leur origine, comme les maires de palais en France, que les ministres du roi, sont devenus les ministres de la nation. Ils se sont approprié toute l'administration, & en les regardant comme les protecteurs de la liberté, on a ouvert la porte à la licence.

Pour remplir leurs devoirs, ces quatre magistrats devroient être unis, & ils sont toujours divisés. Le roi piqué de l'ingratitude qu'ils lui marquent après leur élévation, & jaloux de l'autorité qu'ils exercent, croit devenir lui-même plus puissant, en les empêchant de remplir les fonctions de leurs charges. Il leur suscite les uns par les autres des querelles, & ne manque jamais d'associer dans ce haut ministere des hommes d'un caractere différent & qui ont des intérêts contraires. Les rois de Pologne pourroient s'épargner cette précaution inutile & criminelle; dans les gouvernements les plus sages, la rivalité ne produit que trop souvent la haine entre les magistrats.

Les quatre grands officiers de la couronne faits pour protéger les loix, peuvent impunément n'obéir qu'à leurs passions. Il est vrai que la diete générale est en droit de leur demander compte de leur administration & de les destituer; mais de leur côté ils sont les maîtres de la dissoudre, si elle osoit former cette entreprise. Chacun d'eux n'a-t-il pas toujours à ses gages quelque nonce prêt à prononcer le destructif *veto*? Vous voyez par-là, Monseigneur, que l'injustice pour s'affermir, se sert de la loi même que les Polonois regardent comme le rempart & la sauvegarde de leur liberté. Je définirois leur magistrature, le privilege de faire impunément & indifféremment le bien & le mal. Ce gouvernement ne se soutient que par une certaine allure & des coutumes que l'anarchie, quelque grande qu'elle soit, ne peut jamais entiérement détruire. Ce cri de la raison & de la justice naturelle que la méchanceté des hommes ne peut jamais étouffer, se fait entendre dans les affaires particulieres des Polonois; un certain honneur qui accompagne la liberté, dicte leurs procédés: & voilà pourquoi ils subsistent encore.

Le comble du malheur pour cette nation, c'est d'avoir eu l'art malheureux de donner à son anarchie une sorte de stabilité que rien ne peut déranger. Les gouvernements réguliers sont toujours à la veille d'éprouver quelque changement dans leur constitution; parce qu'ils doivent continuellement combattre les passions que rien ne lasse, & qui acquierent dans l'action une nouvelle force & une nouvelle adresse. Les passions, au contraire, sont l'ame & le ressort du gouvernement polonois; il n'a à redouter que la raison. Mais n'avons nous pas déja remarqué bien des fois combien elle a peu de force; & d'ailleurs le *veto* ne lui oppose-t-il pas une barriere insurmontable? La seule espérance des bons citoyens, c'est que leurs compatriotes lassés enfin de leurs malheurs, de leurs désordres & des vices qui les asservissent à la Russie, ouvriront les yeux, & consentiront par dépit à faire des établissements qui leur assureront une liberté digne de leur courage.

La Pologne ne peut donc éprouver quelque révolution que de la part des étrangers. Il est vrai que son gouvernement l'expose à recevoir des injures fréquentes; & qu'étant presque inutile à ses alliés, elle n'en peut attendre que des secours très-médiocres. Il est encore vrai que le pays ouvert de tout côté, & qui doit l'être pour conserver sa liberté, est mal défendu par des milices sans discipline, & par une noblesse indocile qui monte tumultuairement à cheval quand le roi commande la *pospolite* ou l'arriere-ban. Mais s'il est aisé à une armée ennemie de surprendre les Polonois, & de parcourir leurs provinces en les ravageant; il seroit plus difficile au vainqueur de s'y établir en conquérant & en maître, que dans plusieurs autres états de l'Europe, dont j'ai parlé dans le chapitre précédent.

Faites la guerre à un monarque despotique, vous trouverez certainement, si ce n'est pas le plus imprudent des hommes, beaucoup plus d'obstacles pour pénétrer sur ses terres que pour entrer en Pologne. Mais dès que vous aurez renversé les forteresses qui couvrent ses frontieres, l'intérieur du pays vous sera soumis. Adressez directement vos coups au despote, & si vous avez vaincu sa famille, votre conquête est consommée. Il ne tient qu'à vous de vous y affermir: une politique douce, humaine & bienfaisante, en vous faisant aimer de vos nouveaux sujets, vous fournira mille moyens de les engager à oublier & même haïr leurs anciens maîtres. Car ne croyez pas, Monseigneur, ce qu'on dit de l'amour extrême de toutes les nations pour leurs rois. L'amitié a ses regles, & la nature n'a pas fait le cœur humain pour aimer sans retour. C'est la flatterie qui parle tant d'amour, de dévouement, de sacrifice de sa vie & de ses biens; mais les flatteurs ne savent ni aimer, ni se dévouer, ni sacrifier leur vie & leurs biens.

Il est utile de vous dire cette verité, afin que vous ne comptiez pas imprudemment sur un sentiment qu'on n'aura point pour vous, si vous ne tâchez de le mériter par des choses utiles & grandes. Je rentre dans mon sujet.

En Pologne le vainqueur ne pourroit gagner que l'affection du peuple; mais le peuple est trop asservi pour avoir quelque élévation dans l'ame & lui être utile. La noblesse qui croiroit tout perdre en obéissant à un maître étranger, sera vingt fois vaincue, & ne sera pas soumise. Il faudra faire autant de guerres particulieres, qu'il y aura dans la république de grands seigueurs en état d'assembler des forces pour défendre leur indépendance, ou de gentilshommes jaloux de leur liberté. Dans les périls extrêmes, des hommes libres trouvent en eux des ressources qu'ils ne connoissoient pas. Combien de fois les Polonois n'ont-ils pas déja trouvé leur salut dans leur désespoir? Il n'y a point de nation qu'ils ne puissent lasser & épuiser. Les vices du gouvernement le plus méprisable semblent alors disparoître; la nécessité sert de législateur & de magistrat; il se forme des talents, il se forme des vertus; toutes les passions cédent alors à la passion de la liberté; à moins que vous ne supposiez une république de Sybarites qu'une extrême mollesse a énervés, & que le moindre danger fait trembler.

Si pour être libre la noblesse polonoise veut n'avoir ni loix ni magistrats, la noblesse vénitienne ne croit au contraire pouvoir conserver sa liberté, qu'en se soummettant à des loix très dures & à des magistrats qui exercent sur elle le pouvoir le plus arbitraire. Le conseil des *dix* qui favorise les espions & l'espionnage, qui met la délation en honneur, qui juge les accusés sans les confronter avec leurs accusateurs qu'ils ne connoissent pas, n'est point encore un tribunal aussi redoutable que les magistrats appellés *inquisiteurs d'état*, & qui peuvent condamner à mort le doge, les sénateurs, les nobles, les étrangers & tous les sujets, sans être obligés d'en rendre compte à qui que ce soit. Leurs jugements sont secrets, & sont exécutés avec le même mystere qui les a dictés. Les nobles opprimés par cette police soupçonneuse & contraire à tous les droits de l'humanité, ne savent point sur le rapport de leur conscience, s'ils sont innocents ou criminels. On les voit avec une docilité monacale s'aller confesser aux inquisiteurs de quelques fautes puériles, telles que d'avoir parlé par hasard à un ministre étranger, ou de s'être trouvés dans une maison avec un de ses gens sans le connoître.

Seroit-il possible que de pareilles loix fussent nécessaires à la conservation de l'aristocratie ? Le législateur doit croire que les hommes en général, abandonnés à leurs passions, sont capables des plus odieuses méchancetés ; mais il doit les inviter au bien en méritant leur confiance ; & dans chaque cas en particulier, il doit présumer que le citoyen accusé est innocent, & lui fournir tous les moyens nécessaires pour dévoiler la calomnie. C'est en élevant l'ame & non pas en la consternant qu'on doit nous porter au bien. J'ai quelquefois entendu dire à des magistrats qu'il vaudroit mieux punir un innocent que de sauver un coupable. Si jamais ce blasphême est proféré devant vous, Monseigneur, armez-vous de toute votre sévérité pour venir au secours de tous les gens de bien, que le châtiment d'un innocent fait fremir. Le juge qui condamne & fait exécuter ses sentences en secret, est un assassin. La loi qui abandonne un coupable au dernier supplice, ne prétend pas réparer le crime qui a été commis, mais intimider salutairement les citoyens qui pourroient en commettre un pareil. Venise devroit aujourd'hui changer des loix qu'elle a imaginées & crues nécessaires dans un temps où l'Italie étoit infectée de l'esprit d'usurpation & de tyrannie, & où aucun gouvernement n'étoit affermi : elle n'a plus besoin des mêmes moyens pour conserver sa liberté.

Le *grand-conseil* ou l'assemblée de tous les nobles qui ont atteint l'âge de vingt-cinq ans, se tient réguliérement tous les dimanches & les jours de fête. Il fait les loix nouvelles; abroge ou modifie les anciennes, si les circonstances l'exigent; confére toutes les magistratures, ou du moins confirme les magistrats que le sénat a droit d'élire. Cette assemblée, trop fréquente dans une république qui s'est fait un principe de conserver religieusement ses premieres loix, auroit bientôt tous les vices de la démocratie, si elle avoit un pouvoir plus étendu; mais elle ne s'est prudemment réservé aucune branche de l'administration. Tandis que le *college* du doge & quelques autres tribunaux rendent la justice, & veillent à la tranquillité publique, le sénat pourvoit à tous les autres besoins de la république. Il décide souverainement de la guerre & de la paix, fait des alliances avec les étrangers, envoie des ambassadeurs, régle les impositions, élit les magistrats qui forment le *college* du doge, le général de la république, les provéditeurs des armées, & tous les officiers qui ont un commandement important dans les troupes.

Avec une puiſſance ſi étendue, le ſénat ne peut pas cependant ſe rendre le maître dés loix. Cent vingt ſénateurs que le *grand-conſeil* confirme ou révoque à ſon gré tous les ans, ne ſont jamais à portée de former des entrepriſes dangereuſes pour le corps de la nobleſſe. D'ailleurs un plus grand nombre d'autres magiſtrats, dont la magiſtrature eſt bornée à ſix mois, entre encore dans le ſénat, & cette compagnie ne peut délibérer que ſur les propoſitions qui lui ſont portées par le *collége* du doge, dont tout le pouvoir eſt entre les mains de ſix magiſtrats appellés les *ſages-grands*, & dont l'autorité ne dure que ſix mois. La force ne peut point détruire cet équilibre de pouvoir établi ſur la différence & la rélation des magiſtratures; parce que les nobles n'exercent que les fonctions civiles de l'état, & ne ſont pas militaires. L'adreſſe & la ruſe ſont auſſi impuiſſantes que la violence & la force contre le gouvernement, parce que l'intrigue eſt bannie des élections.

Par exemple, Monſeigneur, quand il s'agit d'élire un doge, tous les nobles qui ſont préſents au *grand conſeil*, tirent chacun une balle d'une urne où il y en a trente dorées; ceux à qui elles tombent vont une ſeconde fois au ſort; leur nombre eſt réduit à neuf, & ces neuf électeurs en nomment quarante qui par un nouveau *ballo-*

tage se trouvent bornés à douze. Ces derniers nomment vingt cinq électeurs que le sort réduit encore à neuf. Vous n'êtes pas à la fin de cette opération. Ces neuf électeurs en choisissent quarante-cinq, le sort en laisse subsister onze qui nomment enfin les quarante-un électeurs qui élisent le doge.

C'est par cette méthode de *ballotage* usitée dans les élections, que la république prévient les complots des magistrats pour se rendre considérables les uns aux dépens des autres; & qu'étouffant l'esprit de parti & de faction, elle les asservit aux loix, donne une force encore plus efficace à la briéveté de leur pouvoir, & détruit dans les grands toute espérance d'oligarchie. Cependant on dit que dans ce labyrinthe de *ballotage*, l'intrigue, tant elle est habile, trouve encore un fil pour se conduire. Vous remarquerez même que les magistrats à vie, tels que le doge, les procurateurs de S. Marc & le chancelier, semblent n'être établis que pour la pompe des cérémonies, & n'ont aucun crédit réel : le dernier même n'est choisi que parmi les simples citadins de Venise.

Plus vous méditerez, Monseigneur, sur les principes fondamentaux de cette républiques plus vous vous convaincrez qu'elle a épuisé les mesures

mesures propres à prévenir au dedans toute révolution. Quelque puissant que soit le corps de la magistrature, il ne peut point s'emparer de la puissance législative. Le nombre des magistrats est trop considérable, pour qu'ils puissent tous être opprimés par un seul. Venise tire d'ailleurs un grand avantage de ce nombre considérable de magistratures; elle forme assez de patriciens aux affaires, pour être sure de ne jamais manquer de magistrats capables de remplir les emplois les plus difficiles & les plus importants. Les magistrats n'ayant point le temps d'imprimer le caractere de leur esprit au gouvernement, sont obligés de prendre le génie de la république. De-là, cette perpétuité constante de mêmes maximes, de mêmes principes qu'on admire dans les Vénitiens, & qui leur donne une vraie supériorité sur des états que la république redouteroit, si leur politique & leurs vues étoient moins mobiles & moins flottantes.

Il s'en faut bien, que Venise soit à l'abri de toute révolution de la part des étrangers. Si elle n'a souffert aucune perte, depuis que l'ambition a allumé tant de guerres dans son voisinage, c'est moins le fruit de sa sagesse, que de l'imprudence des princes qui ont voulu asservir l'Italie. La république semble redouter les troupes auxquelles elle confie sa défense; pour ne pas les craindre on diroit qu'elle veut les dégrader. Sa noblesse ne remplit que les emplois civils ; ses milices ne sont composées que de mercenaires; son général, toujours étranger, auroit inutilement des talents, & les *provéditeurs* qui l'accompagnent, ne sont bons qu'à le faire battre. Quoique les *podestats*, contre l'usage ordinaire des aristocraties, ne fassent pas un commerce honteux de leur magistrature dans les provinces, le gouvernement vénitien trop dur, n'est point propre à gagner l'affection des sujets. Le peuple n'est pas opprimé; mais il n'est pas assez heureux pour penser qu'il eût beaucoup à perdre en passant sous une autre domination. La noblesse de terre ferme a les préjugés communs à tous les gentilshommes : elle croit valoir la noblesse de Venise, ce n'est qu'à regret qu'elle obéit, & le gouvernement qui s'en défie, cherche à l'humilier. Cette noblesse sujette se croiroit moins abaissée dans une monarchie, & voudroit n'avoir qu'un maître.

Ce chapitre commence à devenir trop long, & je ne m'arrêterai pas, Monseigneur, à vous parler de la république de Genes. Si l'île de Corse avoit appartenu aux Venitiens, il est vraisemblable qu'elle ne se feroit jamais révoltée; ou du moins une poignée de rebelles ne leur feroit pas la guerre depuis trente ans. Si

Paoli n'est pas un des plus grands hommes de notre siecle, s'il n'est pas un Sertorius, la république de Genes qui ne le soumet pas, doit être extrêmement foible. Je vous invite, Monseigneur, à rechercher les causes de cette foiblesse. Vous êtes à portée de connoître les détails du gouvernement des Génois : tirez leur horoscope.

CHAPITRE III.

Du gouvernement de l'empire d'Allemagne.

JUSQU'AU regne de Maximilien I l'empire d'Allemagne fut en proie à tous les désordres que peut produire le gouvernement féodal. Pour vous en convaincre, Monseigneur, il vous suffira de jeter les yeux sur la *Bulle d'or*, publiée en 1356 par l'empereur Charles IV. Cette loi suppose dans l'empire des mœurs, des coutumes & des droits aussi barbares que ceux qui furent connus en France sous les prédécesseurs de Philippe Auguste, & dont on vous a présenté un tableau fidele. L'empire, il est vrai, avoit conservé l'ancien usage établi chez les François, d'assembler des dietes générales; mais jusqu'à celle que Maximilien I convoqua à Worms en 1495, ces congrès tumultueux & irréguliers se séparoient avant même que d'avoir pu connoître leur situation. Un *recez* même de cette année défendoit encore de prolonger au-delà d'un mois la diete qui ne duroit ordinairement que dix on douze jours. Loi ridicule ! Les Allemands se flattoient-ils de débrouiller le cahos de leurs affaires dans un espace si court ? ou étoient-ils tellement accoutumés aux malheurs que l'anarchie & le despotisme causoient parmi-eux, qu'ils ne songeassent point à y remédier ?

L'empereur Wenceslas avoit fait tous ses efforts dans la diete de Nuremberg, en 1383, pour donner une meilleure forme à l'empire. Il publia une paix générale ; mais on ne lui permit de prendre aucune des mesures qu'il croyoit propres à l'affermir. Sigismond tenta la même entreprise, & échoua contre les mêmes difficultés. Albert II fut plus heureux. Soit que les tentatives inutiles de ses prédécesseurs eussent cependant préparé les esprits à une réforme, soit qu'il faille l'attribuer à quelque autre cause ; il publia une paix générale du consentement des états, partagea l'Allemagne en six *cercles* ou provinces qui devoient avoir leurs dietes particulieres. Cet établissement ne produisit point les biens qu'on en espéroit. S'il étoit propre à rapprocher les esprits & à les unir par un intérêt commun, la barbarie des mœurs & l'indépendance des fiefs l'étoient encore plus à les diviser. Ce siecle n'étoit pas fait pour connoître le prix de la paix ; les guerres privées subsisterent avec la même fureur; l'Allemagne forma toujours un corps dont tous les membres, ennemis les uns des autres, vouloient se perdre, & ce fut beaucoup pour Frédéric III de faire enfin consentir ses vassaux à ne commettre aucune hostilité pendant dix ans.

Maximilien I fit enfin passer la loi de la paix publique & perpétuelle. Elle défendoit toute hostilité & voie de fait entre les états de l'empire, sous peine à l'agresseur d'être traité comme ennemi public. On établit la *chambre impériale:* tribunal qui devoit juger de tous les différents. On fit un nouveau partage de l'Allemagne en dix cercles; chacune de ces provinces nomma un certain nombre *d'assesseurs* à la chambre impériale pour y juger en son nom, & se chargea d'en faire exécuter les décrets ou les jugements dans l'étendue de son territoire. La diete tenue à Augsbourg en 1500, érigea même une espece de régence qui devoit subsister sans interruption dans les interstices des dietes. On lui confia tout le pouvoir que la nation possede elle-même quand elle est assemblée, & elle devoit régler définitivement les affaires les plus importantes tant du dedans que du dehors. Le conseil composé de vingt ministres que la diete générale nommoit, étoit présidé par l'empereur même. Un électeur y siégeoit toujours en perſonne, & les ſix autres y envoyoient ſeulement leurs repréſentants.

Quoique ces établiſſements donnaſſent une forme plus réguliere à la police des fiefs, il ne faut pas penſer qu'ils euſſent été capables de donner une certaine force aux loix & d'entretenir la paix de l'empire; ſi la maiſon d'Autriche n'eût acquis ſubitement aſſez de puiſſance pour ſe maintenir ſur le trône imperial, s'y faire reſpecter, & oſer donner des ordres qu'il eût été imprudent de mépriſer comme on avoit juſqu'alors mépriſé les loix. En effet les préjugés nationaux trouvoient toujours ridicule de plaider bourgeoiſement devant des juges, quand on pouvoit ſe faire raiſon les armes à la main. Les princes les moins puiſſants recouroient à la chambre impériale; mais leur exemple étoit d'un poids médiocre, & donnoit peu de crédit à ce tribunal. A quoi auroient ſervi ſes décrets contre un prince aſſez puiſſant pour n'y pas obéir, & réſiſter au cercle chargé de les exécuter?

Pluſieurs autres cauſes concouroient à rendre le nouvel établiſſement inutile. La dignité impériale, appauvrie & dégradée par l'aliénation de tous ſes domaines, dont pluſieurs empereurs avoient fait un trafic honteux, ne conſervoit qu'une vaine ombre de ſuſeraineté après avoir perdu ses forces. Les électeurs dont les terres ne souffroient aucun partage, étoient incapables de penser qu'ils eussent besoin du secours des loix pour se soutenir, & ne voyoient au contraire dans leur droit de guerre que le droit de s'agrandir. La distribution de l'empire en provinces, s'étoit faite sans ordre & contre toute regle. Plusieurs états n'étoient compris dans aucun des dix cercles, & d'autres étoient éloignés de celui dont ils faisoient partie. Delà, une sorte d'indépendance que plusieurs princes affecterent encore, ou le peu d'intérêt qu'ils prirent au bien commun de leur cercle. Les anciens préjugés à peine ébranlés, subsisterent donc dans toute leur force, & l'empire fut encore en proie aux mêmes désordres. On ne tarda pas à se lasser de la régence établie à Augsbourg. Elle gênoit l'ambition de l'empereur & des princes les plus puissants de l'empire. Quelques états trouverent qu'elle leur étoit à charge, & d'autres la crurent inutile, parce qu'elle n'avoit pas corrigé en peu d'années tous les vices du gouvernement le plus vicieux.

L'avénement de Charles-Quint à l'empire forme une époque remarquable dans sa constitution. Les princes furent assez sages pour juger qu'on ne pouvoit l'élever sur le trône sans danger, & assez imprudents pour croire qu'une *capitulation* mettroit des bornes fixes à son autorité; il la ſigna, & perſonne n'ignore avec quelle hauteur il gouverna un pays qui vouloit avoir un chef & non pas un maître. Puiſſant en Eſpagne & dans les Pays-Bas, riche des tréſors que lui prodiguoit le nouveau-monde; ambitieux, courageux, plein d'eſpérance, d'activité & de reſſources; propre à ſe plier, ſuivant les circonſtances, à la politique la plus favorable à ſes vues; l'Allemagne le choiſit pour ſon empereur dans le temps que le gouvernement des fiefs venoit d'être détruit dans tout le reſte de l'Europe. Ce prince ne fit pas attention qu'il n'auroit point, pour ruiner ſes vaſſaux, les mêmes facilités que les rois de France avoient eues pour ruiner les leurs; & que la nouvelle politique qui commençoit à lier tous les peuples par un commerce plus étroit & plus régulier de négociation, donneroit des alliés & des protecteurs aux princes de l'empire; il forma le projet téméraire d'établir une vraie monarchie ſur les ruines de la liberté germanique. Charles-Quint voulut profiter du fanatiſme que les querelles de religion avoient allumé. Il fit la paix, il fit la guerre, tourmenta l'empire par ſes intrigues, ſe fit haïr des uns, craindre des autres & reſpecter de tous. En formant trop d'entrepriſes à la fois, il ne put en ſuivre aucune avec la conſtance qu'elle demandoit; & les guerres qu'il fit à ſes voiſins furent autant de diverſions qu'il fit lui-même en faveur de l'empire. S'il ne consomma pas son ouvrage, il jouit du moins d'une autorité supérieure à celle de ses prédécesseurs. Sans rendre le trône héréditaire, il y affermit sa maison, & laissa à ses successeurs un crédit immense, son ambition & l'espérance de la satisfaire.

Ce seroit entreprendre, Monseigneur, un long ouvrage que de vouloir vous exposer ici le systême politique de la maison d'Autriche, & les moyens qu'elle a employés jusqu'à la paix de Westphalie pour asservir l'empire. Je me bornerai à vous dire que les successeurs de Charles-Quint eurent sa politique; mais comme le pouvoient avoir des princes qui lui étoient très-inférieurs en talents? Quand ils ne pouvoient se faire craindre, ils répandoient la corruption: ruse, force, serments, dons, promesses, intrigues, violences, rien ne fut épargné. On ne parloit que de paix & d'affermir la tranquillité germanique, quand on étoit épuisé par la guerre; & le conseil de Vienne ne songeoit qu'à réparer ses forces pour reprendre ses entreprises. Il espéroit de perdre les Protestants par les Catholiques; il cherchoit à les ruiner également, & c'est sur leurs ruines qu'il vouloit élever l'édifice de la grandeur autrichienne.

Les empereurs auroient peut-être réussi à subjuguer l'Allemagne, sans les secours que quelques princes lui donnerent : leur intérêt étoit d'arrêter les progrès d'une puissance qui menaçoit tous ses voisins. Après tant de guerres, dans lesquelles l'Europe déploya & épuisa toutes ses forces, la paix de Westphalie qui sert aujourd'hui de base au droit public de l'empire, fixa enfin les prérogatives de l'empereur, & les privilèges des états. Elle donna des regles certaines à un gouvernement qui jusques-là n'en avoit presque voulu reconnoître aucune, & qui par sa nature étoit incapable de les observer religieusement

Si on considere la constitution politique de l'empire comme un gouvernement dont l'objet soit de rendre la nation allemande heureuse & florissante en faisant des loix impartiales & en forçant les citoyens d'obéir aux magistrats, & les magistrats aux loix, on est dans une erreur grossiere ; car on ne peut guere voir de gouvernement qui soit plus directement opposé à cette fin.

A l'exception des villes impériales qui forment autant de républiques, & dont quelques-unes ont une police & des loix fort sages ; il n'y a que fort peu de principautés dans l'empire, où les sujets aient conservé quelque espece de liberté. Ces tenues d'états si communes en Europe dans la décadence des fiefs, & si propres à prévenir les abus du pouvoir absolu, sont presque généralement inconnues en Allemagne. Presque par-tout les sujets ne sont rien, & le prince est autorisé par les loix & par la coutume à gouverner despotiquement. Il est toujours en état d'accabler des mécontents qui tenteroient de se soulever. Si les forces lui manquoient, vous verriez tous les princes voisins venir au secours de son autorité méprisée ou violée : ils pensent que leur intérêt l'exige, & par cette démarche ils croiroient défendre leur propre autorité. Quand vous entendrez parler de la liberté germanique, ne croyez donc pas, Monseigneur, qu'il s'agisse de la liberté qui intéresse les citoyens. Il n'est question que d'une liberté qui regarde les seuls princes ; & son unique objet est de les maintenir tous dans la jouissance de leur souveraineté, & d'empêcher que les plus foibles ne soient opprimés par les plus forts, ou que les uns se fassent des droits qui nuiroient à ceux des autres.

Tous les princes de l'empire reconnoissent une puissance législative à laquelle ils sont tenus d'obéir ; & cette puissance réside dans la diete, qui a seule le droit de faire les loix générales qui intéressent le corps de l'état. Si on s'en rapporte aux publicistes allemands, la diete est ce roi des rois qui parle en maître à des souverains. C'est une digue inébranlable, contre laquelle viennent se briser les vagues courroucées de la mer. Mais je crains bien, Monseigneur, que ces docteurs, épris de la beauté du gouvernement germanique, n'aient plutôt dit ce qu'il seroit à desirer qui fût, que ce qui est effectivement : je vous prie d'en juger vous même.

Vous savez que la diete, ou assemblée générale de l'empire, est partagée en trois *colleges :* des electeurs, des princes & des villes libres. Après que le commissaire de l'empereur a fait part de ses propositions à la diete, le college électoral & celui des princes déliberent séparément sur les demandes impériales. Ils se communiquent leur avis, & quand il est uniforme, leur résolution est portée au dernier college. Si celui-ci y accéde, la résolution devient, pour parler le langage des Allemands, un *placitum* de l'empire. Si l'empereur y met son approbation, le *placitum* devient un *conclusum* commun ou universel, & on en forme une loi à laquelle tous les états doivent obéir. Si l'empereur & la diete ne sont pas d'accord, il ne peut y avoir de *conclusum*, ni par conséquent, de loi.

Il résulte de-là que la puissance législative est retardée dans ses opérations, & que souvent l'empire ne peut avoir les loix les plus convenables à sa situation; puisque l'intérêt de l'empereur n'est pas toujours le même que celui du corps germanique, & qu'il n'est au contraire que trop commun qu'il s'en fasse d'opposés ou du moins de différents. Je ne suis pas étonné qu'à la paix de Westphalie on ait évité de régler que l'empereur ne pourroit refuser son approbation au *placitum* ou vœu de l'empire; les puissances étrangeres qui conduisirent cette négociation, n'étoient pas fâchées de laisser subsister un vice capital dans le gouvernement d'Allemagne: C'étoit conserver l'espérance de s'y rendre plus nécessaires & plus importantes. Mais depuis, pourquoi les électeurs, s'ils vouloient le bien général, ont-ils négligé d'inserer dans les capitulations des empereurs, une clause qui augmenteroit la dignité des trois colleges, & mettroit l'empire en état d'avoir enfin les loix les plus conformes à l'intérêt du corps entier & de ses membres?

J'ajouterai même, pourquoi laisse-t-on à l'empereur le droit d'être le seul promoteur des loix? Ne seroit-il pas plus dans l'ordre de la société & du bien public, que chaque membre de l'empire fût libre de proposer à son college ce qu'il croit avantageux; & que chaque college après avoir formé son *placitum* particulier, pût le porter aux deux autres, pour y être approuvé ou rejetté? Je le sais: dans les gouvernements ariſtocratiques, & ſur-tout dans les populaires, la liberté qu'auroit chaque citoyen de propoſer de nouvelles loix au ſénat ou au peuple, ſeroit le vrai moyen de n'en avoir bientôt aucune; on détruiroit aujourd'hui ce qu'on auroit fait hier, & demain on auroit encore une nouvelle juriſprudence. Mais prenez garde, Monſeigneur, que cette objection ne peut avoir lieu à l'égard de l'empire, dont les dietes ne ſont pas compoſées d'une multitude aveugle, inquiete & facile à s'agiter. Quand le miniſtre d'un état parviendroit, par ſon éloquence & ſes intrigues, à ſubjuguer ſon college & à lui inſpirer ſes paſſions ou ſes caprices, il n'en réſulteroit aucun inconvénient pour le corps germanique. L'avis d'un college reſteroit ſoumis à l'examen des deux autres : ainſi on ne craindroit point que ſon étourderie, ſa précipitation & ſon erreur dictaſſent jamais les loix.

En même temps que la prérogative accordée à l'empereur, ſuſpend l'action de la puiſſance légiſlative, & empêche l'empire de faire les nouvelles loix qui lui ſeroient néceſſaires; il ne tient qu'au directeur de la diete de mettre des entraves à la puiſſance exécutrice? &, pour ainſi dire, d'impoſer ſilence aux anciennes loix. En effet on ne peut rien communiquer à la diete que du conſentement de l'électeur archevêque de Mayence. Il ne tient qu'à lui de refuser la *dictature publique* ou la communication des plaintes, griefs, droits & demandes qu'un prince veut faire au corps germanique. Il étouffe à son gré les réclamations de l'opprimé, il favorise à son gré l'injustice de l'oppresseur. Quelle est donc la puissance de la diete, quel bien peut-elle faire, tandis que l'empereur empêche de prévenir les injustices, & l'archevêque de Mayence de les punir ?

Ces deux vices sont d'autant plus considérables, qu'il ne s'agit pas en Allemagne de gouverner de simples citoyens, mais des princes qui jouissent de tous les droits de la souveraineté; qui ont des forteresses & des troupes, à qui il est permis de contracter des alliances défensives avec les étrangers pour leur sureté, & qui même quelquefois possedent au dehors des états plus puissants que ceux qu'ils ont dans l'empire. Plus il y a de causes de division, plus les loix devroient être sages & le législateur en état d'agir. Moins la diete générale a de force pour faire exécuter ses décrets, plus toutes ses opérations devroient être dictées par la justice.

Les parties mal unies de l'empire cesseroient bientôt de faire une espece de tout, si quelques établissements particuliers, & des usages que le le temps & l'habitude ont appris à respecter, ne suppléoient à l'impuissance du législateur & des tribunaux. Les dietes particulieres de chaque cercle tendent à rapprocher les esprits, & unir des princes entre lesquels le voisinage de territoire, la différence de religion & une infinité de prétentions & de droits obscurs, équivoques & opposés, ne sont que trop propres à faire naître de la jalousie, de la défiance & de la haine. Ces dietes pourvoient à ce que la législation générale néglige ou ne peut régler; & leurs réglements sont ordinairement mieux observés que les loix qui sont publiées au nom de l'empereur, du consentement des trois colleges, & contre lesquelles il est rare que quelques princes ne fassent des protestations. Les électeurs, les princes, les comtes, les villes libres, les Catholiques & les Protestants s'assemblent en diete quand leurs intérêts particuliers l'exigent; & ces différents pouvoirs se balancent, se tiennent en équilibre jusqu'à un certain point, & suspendent les animosités & les ruptures. A la moindre querelle qui s'éleve, mille médiateurs se présentent pour la terminer. Au défaut de voies légales & propres à conserver la tranquillité publique, on a recours aux négociations; & tout le gouvernement semble plutôt se conduire par une sorte d'allure & d'expédients momentanés que par des regles fixes de droit.

Il y a actuellement un siecle que la diete présente fut convoquée à Ratisbonne & se tient sans interruption. Si ce corps législatif pouvoit en effet faire des loix, il seroit dangereux ou du moins inutile de le tenir toujours assemblé. Mais n'étant, ainsi que je vous l'ai dit, Monseigneur, qu'une espece de congrès où se traitent plutôt par des négociations que par des voies de droit toutes les affaires de l'empire, sa présence est très propre à donner de la majesté au corps germanique, à contenir les princes dans leurs limites & maintenir la tranquillité publique. Si la diete cessoit d'être perpétuelle, il est réglé par la capitulation de l'empereur que dix ans au plus tard après sa dissolution, on seroit obligé d'en assembler une nouvelle. Les princes qui ont porté cette loi, connoissent-ils bien la nature de leur gouvernement? qui leur a répondu que la chambre impériale & le conseil aulique suffiroient pendant un si long espace de temps aux besoins du corps germanique? qui leur a dit que les états les plus foibles ne seroient pas opprimés, & que les troubles permettroient, après un interstice de dix ans, de convoquer une nouvelle diete?

Si on ne considéroit l'empire que comme une ligue fédérative de plusieurs princes, qui par des traités se seroient soumis à des conventions réciproques pour leur sureté commune;

on ne pourroit s'empêcher d'admirer leur ſage prévoyance, & de convenir que cette ſituation ne ſoit par elle-même beaucoup plus avantageuſe que celle des autres états, qui n'ont pour tout lien que l'obligation de remplir entre eux les devoirs généraux de l'humanité. Il n'eſt pas douteux que les conventions du gouvernement germanique n'aient plus de pouvoir ſur l'eſprit des princes les plus ambitieux de l'empire, que les loix naturelles n'en ont ordinairement ſur les princes les plus religieux ou qui ſe piquent de la plus grande probité.

Graces aux ſubtilités des docteurs dont l'intérêt & le menſonge conduiſent la plume, les vérités les plus claires & les plus ſimples ſont devenues des objets de doute & de conteſtation. Ce droit naturel qui parle avec tant d'énergie à tous les hommes qui n'ont pas le cœur gâté par l'habitude de l'injuſtice & de la flatterie, eſt abandonné à des ſophiſtes qui ne manquent jamais de donner aux paſſions les réponſes qu'elles demandent. Je ſais que le droit germanique eſt ſouvent équivoque; je ſais qu'il eſt preſque impoſſible de déſigner avec exactitude l'étendue & les bornes du pouvoir, des prérogatives, des droits & des immunités des différents états de l'empire; je ſais que chaque prince tient à ſes gages un publiciſte, qui ne penſe point & qui a des arguments & des démonſtrations pour tout; je sais qu'en Allemagne il n'y a presque point de titre qui ne soit combattu & détruit par un autre titre; je sais enfin qu'il n'y a point de droit auquel on n'oppose une prétention, & que les droits & les prétentions se choquent, se croisent, se contrarient continuellement. Cependant le droit germanique est moins violé en Allemagne, que ne l'est le droit naturel dans le reste de l'Europe. Quoique la chambre impériale, le conseil aulique, la suseraineté & la subordination des fiefs ne forme qu'une foible barriere contre l'injustice; quoique la diete elle-même n'inspire pas une confiance entiere aux foibles ni une crainte salutaire aux forts; il est certain que les princes de l'empire sont plus unis entre eux que les autres princes de l'Europe. Sans cette espece de droit public qui leur persuade qu'ils ont des loix communes au dessus d'eux, & ne sont que les membres d'un même corps; concevroit-on que les villes impériales, la noblesse immédiate, & tant de princes qui n'ont qu'un territoire très borné & sans défense, eussent conservé jusqu'à présent leur souveraineté?

Le corps de l'empire, comme tous les états confédérés, n'a & ne peut avoir aucune ambition qui le rende odieux ou suspect à ses voisins; on ne fait point la guerre pour faire des conquêtes en commun, & c'est-là le seul avantage qu'il retire de sa constitution. Mais l'ambition de quelques-uns de ses membres, & leur adresse à faire entrer dans leurs querelles leurs co-états, ont souvent exposé l'Allemagne à de grands maux de la part des étrangers. C'est cette ambition qui depuis deux siecles a ouvert l'empire à des armées de François, de Suédois, de Danois, d'Anglois, de Russes & de Hollandois. Combien de fois la maison d'Autriche, en affectant un pouvoir proscrit par les loix, n'a-t-elle pas contraint les princes de l'empire à rechercher la protection de leurs voisins? l'Allemagne a souvent été déchirée & démembrée par des auxiliaires, qui en feignant de combattre pour sa liberté, ne songeoient qu'à se rendre ses tyrans? Combien de malheurs l'empire n'a-t-il pas éprouvés, pour avoir eu la complaisance de se rendre l'instrument de l'ambition ou de la haine d'un de ses princes?

L'empire soumis à un empereur despotique seroit moins exposé qu'il ne l'est aujourd'hui aux incursions des étrangers, qui ont des alliés jusques dans le cœur de ses provinces; ses frontieres seroient mieux défendues; mais il pourroit être envahi plus aisément. l'Allemagne n'auroit plus cette heureuse abondance d'habitants qui fait sa force, on y verroit bientôt des campagnes désertes & des villes dépeuplées. Il faut, Monseigneur, que vous fassiez une différence entre un prince qui regne sur un grand état, & un prince qui ne possede que des domaines très bornés. L'un néglige tout & ne ménage rien; quelle que soit sa conduite, il se trouve toujours assez riche & assez puissant; & parce qu'il croit ses ressources infinies il en trouve bientôt la fin. L'autre apprend par la médiocrité même de sa fortune à avoir une sorte d'économie & de modération. Il peut presque tout voir par lui-même dans ses états; il sent qu'il a besoin de se conduire avec sagesse pour faire fleurir sa province, & il se rend puissant en ménageant ses sujets.

Comparez, par exemple, Monseigneur, l'intérêt que les grands d'Espagne ont à maintenir le trône du roi votre oncle, & les moyens qu'ils ont d'y réussir, avec l'intérêt que les électeurs, les princes, les comtes, la noblesse immédiate & les villes libres de l'empire ont à conserver leur gouvernement, & les ressources qu'ils trouveront en eux-mêmes dans les plus grandes disgraces. Peut-être qu'un vainqueur dans le sein de l'Espagne pourroit enfin jouir de sa conquête: peut-être que la fidélité castillane se lasseroit. En Allemagne le vainqueur vaincroit toujours sans jamais jouir de sa fortune. Ne pouvant faire avec les vaincus des conventions qui leur rendissent leur nouvelle condition supportable, il auroit à combattre l'hydre de la fable : à une tête coupée il en succéderoit une autre.

Pour que l'empire pût craindre d'être détruit par un vainqueur étranger, il faudroit qu'il s'élevât en Europe une puissance ambitieuse, mais ambitieuse à la maniere des Romains ; c'est à dire, qui n'affectât de faire des conquêtes que pour ses amis & ses alliés, qui sût qu'il faut regner dans un pays par la réputation de ses bienfaits, de sa modération & de sa justice, avant que d'y vouloir regner directement par ses magistrats & par ses loix. Que nous sommes loin de cette conduite savante qui valut l'empire du monde aux Romains ! notre politique montrant à découvert une ambition imprudente, ne songe qu'à escamoter & grapiller ce qu'elle trouve sous sa main. Pardonnez-moi, Monseigneur, ces expressions ; plus elles sont basses, plus elles sont propres à rendre ma pensée & le sentiment dont je suis affecté.

CHAPITRE IV.

Du gouvernement des Provinces-Unies.

BRUTUS disoit de Cicéron qu'il haïssoit moins la tyrannie que le tyran Antoine. On peut dire, Monseigneur, la même chose des provinces des Pays-Bas : elles se révolterent contre le gouvernement féroce de Philippe II, sans songer à se rendre libres. Etonnées de l'audace de leur entreprise, & contentes de changer de maître, elles offroient leur souveraineté à tous les princes de l'Europe. Heureusement pour elles, personne n'accepta leurs propositions ; on étoit trop effrayé de l'énorme puissance que présentoit la maison d'Autriche, pour qu'on osât esperer que leur sédition eût un heureux succès. Il n'y avoit que Guillaume I, prince d'Orange, qui sût tout ce qu'un chef prudent & courageux peut tenter & exécuter de difficile & de grand, à la tête d'un peuple animé par l'esprit de religion.

Des dix-fept provinces des Pays-Bas, fept feulement recouvrerent leur liberté. Les autres conduites par le duc d'Archot, homme infiniment moins habile que le prince d'Orange dont il étoit jaloux, fe contenterent de murmurer, de fe plaindre, de montrer qu'elles pouvoient fe révolter; & fe flatterent ridiculement de conferver leurs privileges par des négociations. Un prince a trop d'avantages en négociant avec fes fujets; il n'accorde rien, tant qu'il ne fe met pas dans la néceffité de ne pouvoir manquer à fa parole: & rarement les négociations & les pourparlers le réduifent-ils à cette impuiffance. Le confeil de Madrid confirma par un diplome les privileges des provinces que cette générofité fatisfit; & réfolut cependant de prendre des mefures pour qu'elles ne fuffent plus affez téméraires pour ofer réclamer leurs anciens droits.

La révolte des Pays-Bas fe foutenoit depuis neuf ans fans interruption, lorfque le duché de Gueldre, les comtés de Hollande & de Zélande, & les feigneuries d'Utrecht, de Frife, d'Over-Iffel & de Groningue, connus depuis fous le nom de *Provinces-Unies*, s'apperçurent enfin par leurs fuccès de la foibleffe du gouvernement d'Efpagne, & fignerent le 23 janvier 1579 leur traité d'union. Cette alliance renouvellée en 1583 eft par fa nature indiffoluble.

C'est le fondement sur lequel est élevé tout l'édifice de la république. Chacune des Provinces-Unies conserva ses loix, ses magistrats, son indépendance & sa souveraineté. Elles ne formoient qu'un seul corps ; mais pour donner à toutes ses parties un même esprit & un même intérêt, non-seulement elles renoncerent au droit de traiter en particulier avec les étrangers, elles formerent même un conseil commun chargé des affaires générales de l'union ; & qui devoit convoquer deux fois l'an les *États-Généraux*, dont l'assemblée prolongée par le nombre & l'importance des affaires, devint bientôt perpétuelle.

A proprement parler, il y a autant de républiques dans l'étendue des Provinces-Unies, qu'il y a des villes qui ont droit de députer aux états particuliers de leur province. A l'exception des objets qui ont un rapport direct à l'alliance générale, ces villes n'ont point d'autre regle de conduite que leur volonté. Elles se gouvernent par les loix qu'elles se font elles-mêmes; & toute la puissance législative, ainsi que l'exécutrice, réside dans leur sénat ou leur conseil.

Cependant toutes ces villes d'une même province qui paroissent ne s'occuper que de leurs intérêts particuliers, sont convenues d'établir un conseil commun pour veiller aux affaires générales de la province, & servir de lien entre toutes ses parties. Ce conseil subsiste sans interruption, & sa vigilance continuelle est sans doute nécessaire pour prévenir les abus de l'indépendance qu'affecte chaque ville. Ce conseil propose aux assemblées ordinaires ou extraordinaires des États Provinciaux les points sur lesquels il juge à propos qu'on délibere. Alors les députés de la noblesse ou des villes instruisent leurs commettants des affaires qui doivent être discutées, demandent leur avis, & sont obligés de le suivre comme un ordre. Tout se décide dans ces états à la pluralité des voix, à moins qu'il ne s'agisse de quelques questions majeures, telles que la paix, la guerre, les alliances, la levée des troupes, ou l'établissement d'une nouvelle imposition, qui par le traité d'union ou loi fondamentale de l'état exige un consentement unanime.

Les Etats-Généraux continuellement assemblés à la Haye, & composés des députés des sept provinces, sont véritablement souverains des pays conquis depuis l'union, c'est-à dire du Brabant-hollandois, du Limbourg-hollandois, de la Flandre-hollandoise & du quartier de Venlo; mais ils n'exercent & ne peuvent exercer aucun acte de souveraineté sur les sept provinces. Les membres des Etats-Généraux doivent instruire leurs provinces des objets de leurs délibérations, & sont obligés d'opiner conformément aux instructions qui leur sont données. Tout se regle & se résout dans cette assemblée à la pluralité des suffrages; & dans les affaires majeures dont je viens de parler, & qui demandent le consentement unanime de toutes les parties de la république, les Etats-Généraux n'ont pas plus d'autorité que les Etats-Provinciaux.

En réfléchissant, Monseigneur, sur cette forme de gouvernement, vous sentirez combien le goût de la liberté avoit déja fait de progrès, quand les provinces révoltées se liguerent. Il est vrai qu'un peuple qui veut être libre, sur-tout quand il vient de secouer le joug, doit être très économe dans la distribution du pouvoir & se défier de ses représentants. Cependant pour affermir sa liberté, il ne doit pas s'abandonner à une défiance outrée, & prendre des mesures qui peuvent lui nuire. Ne faut-il pas blâmer les Provinces-Unies d'avoir refusé à leurs états, soit particuliers soit généraux, la même autorité que la seigneurie de Frise accorde aux siens? Les députés aux états de cette province ne consultent point leurs commettants, & leurs résolutions ont force de loix. Quel inconvénient peut-il en résulter, si une province a la prudence de borner à un temps très court la députation de ses ministres aux états, & d'empêcher par de sages précautions que l'intrigue, la cabale & l'esprit de parti ne décident de leur élection? En établissant un ordre différent, combien les Provinces-Unies ne se sont-elles pas mis d'entraves? en voulant éviter un mal, ne sont elles pas tombées dans un pire? La célérité est quelquefois une grande sagesse, & cependant la république paroîtra manquer de légistateur & pencher vers l'anarchie dans les circonstances les plus importantes. Tous les jours la puissance exécutrice sera arrêtée ou ralentie, quoique l'exercice en doive être aussi prompt & aussi facile que celui de la puissance législative.

Avant que les Etats-Généraux puissent prendre une résolution décisive, il faut que les affaires à délibérer, soient portées aux états particuliers des provinces, & de-là renvoyées à l'examen de leurs commettants. C'est-à-dire que cinquante villes & tous les nobles doivent traiter une question, la débattre & prendre un parti, pour que les Etats-Provinciaux par leur décision mettent les Etats-Généraux en liberté d'agir. Quelles longueurs toujours fatigantes & souvent ruineuses ne doivent pas accompagner cette politique? Ce n'est pas tout, Monseigneur; & quand j'ai eu l'honneur de vous parler de cette unanimité requise pour la conclusion des affaires les plus importantes, n'avez-vous pas été surpris de retrouver cette loi polonoise chez un peuple éclairé & qui a joué un rôle si considérable dans l'Europe? Vous devez être curieux de démêler par quels accidents ou par quelles causes particulieres ces défauts essentiels n'ont pas d'abord empêché la république des Provinces-Unies de triompher de ses ennemis, & dans la suite n'ont point porté le plus grand préjudice à ses affaires.

Avec un pareil gouvernement, jamais l'union n'auroit subsisté, si en effet les provinces n'avoient eu en elles-mêmes un ressort capable de hâter leur lenteur, & de ramener à la même maniere de penser des villes & une noblesse souvent jalouses les unes des autres, qui avoient des préjugés différents, & qui plus ou moins éloignées du danger, plus ou moins intéressées en apparence au succès de chaque entreprise, ne pouvoient avoir le même zele pour la cause commune, ni par conséquent les mêmes opinions. Ce ressort c'est le stadhoudérat que cinq provinces avoient conféré, trois ans avant le traité d'union, à Guillaume I, prince d'Orange; & que les seigneurs de Frise & de Groningue donnerent dans leurs provinces particulieres au comte de Nassau.

Les prérogatives ou droits du stadhouder-capitaine & amiral-général sont immenses Il commande également les forces de terre & de mer, & dispose de tous les emplois militaires. Il accorde grace aux criminels, préside toutes les cours de justice, & les sentences y sont rendues en son nom. Il nomme les magistrats des villes sur la présentation qu'elles lui font d'un certain nombre de sujets. Il donne audience aux ambassadeurs & ministres étrangers, & peut avoir des agents chez leurs maîtres pour ses affaires particulieres. Il est chargé de l'exécution des décrets que portent les Etats-Provinciaux. Enfin arbitre ou plutôt juge des différents qui surviennent entre les provinces, entre les villes & les autres membres de l'état, il prononce, & ses jugements sont sans appel. Etrange effet des contradictions humaines! Des hommes trop jaloux de leur liberté pour se confier entiérement à leurs commettants qui n'étoient que leurs égaux, abandonnent à un prince un pouvoir & un crédit dont il lui étoit alors d'autant plus aisé d'abuser, que les affaires de la république étoient plus importantes, & qu'elle n'avoit pas encore pris une assiette assurée.

Tant de pouvoir dans les mains d'un prince qui avoit tous les talents d'un grand homme & l'ame d'un républicain, non-seulement ne fut point funeste, mais répara même tous les défauts du gouvernement, & suppléa aux établissements qui lui manquoient. Maurice usa de cette autorité en bon citoyen & en héros comme son pere. Il tint les esprits unis, & leur communiqua son activité. Son frere Frédéric-Henri qui lui succéda, se conduisit par les mêmes principes, & sa régence ne fut qu'une longue suite de prospérités & de triomphes. Son fils, Guillaume II, revêtu des mêmes dignités en 1647, se rendit suspect à la république. Soit que les Provinces-Unies, après avoir conclu à Munster une paix définitive avec l'Espagne, eussent moins besoin du stadhoudérat, & commençassent à s'effrayer du pouvoir énorme de cette magistrature, soit que de son côté Guillaume occupé d'objets moins importants que ses prédécesseurs, parût plus jaloux de son autorité à mesure qu'elle devenoit moins nécessaire à la république; il ne regna plus la même harmonie entre les états & le stadhouder. La liberté est soupçonneuse, l'ambition est inquiete, & vraisemblablement la république auroit été déchirée & peut-être détruite par des dissentions domestiques, si l'ambitieux Guillaume ne fût mort en 1650. Les alarmes des zélés républicains se dissiperent, & plus frappés des derniers dangers auxquels le stadhoudérat les avoit exposés, que des avantages qu'ils en avoient reçus; ils prirent des mesures

mesures pour empêcher que le fils posthume de Guillaume II, ne pût jamais obtenir les charges de son pere.

C'étoit, comme vous le voyez, Monseigneur, n'éviter les maux de la tyrannie que pour s'exposer à ceux de l'anarchie. Puisque le stadhoudérat avoit servi de lien entre les parties trop séparées & trop indépendantes des Provinces-Unies; puisqu'il avoit été l'ame de leurs conseils & le principe de leur unanimité; il est certain que l'édit qui le proscrivoit pour toujours sans remédier aux vices du gouvernement, condamnoit la république à une inaction mortelle. Pourquoi détruire irrévocablement cette magistrature, tandis que les Provinces-Unies accoutumées à la politique intrigante, active & tracassiere de l'Europe, & occupées de toutes ses affaires auxquelles elles vouloient prendre part, avoient besoin des ressorts les plus actifs & des mouvements les plus diligents? Quand la république auroit eu la sagesse de ne s'occuper que d'elle-même; il est évident, si je ne me trompe, qu'en laissant subsister les irrégularités de son gouvernement, elle devoit laisser subsister le stadhoudérat, & se borner à en faire une magistrature extraordinaire, telle que fut la dictature chez les Romains. Il falloit que le stadhoudérat passager & créé seulement dans les temps de troubles domestiques ou de guerre étrangere, pût encore par son autorité suprême préserver les Provinces-Unies des périls auxquels leur gouvernement ordinaire les exposoit.

La république ne tarda pas à éprouver le besoin qu'elle avoit d'un dictateur. Voyant fondre sur elle, en 1672, les forces de la France & de ses redoutables alliés, elle crut toucher au moment de sa ruine, & paroissoit prête à se dissoudre avant que d'avoir été vaincue. Avec quelque supériorité que Jean de Wit, grand-pensionnaire de Hollande, eût gouverné jusques-là, il voyoit que sa prudence, son courage, sa fermeté, & ses lumieres ne lui suffisoient plus; le vaisseau étoit battu par une tempête trop violente, & le gouvernail lui échappoit des mains. En effet, si ce vertueux & zélé citoyen eût reussi à ruiner les espérances du jeune Guillaume III & à proscrire pour toujours le stadhoudérat; bien loin que les Provinces-Unies eussent alors retrouvé en elles-mêmes les ressources nécessaires pour repousser les coups dont elles étoient menacées; on ne peut se déguiser que les vices de leur gouvernement & leur consternation n'eussent rendu leur perte inévitable.

A cet ancien esprit de courage & de patience qui avoit fondé la république & produit quelquefois des prodiges, la paix avoit fait succèder cet esprit de sécurité & de mollesse qui énerve ordinairement les états, quand on ignore qu'il faut se défier des douceurs de la paix. Les milices de terre avoient été négligées. Le commerce commençoit à attacher trop fortement les citoyens à leur fortune domestique. Il n'y avoit plus, pour ainsi dire, de point de réunion entre les sept provinces; & n'osant se fier les unes aux autres ni à leurs magistrats ordinaires, chacune se seroit hâtée de traiter en particulier pour mériter des conditions plus avantageuses. Grotius a dit que la haine de ses compatriotes contre la maison d'Autriche, les avoit empêchés d'être détruits par les vices de leur gouvernement. Cette haine agissante ne subsistoit plus, & celle qu'ils devoient avoir contre la France, & qui devoit produire les mêmes effets, n'étoit pas encore formée.

Guillaume III étoit né avec de grands talents pour la guerre, & des talents encore plus grands pour ce que nous appellons communément la politique. Ses ennemis par les obstacles qu'ils lui opposoient, & ses partisans par leurs espérances, avoient également concouru à lui donner une ambition sans bornes. Son élévation aux charges de ses peres, rendit la confiance & le courage à sa patrie. Les Hollandois trouverent des alliés, la France perdit les siens, la guerre prit une face nouvelle; & le stadhoudérat, en un mot, sauva encore la république qu'il avoit formée.

Dans un de ces accès de reconnoissance qui ne sont que trop ordinaires aux peuples libres, les partisans de la maison d'Orange obtinrent, le 2 février 1674, que le stadhoudérat désormais héréditaire passeroit aux enfants mâles & légitimes de Guillaume III. La loi qui rendoit cette dignité perpétuelle, n'étoit pas moins funeste à la république, que la loi qui l'avoit autrefois proscrite pour toujours. Heureusement le stadhouder ne laissa point de postérité, & les Provinces-Unies se trouverent à sa mort dans un état assez florissant, pour n'avoir besoin que de leurs magistrats ordinaires. Les succès des alliés pendant la guerre de la succession espagnole, & les disgraces de la France causerent une telle fermentation dans la république, que les ressorts du gouvernement agirent avec autant de célérité qu'ils devoient naturellement avoir de lenteur.

Je vous prie, Monseigneur, de vous rappeller les principes que vous avez vus, & de remarquer en conséquence que l'hérédité du stadhoudérat étoit la faute la plus considérable que les Provinces-Unies pussent commettre. S'il est avantageux à un peuple libre, ainsi que je l'ai déja remarqué, d'avoir dans des conjonctures extraordinaires une magistrature extraordinaire qui donne au gouvernement une action & une force nouvelles; rien n'est plus inconséquent que de la rendre perpétuelle & héréditaire. Elle n'aura plus sur les esprits accoutumés à la voir, le même empire. Elle ne leur inspirera plus le même zele, la même chaleur, la même confiance. Un magistrat dont l'autorité est bornée à un temps très court, peut sans danger être tout puissant, parce qu'il ne se proposera que le bien public. Un magistrat à vie commence à séparer ses intérêts de ceux de la république; il faut donc limiter son pouvoir. Un magistrat héréditaire devient en quelque sorte l'ennemi de sa nation; quelque médiocre puissance qu'on lui confie, il faut donc s'attendre qu'elle sera bientôt trop étendue.

Si vous examinez en détail, Monseigneur, les prérogatives du stadhouder, vous le prendrez pour un vrai monarque; & pour peu qu'il veuille en abuser en divisant les esprits, en flattant les passions, & sur-tout en cachant son ambition sous des manieres populaires; vous jugerez qu'il doit devenir en peu de temps un souverain absolu. Il fait grace aux criminels; ses flatteurs en concluront que sa personne est sacrée & inviolable, qu'il ne peut être traduit en jugement, & qu'il est par conséquent au dessus des loix. Il est président né de toutes les cours de justice, c'est-à-dire, qu'il peut facilement les corrompre toutes, éluder la force des loix par des jugements, & après avoir établi peu-à-peu une jurisprudence de routine favorable à ses intérêts, devenir enfin législateur. Tous les magistrats des villes doivent leur place au stadhouder; s'il est adroit, il leur apprendra à devenir reconnoissants à son égard jusqu'à devenir des traîtres envers leur patrie; & il dominera sur toute la bourgeoisie qui aspire aux magistratures. Sa prérogative de négocier directement avec les étrangers, le met à portée de se faire des alliés, & de trouver au dehors les secours nécessaires pour subjuguer son pays. Si un intrigant adroit juge sans appel les différents des provinces & des villes; que lui manque-t-il pour les diviser & devenir leur maître? Le stadhouder dispose des emplois militaires, & commande les forces de terre & de mer: je tremble. Pourquoi donc ne dira-t-il pas un jour à ses soldats mercenaires: *mes amis, ces bourgeois qui vous payent, sont avares, timides, riches, & n'entendent rien au gouvernement? vous prodiguez votre sang, & ils vous refusent leur argent. Vous êtes les défenseurs de la république, il ne suffit pas de la défendre contre les armes des étrangers, il faut la défendre contre l'avarice des citoyens.* Guillaume III étoit roi, dit-on, des Provinces-Unies & stadhouder en Angleterre; s'il eût laissé un fils pour lui succéder, de quelle puissance ne jouiroit-il pas aujourd'hui?

La dignité de stadhouder étant vacante dans les provinces de Hollande, Gueldre, Zélande, Utrecht & Over-Issel après la mort de Guillaume III, la république ne vit ni les avantages qu'elle pouvoit retirer de cette magistrature en la rendant passagere, ni combien les circonstances étoient favorables pour tenter cette entreprise. En effet, il ne restoit plus de postérité de ces stadhouders immortels dont le courage & le génie avoient formé & conservé la république; & il s'en falloit bien que les provinces fussent aussi attachées à la seconde branche de la maison de Nassau, qu'elles l'avoient été à la premiere. D'ailleurs les Hollandois étoient tellement enivrés, à la fin de la guerre de 1701, de la gloire qu'ils avoient acquise sous le gouvernement de leurs magistrats ordinaires, qu'ils auroient adopté avec joie tous les réglements qu'on leur auroit proposés à ce sujet.

Mais soit que les magistrats qui gouvernoient alors, ne connussent pas le systême de leur gouvernement, soit qu'ils ne songeassent qu'à étendre leur pouvoir, ils firent revivre les anciennes loix qui profcrivoient le ftadhoudérat. Qu'on me permette de le dire, cette politique étoit d'autant plus fauffe dans ces circonftances, qu'il n'étoit plus poffible de fe déguifer que la nobleffe indignée de voir des bourgeois à la tête des affaires, feroit tous fes efforts pour avoir un ftadhouder, & entraîneroit le peuple à penfer comme elle.

Pour comprendre l'intérêt du peuple dans cette occafion, vous remarquerez, Monfeigneur, qu'à la naiffance de la république, les affemblées de la bourgeoifie choififfoient à la pluralité des voix les perfonnes deftinées à former le fénat de chaque ville. Il fe fit quelques brigues, quelques cabales dans ces élections; & de mille moyens propres à arrêter ce mal, on prit le plus mauvais & le plus dangereux : on donna au fénat même le droit de nommer à fes places vacantes. Les fénateurs ne s'affocierent que leurs parents, & toute l'autorité devint le partage de quelques familles qui s'emparerent de tous les emplois. Celles qui fe trouverent exclues, murmuroient contre l'oligarchie, étoient moins affectionnées au gouvernement, & pour abaiffer des magiftrats dont elles vouloient fe venger, devoient s'unir à la nobleffe pour le rétabliffement du ftadhoudérat.

C'eſt en 1722 que les états du duché de Gueldre nommerent pour leur ſtadhouder & capitaine-général le prince d'Orange & de Naſſau, déja ſtadhouder héréditaire de Friſe & de Groningue. La province de Hollande ouvrit les yeux ſur le péril dont elle étoit menacée ; mais ne prit aucune meſure capable de le prévenir. Au lieu de négocier inutilement avec la Gueldre pour empêcher une démarche à laquelle elle étoit déterminée, il falloit empêcher que cet exemple ne devînt contagieux. Il falloit examiner les cauſes qui avoient produit cette révolution dans la Gueldre ; & ſi elles pouvoient avoir les mêmes ſuites dans les autres provinces, il falloit s'y oppoſer ; & pour empêcher que la nobleſſe & le peuple ne deſiraſſent un ſtadhouder, il falloit qu'ils ne puſſent pas ſe plaindre du gouvernement actuel : en partant de tout autre principe, on ne pouvoit avoir qu'un ſuccès malheureux.

Tandis que les ennemis du ſtadhoudérat ne faiſoient rien de ce qu'ils auroient dû faire, ſes partiſans appuyés du crédit de George II, roi d'Angleterre & beau-pere du prince d'Orange, devenoient de jour en jour plus nombreux. Ils n'attendoient qu'un prétexte pour changer la face du gouvernement, & il ſe préſenta en 1747, lorſque le roi de France attaqua le territoire des Provinces-Unies. Toute la cabale du prince d'Orange feignit les plus grandes alarmes pour répandre la consternation & intimider les magistrats. *Nous sommes perdus sans un stadhouder. Donnez-nous un stadhouder.* On n'entendoit que ces cris mêlés à des menaces. La province de Zélande obéit à la clameur publique, & les états de Hollande & d'Utrecht suivirent cet exemple bientôt imité par la province d'Over-Issel.

Le premier succès encouragea les ennemis du gouvernement, & comme si la république avoit craint de recouvrer un jour sa liberté, elle ne se contenta pas de rendre le stadhoudérat héréditaire, elle voulut même que les filles fussent appellées à cette suprême magistrature. La loi porte que cette dignité ne pourra appartenir à un prince revêtu de la dignité royale ou électorale, ou qui ne professeroit pas la religion réformée. Les stadhouders, pendant leur minorité, doivent être élévés dans les Provinces-Unies. Cette suprême magistrature ne passera à la postérité des princesses de la maison d'Orange, que dans le cas où elles auront épousé, du consentement des états, un prince de la religion réformée, & qui ne soit ni roi ni électeur. Une princesse héritiere du stadhoudérat, l'exercera sous le titre de *gouvernante*, & pour commander en temps de guerre, proposera à la république un général qui lui soit agréable. Pendant la minorité du stadhouder, la princesse mere en exercera le pouvoir avec le titre de gouvernante, à condition cependant qu'elle ne se remariera pas.

CHAPITRE V.

Du gouvernement d'Angleterre.

GUILLAUME, duc de Normandie, ne pouvoit s'assurer de la fidélité des seigneurs normands qui l'avoient aidé à faire la conquête de l'Angleterre qu'en les enrichissant des dépouilles des vaincus. Il leur donna des grandes terres; mais en portant dans son nouveau royaume les loix & le gouvernement auxquels les seigneurs de son duché étoient accoutumés, il fut trop jaloux de son pouvoir pour ne pas établir une subordination plus exacte que celle qui étoit connue en France.

Quand vous étudiez l'histoire des premiers successeurs de Hugues Capet, on vous a fait remarquer, Monseigneur, les principales causes de la foiblesse de ces princes; on vous a dit que par la coutume le souverain n'avoit d'autorité que sur ses vassaux immédiats, & que peu de fiefs relevant directement de la couronne, les rois n'avoient de relation directe qu'avec un petit nombre de seigneurs. On a ajouté que ces vassaux des rois de France avoient pour la plupart des forces trop considérables pour remplir exactement les devoirs auxquels leur foi & leur hommage les obligeoient. Guillaume évita ces inconvénients en partageant sa conquête en un très-grand nombre de baronnies qui toutes releverent de lui. Tous les seigneurs d'Augleterre furent ainsi ses vassaux immédiats, tous le reconnurent pour leur suserain direct, & aucun en particulier ne fut assez puissant pour oser mesurer ses forces avec les siennes. Ce prince marqua encore dans ses chartres d'investiture les conditions auxquelles il conféroit ses fiefs, & s'y réserva même quelques droits de justice & d'inspection. Ses vassaux ainsi gênés, pouvoient être indociles & se soulever; mais ils ne devoient pas aspirer à la même indépendance qu'affectoient les seigneurs puissants qui relevoient du roi de France. C'est pour cela que les barons d'Angleterre faisant des remontrances à Henri III, sur ce qu'il révoquoit les deux célebres chartres que Jean Sans-Terre, son pere, avoit données à la nation, & qu'il avoit lui-même juré d'observer; l'évêque de Winchester, ministre de ce prince, leur repondit que les pairs d'Angleterre s'en faisoient beaucoup accroire, s'ils vouloient se mettre sur la même ligne que les pairs de France, & qu'il y avoit une extrême différence entre les uns & les autres. Les choses sont bien changées depuis, dit un Anglois, & c'est aux pairs de France, s'ils vouloient comparer leur autorité à celle des pairs d'Angleterre, qu'on pourroit dire aujourd'hui qu'ils s'en font beaucoup accroire.

Les seigneurs normands favoriserent toutes les vexations du nouveau roi, pour le mettre en état de faire de plus grandes largesses, & s'autoriser eux-mêmes par son exemple à vexer les habitants de leurs terres. Mais il y a un terme à tout, & ne restant plus rien à piller, on sentit la nécessité de recourir aux loix & d'établir un certain ordre pour affermir des fortunes élevées par des rapines. L'avarice qui avoit uni les vainqueurs, ne tarda pas à les diviser. Les princes crurent avoir trop donné, & les vassaux crurent n'avoir pas assez reçu. Le mécontentement étoit égal, & les successeurs de Guillaume voulant abuser de leurs forces, agirent avec une hauteur que la fierté des fiefs ne pouvoit souffrir, & se rendirent suspects à la nation. Les barons trop foibles, chacun en particulier, pour résister à l'autorité royale, se réunirent pour étendre leurs droits. Ainsi, tandis que les rois de France combattoient successivement contre différents seigneurs, & pouvoient espérer de les abattre les uns par les autres en profitant de leurs divisions; les rois d'Angleterre ne pouvoient tirer aucun avantage de la politique par laquelle Guillaume avoit voulu se rendre puissant en ne faisant que des fiefs peu considérables. On peut même conjecturer que dans le cours de ces divisions, les naturels du pays favoriserent le parti des barons & lui donnerent des secours. S'ils ne l'avoient pas fait, pourquoi trouveroit-on dans les chartres que les seigneurs firent signer à Jean Sans-Terre, des articles qui établissent les priviléges de Londres & de plusieurs autres villes, & qui temperent même l'empire des barons sur leurs sujets? On sait assez que dans ces temps d'usurpation, les mœurs & les principes des grands ne les portoient pas à diminuer leurs droits par générosité.

La *grande-chartre* & la *chartre des forêts* fixoient les droits du roi & des barons & les immunités de la nation; mais suivant la coutume de ce siecle d'ignorance & de barbarie, plus on avoit de raisons de ne pas compter sur les loix & les traités, moins on prenoit de mesures pour en assurer l'exécution. Tandis que les successeurs de Jean sans-Terre ne songerent qu'à violer les deux chartres que la nécessité lui avoit arrachées, la nation toujours inquiete ne cessa de se plaindre & de demander par ses menaces la réparation des torts qu'on lui avoit faits. C'est cet intérêt opposé qui fut le principe & l'ame de tous les événements que présente pendant long-temps l'histoire d'Angleterre. Je n'entrerai, Monseigneur, dans aucun détail; il suffit d'observer que ce fut un flux & un reflux de guerres faites sans habileté & de traités de paix conclus sans bonne foi. Ainsi la nation toujours agitée, parce qu'elle étoit mécontente de son gouvernement, en cherchoit un meilleur sans savoir où le trouver. Le seul avantage qu'elle ait retiré de ses premiers troubles, c'est d'avoir conçu pour la *grande-chartre* un respect qui s'est conservé d'âge en âge. Après les plus longues distractions & les plus longues erreurs, ce sentiment, si je puis parler ainsi, lui a encore servi de boussole; elle lui doit le gouvernement dont elle jouit aujourd'hui qu'elle a raison d'aimer, mais qu'elle a tort de regarder comme le modele & le chef d'œuvre de la politique.

Les Anglois toujours unis & jamais lassés de combattre pour leur liberté, devoient également s'instruire par leurs succès & par leurs disgraces; & ils n'étoient pas loin d'en recueillir le fruit en établissant un gouvernement régulier, lorsque les prétentions oppo-

sées

ſées des maiſons d'Yorck & de Lancaſtre, firent oublier les grandes queſtions de la prérogative royale, pour ne s'occuper que des droits particuliers de quelques princes qui s'emparoient du trône les armes à la main. L'eſprit de parti ſucéda à l'eſprit patriotique. Les deux factions eurent pour leurs chefs une complaiſance dangereuſe, & leur permirent tout pour les faire triompher de leurs ennemis, ou pour les affermir ſur le trône. Les rois paſſerent les bornes preſcrites à leur autorité, ils ſe firent de nouvelles prérogatives ; & ſans qu'ils s'en apperçuſſent, les Anglois ſe préparoient à ſupporter patiemment le deſpotiſme de Henri VIII.

D'autres cauſes, en empêchant qu'ils ne repriſſent leurs anciens principes, contribuerent encore à la révolution qui ſe fit dans leur génie ſous le regne de ce prince. Telles ſont, Monſeigneur, les grandes affaires de l'Europe auxquelles l'Angleterre prit part, & qui l'empêcherent de s'occuper de ſes affaires domeſtiques ; & ſur-tout, ſelon la remarque judicieuſe de Rapin-Thoiras, les querelles de religion occaſionnées par la nouvelle doctrine de Luther, & qui formerent deux partis auſſi animés l'un contre l'autre que l'avoient été la *Roſe-blanche* & la *Roſe-rouge*, & également diſpoſés à ſacrifier la cauſe publique à leurs intérêts particuliers. *Comme Henri VIII*, dit Rapin, *tenoit une espece de milieu entre les novateurs & ceux qui étoient attachés à l'ancienne doctrine, personne ne pouvoit se persuader qu'il pût demeurer long-temps dans cette situation. Ceux qui souhaitoient la réformation, croyoient ne pouvoir mieux faire que de lui complaire en toutes choses, afin de pouvoir le porter par degrés à la pousser plus avant. Tout de même les partisans de l'ancienne religion voyant de tels commencements, craignoient qu'il n'allât plus loin & que leur résistance ne lui fît plutôt achever son ouvrage. Ainsi chacun des deux partis s'efforçant de le mettre dans ses intérêts, il en résultoit pour lui une autorité dont aucun de ses prédécesseurs n'avoit joui, & qu'il n'auroit pu usurper dans d'autres circonstances sans courir risque de se perdre.*

Les mêmes causes favoriserent Edouard & la reine Marie qui en défendant avec chaleur la religion qu'ils professoient, étoient sûrs d'avoir pour eux un parti considérable qui les protégeoit, & leur permettoit de faire des entreprises nouvelles ou contraires aux loix. Les mœurs anciennes ne subsistoient plus, & les soins de la liberté & du gouvernement étoient d'autant plus négligés, que les Anglois commençoient à s'occuper sérieusement du commerce & des établissements qu'ils faisoient dans le nouveau-monde. Après les regnes trop durs qu'on avoit éprouvés, & contre lesquels on s'étoit contenté de murmurer, on se crut trop heureux d'obéir à Elisabeth, princesse aussi jalouse de son autorité qu'un tyran, mais assez éclairée pour savoir que la puissance se perd elle-même, si elle ne s'établit pas avec d'extrêmes ménagements. La prudence & le courage d'Elisabeth la firent respecter. Les Anglois ne virent pas qu'elle affectoit de certaines prérogatives dont ses successeurs abuseroient; ou s'ils le virent, ils ne le trouverent pas mauvais: parce que ces prérogatives paroissoient nécessaires pour affermir la tranquillité publique, dans un temps où l'Angleterre pleine de citoyens fanatiques qui ne demandoient que le trouble, avoit au dehors des ennemis puissants.

Jacques I, prince foible & qui craignoit par conséquent de voir échapper de ses mains son autorité, s'étoit persuadé dans la lecture de quelques théologiens dont il faisoit ses délices, qu'il ne tenoit que de Dieu sa dignité; il s'en croyoit le vicaire, & c'étoit de la meilleure foi du monde qu'il pensoit qu'on ne pouvoit mettre des bornes à sa puissance sans commettre un sacrilege. Il ne subsistoit presque aucun reste de l'ancien esprit national; les Anglois distraits par les querelles des prêtres, par de nouveaux plaisirs & le luxe, parloient de leur liberté sans chaleur & sans inquiétude pour l'avenir. N'ayant encore aucune idée nette sur les principes du droit naturel & la nature des loix, peu instruits même de leurs antiquités, ils se laissoient mollement gouverner par des exemples, & ne trouvoient point étrange que l'injustice & l'audace des derniers princes devinssent, sous le nom de prérogative, des titres pour leurs successeurs. Dans cette disposition des esprits la foiblesse même & la timidité de Jacques I favoriserent les progrès du despotisme; elles l'empêchoient de faire de ces entreprises hardies & tranchantes qui auroient peut-être retiré les Anglois de leur assoupissement.

Si les querelles de religion avoient beaucoup contribué à étendre la prérogative royale, elles ne tarderent pas à réparer tous les torts qu'elles avoient faits à la liberté. Il s'étoit formé une secte d'hommes austeres & rigides, qui voyoit avec indignation dans l'église d'Angleterre un reste de la hiérarchie & des cérémonies de la religion romaine que la reine Elisabeth y avoit conservées. Les Presbytériens en ne songeant qu'à se venger de la haine que le roi leur marquoit, firent naître un nouvel esprit dans la nation. Ils joignirent des questions de politique à des questions de théologie, examinerent la conduite du prince, demanderent quel étoit le titre de ses droits, & les discuterent. Mais ils n'auroient jamais réussi à lever le voile mystérieux sous lequel la majesté royale se cachoit, ni à faire aimer la liberté, s'ils n'avoient retiré de la poussiere des archives cette *grande-chartre* qu'on ne connoissoit que de nom, & qui avoit été pendant si long-temps la loi fondamentale des Anglois. Des raisonnements n'auroient frappé que foiblement les esprits; mais on fut indigné en voyant combien tous les ordres de l'état avoient dégénéré. On regarda le prince comme un ennemi domestique qui s'étoit agrandi aux dépens de tous les citoyens. La grande-chartre reprit son ancienne autorité, & chacun y apprit ce qu'il devoit être.

Les communes qui depuis long-temps avoient tellement ignoré leur pouvoir, que quand les parlements étoient prolongés au delà d'une session, le chancelier y appelloit par ses lettres de nouveaux membres à la place de ceux qu'il jugeoit arbitrairement hors d'état de s'y rendre, forcerent la cour à renoncer à cette prérogative. Elles s'établirent seuls juges de la validité des élections, & s'arrogerent encore le droit de punir ceux à la poursuite desquels on arrêteroit un de leurs membres, & les officiers mêmes qui se seroient chargés de l'exécution. On commença à voir de mauvais œil la cour de *Haute-Commission* établie par Elisabeth, & dont les juges nommés par le roi, décidoient arbitrairement de toutes les affaires ecclésiastiques. On murmura contre une autre jurisdiction appellée la *Chambre-étoilée*, composée de juges tirés du conseil du prince, & qui exerçoit un pouvoir arbitraire dans les matieres civiles. On crut voir la tyrannie s'introduire, ou plutôt s'exercer sous le masque dangereux de la justice : & ce tribunal odieux fut détruit. En s'éclairant sur le passé, on devint plus soupçonneux, plus précautionné & plus circonspect sur l'avenir. On n'accorda plus les subsides avec la même complaisance qu'auparavant ; enfin le parlement passa, en 1624, un bill par lequel chaque citoyen avoit une entiere liberté de faire tout ce qu'il jugeroit à propos, pourvu qu'il ne fit tort à personne. Il ne devoit répondre de sa conduite qu'à la loi, & la loi n'étoit plus soumise ni à la prérogative royale ni à aucune autre autorité.

Je serois trop long, Monseigneur, si je voulois vous rappeller en détail tous les établissements, toutes les loix & tous les réglements que firent les Anglois pour rapprocher leur constitution des principes de la *grande-chartre*; mais je dois vous faire remarquer, que ſans le zele des Presbytériens à prêcher & étendre leurs opinions théologiques, il eſt vraiſemblable que cet eſprit de liberté qu'ils avoient inſpiré pour ſe venger d'un gouvernement qui leur étoit oppoſé, n'auroit produit qu'une effervescence paſſagere. Sans leurs principes politiques, il eſt vraiſemblable auſſi que leur haine contre l'épiſcopat & les cérémonies ſuperſtitieuſes de l'égliſe anglicane, n'auroit allumé que des guerres inutiles; & que la nation n'auroit point enfin été dédommagée par un ſage gouvernement de tout le ſang que le fanatiſme auroit fait répandre.

S'il eſt vrai que dans les révolutions il eſt néceſſaire d'avoir des enthouſiaſtes qui aillent au delà du but, pour que les perſonnes ſages & prudentes puiſſent y parvenir; les Anglois doivent de la reconnoiſſance aux *Puritains*, ſecte formée des plus ardents Presbytériens, & qui ſans ménagement pour les évêques & le roi, vouloient également détruire l'épiſcopat & la royauté. Suivez avec une certaine attention l'hiſtoire de la maiſon de Stuart par Mr. Hume, & vous verrez que le fanatiſme & l'amour de la liberté ſe prêtent toujours une force mutuelle. L'un ſe ſoutient par l'autre, & ſans leur double ſecours, jamais les Anglois ne ſeroient parvenus à ſe rendre libres.

Vous connoissez, Monseigneur, les événements de cette guerre mémorable qui ne fut terminée que par la mort tragique de Charles I & la tyrannie de Cromwel. Que de réflexions importantes doivent se présenter à votre esprit ! quelle leçon pour les princes qui se laissent enivrer par leur fortune ! quelle leçon pour les peuples qui sont presque toujours opprimés par ceux qui prennent leur défense ! Quoi qu'il en soit, l'amour de la liberté avoit fait de tels progrès, que ni les malheurs de la guerre, ni la tyrannie de Cromwel, ni le rappel de la maison de Stuart fait au milieu des acclamations du peuple, ne furent pas capables de l'étouffer. Le premier parlement que convoqua Charles II, eut beau, en son nom & au nom de toute la nation, se déclarer coupable de révolte & de lese-majesté ; il eut beau déclarer que nuire au roi, le déposer, ou prendre les armes défensivement contre lui, c'étoit un crime de haute trahison ; il eut beau reconnoître qu'aucune des deux chambres ni les deux réunies ne possédoient aucune autorité indépendamment du roi ; l'autorité arbitraire étoit frappée dans ses fondements. Quoique la nation n'osât avouer ni désavouer ses représentants, les républicains forcés de se taire, mais qui ne pouvoient plus souffrir que des loix conformes à la *grande-chartre*, frémisſoient de colere en ſecret, & attendoient le moment d'oſer ſe montrer.

A l'exception des Catholiques, toutes les ſectes répandues en Angleterre, voyoient avec chagrin ſur le trône un prince qu'on ſoupçonnoit d'avoir embraſſé la religion romaine; & avec déſeſpoir que le duc d'Yorck ſon héritier préſomptif, eût l'audace d'en faire publiquement profeſſion. Les mœurs ſe dégradoient, Charles II avoit mis à la mode des vices qui ne ſont propres qu'à faire des eſclaves; & les partiſans de l'ancienne liberté ne s'en conſoloient que dans l'eſpérance que la religion cauſeroit encore une révolution. On ne parloit que de cette intolérance cruelle qu'on reprochoit depuis plus d'un ſiecle à l'égliſe romaine. Les Indépendants, les Presbytériens & les Epiſcopaux avoient le même intérêt de ne point obéir à un roi catholique; mais heureuſement pour le prince leurs anciennes haines les diviſoient, & ils n'oſoient point ſe fier les uns aux autres. Tandis que la cour négligeoit de les tenir ſéparés, la politique plus adroite des républicains les réunit, ou plutôt ſut les engager chacun en particulier à favoriſer la révolution qu'elle méditoit. Jacques II entouré d'amis imprudents & de Catholiques emportés, ne voyoit pas qu'on ne ſouffroit avec une patience ſimulée ſes premieres injuſtices, que pour l'encourager à en commettre de plus grandes, le rendre odieux & hâter sa perte. Il croyoit toucher au pouvoir absolu, & le prince d'Orange à qui on avoit promis la couronne, descendoit en Angleterre pour l'en chasser.

Après tant de révolutions dont il n'est pas inutile de rechercher la cause & l'esprit, voici enfin l'époque de l'établissement d'une liberté moins agitée. Le parlement assemblé le 22 janvier 1689, déclara que le prétendu pouvoir de dispenser des loix ou d'en suspendre l'exécution par l'autorité royale sans le consentement du parlement, étoit contraire aux loix & à la constitution d'Angleterre. On ôta à la couronne le droit qu'elle s'étoit attribué de créer des commissions ou des cours de justice; & il fut ordonné que dans les procès mêmes de haute trahison, les *jurés* ne seroient pris que parmi les membres des communautés. Toute levée d'argent pour l'usage de la couronne, sous prétexte de quelque prérogative royale, & que le parlement n'auroit pas accordée, fut proscrite; & le roi ne peut la faire que pendant le temps, & de la maniere que le parlement l'aura ordonnée. Tout anglois fut autorisé à présenter des *petitions* au roi, & toute poursuite ou tout emprisonnement pour ce sujet, déclaré contraire aux loix, de même que la levée ou l'entretien d'une armée dans le royaume en temps de paix sans le consentement de la nation. On assura la libre élection des membres du parlement. On ordonna que les discours & les débats du parlement ne seroient recherchés ou examinés dans aucune cour, ni dans aucun autre lieu que le parlement même. Il fut défendu d'exiger des cautionnements excessifs, d'imposer des amendes exorbitantes, & d'infliger des peines trop dures.

Voilà, Monseigneur, ce que l'Angleterre appelle sa loi fondamentale. Vous voyez des bornes très clairement prescrites à l'autorité royale, & si le prince les respecte, la nation sera certainement libre : mais quel garant a la nation que le prince obéira à la loi ? Plusieurs écrivains & l'auteur de *l'esprit des loix*, dont l'autorité est si grande, ont prodigué les éloges à cette constitution : mais peut-on l'examiner attentivement, & ne pas voir que l'ouvrage de la liberté n'est qu'ébauché ? Trois puissances, dit-on, le roi, la chambre-haute & les communes se tiennent en équilibre, se temperent mutuellement, & aucune ne peut abuser de ses forces. Mais je le nie ; & quelles mesures efficaces les Anglois en effet ont-ils prises pour mettre le gouvernement à l'abri de toute atteinte de la part du roi ? On diroit au contraire, qu'ils ont voulu rendre le prince assez puissant pour qu'il puisse se flatter de le devenir encore davantage. On diroit qu'ils ne gênent ses passions que pour les irriter. Si l'équilibre des différents pouvoirs est établi sur de justes proportions, pourquoi ces alarmes toujours renaissantes de la nation ? pourquoi ces plaintes continuelles contre le ministere qu'on accuse toujours de trahir son devoir ?

C'est un principe en Angleterre, que le roi est toujours innocent, qu'on ne peut le citer devant aucun tribunal, & que la loi n'a point de jugement à prononcer contre lui : il falloit donc le mettre dans l'heureuse impuissance d'être coupable ; il falloit donc, pour ne pas ouvrir la porte à tous les abus qu'entraîne l'impunité, diriger toutes ses passions vers le bien public, écarter les tentations, & empêcher qu'il n'eût des intérêts différents de ceux de ses sujets. Mais, me dira-t-on, les ministres répondent de sa conduite sur leur tête ; ils le contiendront dans le devoir. Quelle misérable ressource ! & peut-on y compter ? Quand le prince ne connoît point de juge, combien ne lui reste-t-il pas de moyens pour sauver ses complices & les instruments de son ambition ? Ses ministres serviront toutes ses passions, parce qu'ils en attendent leur fortune. En un mot, Monseigneur, quelle force ou quel crédit ne doit pas avoir un roi qui a sous ses ordres une milice toujours subsistante dont il dispose, sur-tout s'il possede des revenus immenses avec lesquels il achetera des amis, & s'il distribue des charges, des honneurs, des dignités avec lesquels il corrompra la vertu, les loix & la justice.

Quand l'Angleterre n'auroit aucun de ces vices qui ramenent la principale autorité dans les mains du roi, ne suffit-il pas qu'il convoque, ajourne, sépare & casse à son gré le parlement, pour qu'il n'y ait aucun équilibre réel entre lui, la chambre-haute & les communes? Le roi peut beaucoup de choses sans le parlement; le parlement au contraire ne peut rien sans le roi: où donc est cette balance à laquelle on attribue des effets si salutaires? Le roi peut suspendre l'action du parlement, & le parlement ne peut contraindre le roi à donner son consentement aux bills qu'on lui propose: quelle est donc leur égalité? Et dès que ces puissances sont inégales, la plus considérable ne doit-elle pas tous les jours augmenter ses droits? Il est vrai que par la forme de leur gouvernement, on ne peut contraindre les Anglois d'obéir à une loi qu'ils n'auroient pas faite; mais il faut avouer aussi qu'ils ne sont pas les maîtres d'avoir la loi qu'ils voudroient avoir, & c'est ne jouir que d'une demi-liberté. Je voudrois que les personnes qui donnent de si grands éloges à la constitution angloise, m'expliquassent comment il peut n'être pas pernicieux à un état que la puissance législative qui en doit être l'âme, soit subordonnée à la puissance exécutrice. Enfin si je suppose que le roi mette la liberté publique en danger, soit en ne convoquant pas le parlement, soit en l'acherant pour en faire le ministre de ses volontés; je demande, par quelle voie légale on pourra s'opposer à ses entreprises? Si les Anglois n'en ont point d'autre que des *pétitions*, des *adresses* ou des prieres, c'est un vice énorme dans leur gouvernement qui en causera tôt ou tard la ruine. S'ils n'emploient pas la force, ils seront à la fin subjugués par un prince opiniâtre, courageux, & qui n'aura que le malheureux talent de ne point entendre raison. On se familiarisera avec les abus, & on n'est pas loin de tolérer de grands maux, quand on en souffre de petits. Pour avoir recours à la force, il faudra exciter une sédition, une révolte, une guerre civile, c'est-à-dire, que pour venir au secours du gouvernement, il faudra violer une des loix les plus sacrées de la société, armer les citoyens les uns contre les autres, & abandonner témérairement l'état au sort toujours incertain des armes.

N'est-il pas surprenant, Monseigneur, que les Anglois qui reprochoient depuis si long-temps & si souvent à leurs rois d'avoir des intérêts contraires à ceux de la nation, leur aient abandonné une partie de la puissance législative ? N'est-il pas surprenant qu'ils n'aient pris aucune mesure efficace pour contenir la puissance exécutrice dans les bornes qui lui sont prescrites; c'est-à-dire, pour l'obliger à obéir aux loix avec la même docilité que les citoyens?

Jacques I, en 1624, avoit offert aux communes, que les subsides qui lui seroient accordés, fussent remis à des commissaires du parlement qui seroient chargés d'en faire l'emploi, sans qu'ils passassent par ses mains. Pourquoi cette offre de Jacques I n'est-elle pas devenue une loi constante & perpétuelle, quand on réforma le gouvernement après la révolution de 1688 ? Les Anglois sur la fin du dernier siecle, ignoroient-ils le pouvoir de l'or & de l'argent sur les hommes ? ne savoient-ils pas que les citoyens que le roi paye, se croient ses serviteurs; & qu'ils se regarderoient comme les serviteurs de la nation, si la nation leur payoit leurs salaires par les mains d'un membre des communes ?

En 1640, le parlement porta un bill pour se rendre triennal. Il ordonna que tous les trois ans, le chancelier, sous peine d'amende envverroit le 3 septembre des lettres de convocation; qu'à son défaut douze pairs pourroient y suppléer; qu'en cas de silence de leur part, les scherifs, les maires & les baillis donneroient des ordres pour l'élection, & que si ces officiers manquoient à leur devoir, les électeurs s'assembleroient & procéderoient au choix de leurs députés. Par le même bill, le parlement, lorsqu'il seroit assemblé, ne pouvoit être ajourné, prorogé & dissous pendant l'espace de quinze jours sans le consentement de ses membres. Je sais les reproches qu'on peut faire à ces loix; je sais qu'on en pouvoit publier de plus sages pour assurer l'indépendance de la nation. Mais sans m'étendre là-dessus, je me borne à demander par quelle raison le parlement de 1689 négligea de rétablir une loi qui étoit dans ses archives, & qui sans être aussi parfaite qu'elle pouvoit l'être, auroit cependant favorisé la liberté, & rendu la puissance exécutrice moins entreprenante.

Sans doute que les Anglois ont découvert qu'il leur étoit plus avantageux d'avoir un parlement septennaire que triennal; mais j'avoue que je ne devine point leurs raisons. Sans doute que leur philosophie a découvert de nouveaux principes dans le droit naturel, & jugé raisonnable qu'une nation qui se vante de disposer du trône à son gré, de faire ses loix & de n'avoir point de maître, ne doit pas avoir la la liberté de se tenir assemblée quand elle le juge à propos. En 1641 le parlement avoit demandé que le roi ne fît plus de nouveaux pairs sans le consentement des deux chambres. N'étoit-ce pas un moyen sûr pour tempérer la prérogative royale, l'empêcher de se faire des partisans en flattant l'ambition des citoyens, & rendre utiles à la nation des dignités qui n'avoient été avantageuses qu'au roi ? Pourquoi donc les réformateurs du gouvernement ne daignerent-ils rien prononcer sur cet article important ?

Vous penserez peut-être, Monseigneur, que la prudence modere leur zele ; vous direz qu'il falloit ne pas déplaire au prince d'Orange accompagné d'une armée étrangere, & qui pouvoit devenir un Cromwel, si on l'eût réduit à ne porter qu'un vain nom. J'y consens pour ne point entrer dans une discussion qui m'éloigneroit trop de mon objet. Mais quand il fut certain que Guillaume III n'auroit point de postérité, quand le parlement régla l'ordre de la succession, quand après la mort de la reine Anne, il plaça sur le trône la maison de Hanover, & put établir à son gré la forme du gouvernement ; pourquoi négligea-t-il de réparer ses fautes, & de porter les loix les plus favorables à sa liberté ? Est-ce ignorance ? on ne peut le penser. Est-ce infidélité ? quelques hommes trahirent-ils leur patrie pour faire leur cour à la maison qui devoit regner? Je n'oserois le dire.

S'il faut s'en rapporter au témoignage de quelques anglois qui connoissent leur pays, & ne se laissent point éblouir par ce que les hommes ordinaires appellent la prospérité de l'état, le plus grand ennemi qu'ait aujourd'hui leur constitution, c'est la vénalité que les richesses, le luxe & l'avarice y ont introduite. Ce n'est point par des coups d'éclat & de violence que cette corruption des mœurs domestiques prépare une révolution; elle ne rompra pas avec efforts les ressorts du gouvernement; elle les rouille seulement, si je puis parler ainsi, & les carie. Elle agit insensiblement, elle intimide la raison; elle flatte toutes les passions, elle rend insensible au bien public; & des citoyens, qui ont l'ame avilie, ont beau avoir des loix pour être libres, ils veulent être esclaves. La cause de ce mal, Monseigneur, c'est que les Anglois ont négligé une vérité importante que j'ai pris la liberté de mettre sous vos yeux dans la premiere partie de cet ouvrage. Ils se sont proposé un autre bonheur que celui auquel nous sommes appellés par la nature. A force de vouloir augmenter leurs richesses & étendre leur domination, ils sont parvenus à ne consulter que leur avarice & leur ambition; & vous savez quels conseils on doit attendre de ces deux passions qui donnent des espérances trompeuses & des maux certains.

Avec l'autorité que les loix donnent au roi d'Angleterre, ou dont il sait s'emparer avec adresse ; il faut convenir que ses défauts, ses goûts, ses passions, son caractere, en un mot, ont trop d'influence dans les affaires. Tantôt on voit de la mollesse, & tantôt de la force. Relativement à ses intérêts envers les étrangers, l'Angleterre semble n'avoir ni systême ni vue suivie. Le prince qui choisit à son gré ses ministres, & les disgracie à son gré, les oblige trop à penser comme lui.

Cependant il faut convenir que ce défaut, quelque grand qu'il soit en Angleterre, y est moins considérable que chez plusieurs autres peuples. Sans doute que l'intrigue est nécessaire à Londres & à S. James pour venir à la faveur & aux grandes places ; mais les intrigants s'y donnent la peine d'avoir quelque mérite. Ils ont affaire à une nation éclairée, inquiete, jalouse de ses droits & de sa réputation, & toujours prête à blâmer hautement ce qu'elle n'approuve pas. Ailleurs on garde un profond silence sur le gouvernement : c'est une prérogative de la grandeur de faire des sottises sans craindre des satyres ; & si les gens en place entendent quelques voix autour d'eux, ce sont les voix de la flatterie qui a cent bouches comme la renommée. On ne déplaît pas impunément au peuple anglois, il peut arriver que les plaintes & les murmures du public fassent violence au goût du prince, & placent dans son conseil l'ami de la nation.

L'Angleterre maitresse de la mer, n'a rien à craindre de la part des étrangers. Sa trop grande puissance au dehors, des colonies trop vastes, un commerce trop étendu, voilà ce qu'elle doit le plus redouter. Peut-être auroit-elle besoin de quelque disgrace pour conserver le plus grand de ses biens, je veux dire sa liberté ; mais qui oseroit assurer qu'elle sût profiter d'une disgrace qui choqueroit son avarice & son ambition ?

CHAPITRE VI.

Du gouvernement de Suede.

C'EST des provinces de Suede, appellée autrefois Scandinavie, que sont sorties, Monseigneur, la plupart des nations qui ont detruit l'empire romain. Les peuples de ce royaume ont conservé long-temps les mœurs de ces Goths & de ces Vandales dont l'histoire ne perdra jamais le souvenir. La Suede s'est policée, sans prendre les vices des nations polies; & de nos jours elle vient d'établir le gouvernement le plus digne des éloges & de l'admiration des politiques.

Les Suédois ont toujours été extrêmement jaloux de leur liberté. Ils regardoient, disent les historiens, leur roi comme un ennemi domestique, & plus dangereux que les ennemis étrangers. Mille monuments attestent que dans les temps les plus reculés les grands avoient des châteaux fortifiés, y tenoient garnison, avoient des guerres particulieres entre eux, & la faisoient même au souverain; mais je suis persuadé que ce n'étoit point en vertu des fiefs & du gouvernement féodal. Ces desordres avoient un autre principe; c'étoit ou l'amour de l'indépendance, ou le défaut d'une magistrature assez puissante pour forcer les citoyens à respecter la tranquillité publique. Nous voyons en effet que tous les autres peuples du nord qui s'établirent sur les terres de l'empire, se conduisoient par les mêmes maximes avant que de connoître le gouvernement des fiefs. On n'avoit en Suede aucune idée de nos seigneuries patrimoniales; les titres de comtes & de barons y sont modernes, ils sont personnels, & non pas attachés à des possessions. D'ailleurs les villes & l'ordre des paysans ont toujours envoyé leurs députés aux assemblées de la nation: privilege qui ne peut s'associer avec les coutumes des seigneuries féodales.

Le célebre Gustave-Vasa ayant délivré sa patrie de la tyrannie des Danois & du clergé, fut élevé sur le trône; & la nation par reconnoissance rendit la couronne héréditaire dans sa maison. Ce prince laissa à ses successeurs son courage, ses talents, sa grandeur d'ame; & par cette espece d'ascendant que donnent des qualités sublimes & brillantes, ces héros furent tout-puissants en gouvernant une nation libre. Cette heureuse harmonie fut enfin troublée. Il s'éleva quelques différents entre Charles XI & le sénat qui séparant trop ses intérêts de ceux de la nation, s'étoit rendu odieux. La diete, en 1680, déféra la souveraineté au roi, en déclarant *qu'il pouvoit écouter les avis & les représentations du sénat; mais que sa majesté auroit le droit de décider.* C'étoit l'affranchir du pouvoir des loix; & la diete aveuglée par son ressentiment, ne s'apperçut pas qu'elle devoit en quelque sorte perdre toute son autorité, dès qu'elle auroit rendu le prince assez puissant pour soumettre le sénat à ses volontés.

Les Suédois ne tarderent pas en effet à éprouver les inconvénients du pouvoir le plus arbitraire. Charles XI avoit, dit-on, des talents pour regner; mais ses talents devinrent inutiles à ses sujets, dès qu'il fut assez puissant pour avoir des courtisans & des flatteurs. La Suede éprouva au dedans les vexations les plus criantes, & perdit au dehors une partie de sa réputation. Dans ces circonstances Charles XII monta sur le trône. Ce héros le plus extraordinaire que les hommes aient vu depuis Alexandre, rendit son royaume malheureux, en outrant toutes les qualités les plus propres à faire un grand roi. Les Suédois étoient trop avez pour ne pas l'idolâtrer ; mais à sa mort ils eurent la sagesse de se dire : *si un prince qu'on ne peut s'empêcher d'admirer, qui a l'ame grande, noble & magnanime, ne tient à l'humanité par aucune passion basse, fait cependant tant de mal quand il n'a d'autre regle que sa volonté ; que ne doit-on pas attendre de ces ames communes, de ces hommes sans caractere, qui se laissent enivrer des vapeurs du pouvoir arbitraire, & qui gouvernent en obéissant aux passions de leurs favoris & de leurs flatteurs ?*

La Suede rentra par la mort de Charles XII dans le droit de se choisir un roi & de former un nouveau gouvernement. Ce seroit une espece de prodige qu'elle eût établi une république, si le despotisme extraordinaire de ce prince n'eût été aussi propre à donner de l'élévation aux esprits, que le despotisme ordinaire est capable de les avilir. En faisant de grandes choses sous Charles XII, les Suédois sentirent qu'ils n'étoient pas faits pour être des esclaves ; tandis que la nation regrettoit sa liberté, quelques citoyens éclairés & vertueux s'occuperent à chercher les loix auxquelles leur patrie devoit obéir ; ainsi à la mort inattendue de Charles tout se trouva préparé pour une révolution. *Nous remercions très humblement sa majesté* (la princesse Ulrique-Eleonore) dirent les ordres de l'état assemblés en diete, *de l'aversion juste & raisonnable qu'il lui a plu de témoigner contre le pouvoir arbitraire & absolu dont nous avons éprouvé que les suites ont fort préjudicié au royaume, & l'ont grandement affoibli. De sorte que Nous, les conseillers & états du royaume assemblés, ayant fait une triste expérience, avons résolu sérieusement & d'une voix unanime d'abolir entiérement ce pouvoir arbitraire si préjudiciable.*

Notre principal but, dit la diete de 1720, *a été de faire en sorte que par nos fideles soins, notre sincere affection, notre zele & nos résolutions, la majesté du roi restât inviolable, que le sénat fût maintenu dans l'autorité qui lui appartient, & que les droits & les libertés des quatre ordres de citoyens leur fussent conservés, afin que le commandement & l'obéissance se correspondent suivant un ordre certain & constant, & que la tête & les membres soient unis pour ne former qu'un corps inséparable.*

Voilà certainement l'objet que doit se proposer toute société, & la fin à laquelle elle doit aspirer. Il n'est question, Monseigneur, que de mettre sous vos yeux les moyens que les Suédois ont employés pour n'obéir qu'aux loix qu'ils auront faites, & donner à leurs magistrats cette sage autorité qui les éleve au dessus des citoyens & les tient soumis aux loix. C'est par cette heureuse harmonie que se forme un gouvernement aussi favorable au tout qu'à chacune de ses parties.

La diete de Suede, plus sage que le parlement d'Angleterre, s'est attribué toute la puissance législative. Ce n'est point le consentement du prince qu'elle demande; toutes ses résolutions sont des ordres pour lui. Le roi convient lui-même dans son *assurance*, que les états du royaume *ont le pouvoir le plus entier de faire présentement & à l'avenir des décrets, des réglements & des ordonnances sur ce qui les regarde & sur ce qui concerne le royaume, tels qu'ils les jugeront convenables pour le bien public, & pour leur liberté, félicité & sureté.* Dans la crainte de voir échapper de leurs mains cette autorité, les Suédois se sont bien gardés de confier au roi seul la puissance exécutrice. Il doit faire observer les loix; mais en consultant les sénateurs & en se conformant à leur avis. *Le roi*, dit l'ordonnance du 17 octobre 1723, *maintient & fait exécuter tout ce que les états ont résolu & ordonné, & c'est l'affaire du sénat que d'aider & avertir le roi à cet égard. Si le roi n'est pas présent, ce qui doit être expédié au nom du roi, le sera avec le seing du sénat. La même chose doit se faire après avoir fait des remontrances au roi, lorsque sa signature est attendue plus long-temps que la nature de l'affaire dont il s'agit, ne le comporte; en sorte qu'aucune des affaires que les états remettent très humblement au roi pour être expédiée par sa majesté, ne soit exposée à rester sans exécution.*

Vous voyez, Monseigneur, que si la diete n'avoit pas pris une sage précaution pour se passer de la signature du roi, il auroit eu, avec un peu d'opiniâtreté, la même prérogative que le roi d'Angleterre de rendre inutile l'action de la puissance législative, d'éluder la force des loix qui ne lui seroient pas favorables, de les faire tomber dans l'oubli ou dans le mépris, & de se rendre ainsi de jour en jour plus puissant. La diete ne s'en est pas tenue là pour s'assurer de la fidélité de son premier magistrat. Elle lui apprend qu'il a un juge, & qu'il ne peut violer ses *assurances* sans être soumis à la rigueur des loix. *Nous déclarons par ces présentes*, dit la diete, *que celui qui par des pratiques secretes, ou à force ouverte, cherchera à se revêtir du pouvoir arbitraire, doit être exclus du trône & regardé comme un ennemi du royaume.*

En chargeant un roi héréditaire de la manutention des loix & de toute l'administration au-dedans & au dehors, la Suede avoit à craindre de voir monter sur le trône un prince foible ou violent, sans caractere ou opiniâtre, d'un esprit louche ou trop borné; tantôt les ressorts de la puissance exécutrice auroient été trop relâchés ou trop tendus; tantôt l'esprit des loix n'auroit pas été saisi, ou auroit été mal interprété. En remédiant à ces abus inévitables en Angleterre, la Suede a encore mis de nouvelles entraves à l'ambition de son roi. La diete lui a donné pour conseil un sénat composé de seize sénateurs qui partagent tous avec lui son autorité. Tout se regle, tout s'administre par ce sénat; mais à la pluralité des voix, & le roi n'en est que le président. Sa prérogative se borne à avoir dans certaines occasions une voix prépondérante. Je m'explique: s'il y a dans le sénat deux avis dont l'un soit soutenu par six ou sept sénateurs, & l'autre par huit, le roi en décidant pour la premiere opinion, la rend l'opinion dominante: mais dès qu'un avis est prépondérant de trois voix sur l'autre, il n'est plus libre au roi d'adopter celui-ci, ou s'il le fait, c'est inutilement. On a vu le roi régnant refuser dans ces occasions de signer les décrets du sénat, sous prétexte que sa conscience ne lui permettoit pas de signer une chose qu'il jugeoit injuste ou dangereuse. Cette contestation du sénat & du roi fut portée à la diete de 1755, & les états déciderent que la *conscience éclairée* d'un roi de Suede lui ordonnoit de signer ce qui avoit été arrêté dans le sénat à la pluralité des suffrages, *parce qu'il doit gouver-*

ner par l'avis du ſénat, que la ſignature n'eſt point une marque d'approbation, *& que ſi ſa conſcience ſervoit de régle à la loi, le deſpotiſme ſeroit établi.* Cependant par condeſcendance pour la délicateſſe timorée du roi, il fut ordonné qu'en cas de refus de ſa part, on ſuppléeroit à ſa ſignature par une eſtampille qui l'imiteroit.

En derniere analyſe, le nom du roi fait tout; la perſonne du roi ou ſa volonté particuliere ne fait rien. Il n'eſt qu'un homme privé quand il n'eſt pas l'organe du ſénat, dont la conduite eſt ſoumiſe à l'examen & au jugement de la diete. Il n'a aucun ordre à donner, parce qu'il n'eſt pas alors le miniſtre de la loi. On ne ſe juſtifieroit point en alléguant pour ſa défenſe un pareil ordre, par ce que c'eſt un principe ſacré & fondamental en Suede que la volonté du roi ne peut jamais être qu'il ſe faſſe quelque choſe contre la teneur des *aſſurances* qu'il a données & contre la forme du gouvernement.

Tous les emplois conſidérables, depuis celui de colonel juſqu'au grade de feld-maréchal, l'un & l'autre incluſivement, & tous ceux qui leur répondent en dignité dans l'ordre civil, ſont conférés par le roi dans l'aſſemblée du ſénat qui lui préſente trois ſujets, & il choiſit à son gré la personne qui lui est la plus agréable. Quand il vaque un emploi inférieur à ceux-ci, le college d'administration auquel il ressortit, présente trois personnes au roi qui choisit celle qu'il veut. A l'égard de la nomination aux prélatures ou surintendances du clergé, le consistoire présente au roi les trois sujets qui ont réuni le plus de voix en leur faveur dans l'assemblée du diocese, & par l'avis du sénat il confere la dignité épiscopale. Il n'y a que fort peu de charges que le roi confere sans présentation ; telles sont celles de gouverneur de Stockholm, de capitaine des gardes & des colonels des gardes, & de l'artillerie. Il nomme encore à son gré son aide de camp général, & tous les officiers domestiques de sa maison ; cependant il faut observer que la charge de maréchal de la cour qui est plus importante que toutes les autres, ne peut être donnée qu'à un sénateur.

Quand il vaque une place de sénateur, la diete y nomme elle-même, en présentant au roi trois sujets dont il en choisit un. Il ne peut y avoir dans le sénat plus de deux personnes d'une même famille. Le principal objet des sénateurs est de conserver, protéger & défendre la forme du gouvernement ; de veiller à ce que la justice soit administrée entre les citoyens suivant les loix ; de prendre les mesures nécessaites pour empêcher qu'il ne ſoit fait aucun préjudice au corps de la nation ni à aucun des ordres qui la compoſent. Si dans l'intervalle des dietes, il ſurvient quelque événement qui exige une ordonnance, le ſénat la publie au nom du roi, & ce réglement proviſoire n'a de force que juſqu'à la prochaine diete qui l'examine, la modifie, l'adopte ou la rejette ſuivant l'exigence des cas. Chaque ſénateur eſt reſponſable de ſa conduite aux états, & doit leur en rendre compte quand ils l'exigent

Le ſénat eſt aidé, dans l'adminiſtration des affaires, par différents *colleges* ou conſeils indépendants les uns des autres, & dont les départements ſont diſtingués & réglés par la nature même des affaires dont ils ſont chargés. Juſtice, chancellerie du royaume, guerre, amirauté, finance, mines, commerce, ce ſont autant d'objets qui forment des colleges à part. Un ſénateur préſide à chacun d'eux. Ils préparent les matieres qui doivent ſe traiter & ſe réſoudre au ſénat, & chacun met en exécution dans ſon département les ordres qui lui ſont donnés.

Quand la diete eſt aſſemblée, le roi & le ſénat ne peuvent conclure ni paix, ni treve, ni alliance ſans ſon conſentement. Pendant ſon abſence, cette partie de l'adminiſtration les re:

garde, & ils doivent faire connoître à la prochaine assemblée des états les engagements qu'ils ont contractés. Le roi & le sénat, deux noms indivisibles, ne peuvent déclarer la guerre sans le consentement de la diete; mais si le royaume est attaqué par un ennemi domestique ou étranger, on doit repousser la violence par la force, & convoquer en même temps une diete extraordinaire.

La diete ordinaire doit s'assembler tous les trois ans au milieu du mois de janvier. S'il arrivoit que ni le roi ni le sénat ne convoquassent pas les états pour cette assemblée ordinaire ou pour une diete extraordinaire que les états précédents auroient ordonnés; tout ce que le roi & le sénat auront fait pendant cet intervalle, sera nul & de nul effet. Les lettres de convocation doivent être publiées à la mi-septembre. Lorsqu'elles n'auront pas paru le 15 de novembre, le grand-gouverneur de Stockholm & les baillis des provinces en doivent aussi-tôt donner avis dans l'étendue de leur ressort, afin que les députés des quatre ordres puissent d'eux-mêmes se rendre a Stockholm, pour y ouvrir la diete vers le milieu du mois de janvier suivant. Avant l'examen de toute autre affaire, on recherchera les motifs qui ont pu porter le roi & le sénat à négliger de convoquer les états.

Chaque

Chaque famille noble a ſon repréſentant à la diete, & il doit avoir vingt-quatre ans accomplis. Chaque dioceſe y envoie ſon député général, & chaque prévôté ſon délégué particulier. Toutes les villes jouiſſent du même avantage, & les communes éliſent dans chaque territoire ou diſtrict un député qui doit être de l'ordre des payſans. Ce repréſentant doit être domicilié & établi dans le territoire dont il tient ſes pouvoirs; il ne doit avoir poſſédé auparavant aucun emploi public, ni avoir appartenu à un autre ordre. Il eſt libre à pluſieurs prévôtés de ſe réunir pour n'avoir qu'un même député. Deux ou trois villes, quand elles ne ſont pas conſidérables, peuvent de même confier leurs intérêts & leur ſuffrage au même repréſentant. L'ordre des payſans a la même liberté. Chaque député doit être muni des pleins-pouvoirs de ſes commettants, qui en l'autoriſant pour diſcuter & réſoudre les affaires miſes en délibération, lui ordonneront ſpécialement de ſe conformer à la loi fondamentale du royaume, & de ne permettre ſous aucun prétexte qu'on y porte atteinte. La perſonne des députés à la diete, eſt inviolable. Les maltraiter ſoit de parole, ſoit d'effet pendant la tenue des états, quand ils s'y rendent, ou qu'ils en reviennent, c'eſt un crime capital. On ne peut arrêter un député, à moins qu'il ne ſoit ſurpris dans des crimes très graves; & en ce cas, on en donnera aussi-tôt connoissance à la diete.

Après que le roi a fait l'ouverture de la diete, & exposé ses propositions ou demandes, on le reconduit chez lui, & chaque ordre se rendant dans la salle qui lui est destinée, entend la lecture de l'édit nommé *forme du gouvernement*, des *assurances* que le roi a juré d'observer, & de l'ordonnance qui concerne l'ordre, la discipline & le régime de la diete.

Je ne puis mieux vous donner, Monseigneur, une idée exacte de la puissance & de l'administration de cette assemblée, qu'en copiant ici le treizieme article de la loi fondamentale. » On traite dans la diete, non-seulement de ce que le roi a fait représenter par » ses propositions ou autres écrits expédiés & » contresignés de l'avis du sénat; mais encore » tout ce que les états jugent eux-mêmes pouvoir intéresser le bien général du royaume. » On y recherche comment l'édit de la forme » du gouvernement, les assurances royales & » la loi fondamentale du royaume ont été observés; & s'il s'est passé quelque chose de » contraire à ces loix, on ne doit le tolérer sous » aucun prétexte, mais le redresser & en punir » les auteurs. On y examine les délibérations » du sénat & sa gestion depuis la derniere diete,

» soit dans l'intérieur du royaume, soit dans » les affaires étrangeres. S'il se présente des af» faires de nature à ne pouvoir être rendues pu» bliques, on en traite dans le comité secret, » ou dans quelque autre députation, ou dans » une commission particuliere que les états ju» geront à propos d'établir pour cet effet. Les » états doivent aussi rechercher comment la jus» tice a été rendue, & comment ce qu'on » nomme la revision de justice, s'est aquitté de » ses fonctions. De plus, les états doivent » prendre connoissance de l'emploi qui à été » fait des deniers publics, s'informer comment » les joyaux & autres effets précieux de la cou» ronne sont conservés, soit dans la chambre » du trésor, soit ailleurs; en quel état se trou» vent l'économie du pays, l'armée de terre & » de mer, la flotte, les forteresses; comment » on doit dresser l'état des dépenses; si les or» donnances ou déclarations publiées depuis la » diete précédente, doivent être adoptées & re» cevoir force de loi; en un mot & sans excep» tion, tout ce dont ils jugent nécessaire de » prendre connoissance. Les colleges & consis» toires doivent aussi leur rendre compte de leur » administration. De plus, c'est dans la diete » qu'on entend les griefs, plaintes & propo» sitions de chaque ordre, autant du moins » qu'elles ne renferment rien de contraire aux » loix fondamentales; mais il ne sera pris sur

» ce sujet-là aucune résolution qui n'ait été una» nimement approuvée par les etats. Les par» ticuliers peuvent aussi porter leurs plaintes » devant les états, mais seulement dans le cas » où ils ne peuvent trouver ailleurs le redres» sement de leurs griefs, & au risque d'être » punis s'ils ne peuvent prouver qu'il leur ait » été fait injustice contre le sens clair & formel » d'une loi ou d'une ordonnance. De plus, dans » ces sortes de plaintes contre le sénat, les col» leges, consistoires, officiers, juges, &c. on doit » toujours observer de ne point blesser les » égards qui sont dus à de tels corps ou à de » telles personnes; mais de s'exprimer avec re» tenue & honnêteté.

Je n'entrerai pas, Monseigneur, dans des détails sur le régime, la police, les comités & les commissions de la diete; je craindrois d'être trop long. Je n'aurai point l'honneur de vous parler de sa maniere de délibérer, de traiter les affaires & de faire des loix. Je vous invite, Monseigneur, à méditer l'ordonnance dont je viens de mettre sous vos yeux un important article; & de rechercher les raisons qui ont dicté les sages établissements que vous lirez. Plus vous étudierez les loix fondamentales de la Suede, plus vous serez pénétré de respect pour le sens auguste & profond qui les a inspirées. C'est le chef-d'œuvre de la législation moderne, & les législateurs les plus célebres de l'antiquité ne désavoueroient pas cette constitution où les droits de l'humanité & de l'égalité sont beaucoup plus respectés qu'on n'auroit dû l'espérer dans les temps malheureux où nous vivons. Dans cette législation tout concourt ordinairement au même but, tout s'y soutient & s'y étaye mutuellement. Toutes les autorités ont leurs bornes qui les séparent, & jamais elles ne peuvent se nuire. Tout contribue à rendre la loi supérieure aux magistrats, en même temps qu'elle les arme d'une force assez considérable pour faire obéir des citoyens libres. Cependant aucun ouvrage des hommes n'est parfait; vous trouverez dans les loix suédoises quelques articles que vous voudriez en retrancher, & que l'expérience & le temps feront changer.

Admirez, Monseigneur, comment les Suédois ayant compris, au milieu des vices dont l'Europe entiere est infectée, que les bonnes mœurs sont la seule base inébranlable des loix, cherchent à faire estimer la modestie, le travail, la simplicité & la frugalité. Ils ont pris des précautions contre la pompe, le luxe, le faste & les intempérances naturelles des princes & des magistrats; ils savent que la corruption des chefs se communique promptement au dernier ordre des citoyens. Vous lirez dans les loix suédoises ces paroles remarquables. *La pompe & la représentation ordonnées à l'occasion de certaines solemnités, plus pour la dignité du royaume que pour la personne qui représente, plus par rapport aux étrangers que pour les sujets, ont été jusqu'ici un abus introduit par l'orgueil & la politique; afin d'inspirer plus de respect & de crainte d'abord pour la personne du roi, ensuite pour ses volontés. Par ce moyen les sujets ont contracté un génie servile & se sont accoutumés au joug.* Vous lirez encore, Monseigneur, ces paroles que vous ne devez jamais oublier: *que les rois n'ont aucun droit d'enfreindre & de violer les droits des sujets, qu'ils ne sont pas faits d'une autre matiere que le reste des hommes, qu'ils leur sont égaux en foiblesse dès leur entrée dans ce monde, égaux en infirmités pendant tout le cours de leur vie, égaux à l'égard du sort commun des mortels, vils comme eux devant Dieu au jour du jugement, condamnables tout comme eux pour leurs vices & pour leurs crimes; que le choix du peuple est la base de leur grandeur, & un moyen nécessaire pour leur conservation; qu'en un mot l'Etre suprême n'a point créé le genre humain pour le plaisir particulier de quelque douzaine de familles.*

Vous verrez que la Suede veut que *ses princes soient élevés dans la pratique des vertus qui ornent l'homme, & que la religion, la morale & l'histoire nous recommandent.* Elle se charge elle-même de leur éducation, & nomme les personnes qui doivent la conduire & la diriger. *Qu'on éloigne les princes*, dit la loi, *des écueils dangereux pour la vertu, & qui ne sont que trop communs à la cour. Qu'ils soient entretenus médiocrement en habits & en nourriture, afin que leur propre économie serve d'exemple aux sujets; ce qui est une chose très utile chez une nation qui est pauvre, mais libre.* Puissent les Suédois être toujours fiers de cette pauvreté qui est l'ame de leur liberté: puissent-ils toujours mépriser les richesses que convoitent les autres puissances! Que les dietes n'oublient jamais que l'avarice ne rend point les peuples heureux, & que le bonheur n'est point une denrée qui s'achete à prix d'argent. Qu'elles aient une attention extrême à prévenir & réprimer les moindres abus: ils entraîneroient à leur suite les plus grands malheurs. Qu'elles cherchent un autre ressort que l'argent pour remuer & faire agir les citoyens. Plus les fortunes se rapprocheront de l'égalité, plus il y aura de vertus dans la république; & l'égalité sera plus agréable à mesure qu'on trouvera plus de moyens pour rendre les richesses moins nécessaires. Que les Suédois sachant combien les loix somptuaires leur sont nécessaires, parviennent à les aimer, & se glorifient de n'avoir pas ces besoins ridicules qui nous avilissent. *Que les princes*, continue la loi, *fassent souvent des voyages à la campagne, qu'ils entrent dans les cabanes des paysans pour voir par eux mêmes la situation des pauvres, & que par-là ils apprennent à se persuader que le peuple n'est pas riche, quoique l'abondance regne à la cour, & que les dépenses superflues de celle-ci, diminuent les biens & augmentent la misere du pauvre paysan & de ses enfants affamés.* Ce n'est pas moi, Monseigneur, qui vous tiens ce langage, c'est une nation entiere, c'est un peuple des plus illustres de l'Europe, & aujourd'hui le plus sage. Je voudrois que les paroles que je viens de vous rapporter, eussent excité dans votre cœur une sorte de frémissement & d'attendrissement.

Plus vous approfondirez la constitution suédoise, plus vous serez convaincu que la justice de ses loix attache tous les citoyens à la patrie. La noblesse par tout ailleurs si impérieuse, & qui regarde comme une de ses prérogatives de mépriser les autres ordres, de les gouverner & de s'en faire haïr, a cru en Suede que l'esprit de servitude ou de tyrannie est la plus grande des dérogeances, & que sa grandeur consiste à être à la tête d'une nation libre où le dernier des citoyens sait qu'il est homme. Que cette noblesse seroit grande, si elle pouvoit renoncer à quelques prérogatives particulieres que les autres ordres ne partagent pas avec elle. Peut-être que ces prérogatives l'inclinent malgré elle vers l'aristocratie; peut-être que ces distinctions dérangeront un jour les principes du gouvernement en troublant l'harmonie qui doit regner entre les quatre ordres. Les vertus & les talents de cette noblesse se développeroient sans doute avec plus d'éclat, si elle craignoit la concurrence des autres ordres, & étoit obligée de faire des efforts pour obtenir à force de mérite des dignités qui lui seroient disputées. Il est du moins certain que la république romaine dut beaucoup de grands hommes à la loi qui permit aux plébéiens d'aspirer aux magistratures curules.

Le clergé autrefois tyran, a appris des loix politiques ce qu'il lisoit inutilement dans l'évangile, que son royaume n'est point de ce monde. Il a renoncé à ces prétentions qui l'avoient rendu odieux, qui sont contraires au droit des nations, & qui ne tendent qu'à établir le despotisme sacerdotal, en substituant la superstition au véritable esprit de la religion. Il aime la patrie qu'il vexoit, parce qu'il est devenu citoyen. L'ordre des bourgeois & celui des paysans jouissent dans les dietes des droits de la législation, & leur autorité rend les loix presque aussi impartiales qu'elles peuvent l'être dans un pays où les préjugés ont établi plusieurs classes d'hommes; l'égalité n'est pas établie; mais l'oppression est bannie. Ils obéissent avec plaisir à la loi, ils la chérissent, parce qu'ils ont contribué à la porter, qu'elle est leur ouvrage, qu'elle les protege & assure leur état.

Tout n'a pas été fait par les grands hommes qui réformerent le gouvernement à la mort de Charles XII. Soit qu'ils ayent été arrêtés dans leur entreprise par quelqu'un de ces préjugés que le législateur n'est que trop souvent obligé de respecter; soit que le moment de la révolution arrivât avant qu'ils eussent arrangé tout leur système politique; ils négligerent quelques parties de l'administration, ne porterent point toutes les loix nécessaires pour affermir le gouvernement, & se contenterent de rendre la nation libre, espérant que sa liberté & son amour de la patrie lui dicteroient toutes les loix dont elle auroit besoin. C'est de-là qu'est née en Suede une certaine incertitude sur son sort. On a douté pendant quelque temps si elle retourneroit à ses anciennes loix, ou si elle s'attacheroit plus fortement aux nouvelles.

Quelque vertueuse que fût la princesse Ulrique, elle n'étoit pas assez éclairée sur ses vrais intérêts pour préférer la liberté des Suédois au pouvoir dont son pere & son frere avoient joui. Son mari associé au trône, étoit né en Allemagne; il avoit été accoutumé dans la Hesse au pouvoir le plus absolu; il avoit par lui-même une grande fortune; il regardoit comme une injustice criante que les Suédois ne lui eussent pas du moins accordé le même pouvoir que les Anglois ont abandonné à leur roi; & il desiroit cette autorité, sans se douter que placé sur le trône d'Angleterre, il n'auroit pas été content de son sort. Assez riche pour se faire des amis & des créatures aux dépens de la patrie, il a retardé les progrès du gouvernement. Mais que peut désormais produire une ambition qui se consumeroit en regrets, & qui n'a aucun moyen de se satisfaire ?

Le roi de Suede ne peut corrompre ses sujets, ni par des bienfaits, ni par l'espérance, ni par la crainte. La nation doit tous les jours augmenter son crédit, parce qu'elle dispose de toutes les graces. Le prince, au contraire, doit perdre tous les jours les partisans que l'habitude de la cour lui avoit attachés. Il est vrai qu'il s'est formé, il y a quelques années, une conjuration en faveur de la puissance royale; mais ce sera vraisemblablement la derniere. Quels en ont été les auteurs ? des hommes obscurs & vils qui n'ont, pour ainsi dire, point de patrie. A l'exception des comtes de Brahé & de Hard & du baron de Horn, maréchal de la cour, les conjurés n'étoient que des soldats de la garde, des matelots & quelques artisans. Quand cette poignée d'esclaves revoltés auroit intimidé le sénat, & remis au roi l'autorité souveraine ; la nation se seroit-elle crue vaincue & subjuguée ? Ne lui restoit-il pas mille ressources pour reprendre le pouvoir dont on auroit voulu la dépouiller ? Une conjuration qui échoue, est une faveur de la fortune ; elle rend un peuple plus attentif à sa liberté, & l'empêche de tomber dans une sorte de nonchalance qu'inspire quelquefois une trop grande sécurité, & contre laquelle les Suédois, dit on, ne sont pas assez précautionnés. Bientôt la famille royale prenant les mœurs de sa nouvelle patrie, jugera de la royauté par les principes suédois, & non par les préjugés répandus en Europe. Ces princes mettront leur gloire à être les ministres & les premiers magistrats d'une nation libre. Ils comprendront que qui veut être vertueux, n'a pas besoin d'une autorité plus étendue ; & qu'il vaut mieux être gouverné par sa nation, que par quelques favoris comme un despote. Rentrez en vous même, Monſeigneur, ſondez les replis de votre cœur, & ſi vous deſirez d'être tout puiſſant, vous verrez que ce n'eſt que pour ſatisfaire quelque paſſion injuſte.

Vous penſerez peut-être, Monſeigneur, que la royauté eſt une piéce tout à-fait hors d'œuvre dans le gouvernement de Suéde, & que l'eſtampille de cuivre dont j'ai déja eu l'honneur de vous parler, pourroit fort bien toute ſeule ſervir de roi. Vous en conclurez peut-être que la nation ne devroit être gouvernée que par des ſénateurs. Mais je vous prie de faire attention qu'un roi, même héréditaire, ne peut donner preſque aucune crainte aux Suédois; vous avez déja vu combien ils ont pris de meſures pour qu'il ne puiſſe faire violence aux loix & s'emparer de la légiſlation. En ſecond lieu la royauté héréditaire eſt même un avantage pour la nation, car elle contribue à conſerver l'égalité entre les familles nobles, & les tient dans la ſubordination. Si la couronne n'étoit pas héréditaire, on ne verroit, comme en Pologne, que des brigues, des factions, des partis continuels, & jamais elle ne ſeroit la récompenſe du mérite. Sans un roi, la nobleſſe voudroit infailliblement former une ariſtocratie, & du ſein de ce gouvernement il s'éleveroit bientôt un tyran. Le gentilhomme le plus ambitieux & qui auroit le plus de talents, trouvant toujours le trône rempli par un prince qui ne peut ni se faire craindre ni se faire haïr, ne songera jamais à usurper sa place. En devenant sénateur, il devient en quelque sorte son égal; & son ambition se trouve rassasiée.

Dès que la Suéde avoit admis des distinctions de rang, de grade & d'honneur entre les familles, il devenoit avantageux pour elle qu'il y eût une maison privilégiée qui portât la couronne. Je le répéte : dans la constitution présente, un seigneur suédois ne peut point abuser de la faveur de ses citoyens ou de la considération due à ses services, pour devenir un Sylla ou un César. Dès que l'ambition des particuliers est réprimée, le corps même entier de la noblesse doit être plus porté à la modération, & moins tenté de profiter de ses prérogatives particulieres pour les accroître & faire des loix partiales. Vous voyez par-là, Monseigneur, qu'un roi de Suede est lui même un obstacle à la tyrannie par laquelle la plupart des républiques ont été détruites. Ne craignez point l'hérédité, puisqu'après le regne le plus long, un prince dont il est aisé d'éclairer les démarches, de pénétrer les vues & d'arrêter les projets, ne laiſſera point à ſon ſucceſſeur une plus grande autorité que celle qu'il avoit reçue. La Suede ne craint ni les inconvénients des minorités, ni l'incapacité du prince. Il n'imprimera point ſon caractere au gouvernement ; & l'inaction d'une vieilleſſe languiſſante ne fera point languir l'état : un roi qui ne peut rien par lui-même, peut être méchant, foible ou ſans caractere : ſes ſujets ne ſeront pas les victimes de ſes vices.

Je ne diſſimulerai pas quelques reproches qu'on peut faire au gouvernement de Suede : il eſt inutile, Monſeigneur, que vous en ſoyez inſtruit. On blâme peut-être avec raiſon la prérogative accordée au roi de faire à ſon gré des comtes & des barons. Ces dignités ne conferent aucune autorité réelle : ce n'eſt qu'une décoration dans l'ordre de la nobleſſe ; mais puiſque cette décoration flatte la vanité, elle peut devenir un moyen de corrompre ; pourquoi donc n'en fait-on pas un moyen pour encourager le mérite ? Je puis dire la même choſe de ces différents ordres de chevalerie dont le roi diſtribue les marques ſans conſulter la diete ou le ſénat Cette inſtitution n'eſt point analogue à l'eſprit d'une république. La récompenſe d'une homme libre doit être une magistrature, & dans un état libre, les récompenses ne doivent être données que par le public, si on veut que le public soit considéré.

Un reproche plus grave qu'on peut faire au gouvernement de Suede, c'est l'autorité à vie qui est donnée aux sénateurs. Les magistratures à vie s'exercent toujours avec une sorte de nonchalance peu favorable au bien public, & ne donnent que trop souvent à ceux qui les possedent, un orgueil qui choque la liberté publique. Je crois avoir remarqué dans l'histoire que des magistrats qui ne rentrent plus dans l'ordre des simples citoyens, sont tentés de se croire les maîtres des loix dont ils ne sont que les ministres. Ils ne les violeront pas peut-être avec assez d'impudence pour mériter d'être punis d'une maniere exemplaire; mais le mal alors sans remede, n'en sera que plus dangereux. Il s'établira dans le corps de la magistrature une fausse politique & une corruption sourde qui peu-à-peu dérangeront tous les principes du gouvernement. À mesure que les loix s'affoibliront, les passions acquerront plus de force; elles se montreront enfin avec audace, & les magistrats subjugueront sans peine des citoyens qu'ils auront corrompus.

Les

Les Suédois l'éprouverent dans le dernier siecle : c'est parce que le sénat s'étoit relâché dans ses devoirs, & fait craindre par sa hauteur & quelques injustices, qu'ils conférerent à Charles XI un pouvoir absolu. Au lieu de faire des sénateurs à vie, ne seroit-il pas avantageux qu'à chaque diete ordinaire un certain nombre de nouveaux sénateurs remplaçât les plus anciens, qui rentreroient dans l'ordre des simples citoyens, en espérant d'être élevés une seconde fois à la même dignité? Par cet arrangement, le sénat, si je ne me trompe, seroit un dépositaire plus fidele des loix, & n'auroit qu'un même intérêt avec la nation.

Si la Suede n'a pas fait les progrès qu'on devoit en attendre; si les loix ont de la peine à prendre une certaine consistance; si une diete détruit souvent ce que la diete précédente avoit établi; c'est vraisemblablement la magistrature perpétuelle des sénateurs qu'il en faut accuser. Pour entrer dans ce sénat où il y a si rarement des places vacantes, les ambitieux & les intrigants doivent former des cabales continuelles. Ce sont eux sans doute, qui ont fait statuer par la diete de 1739, que pour dépouiller un sénateur de sa dignité, il suffiroit, sans lui faire son procès dans les regles, de lui déclarer simplement que la nation ne peut lui accorder plus long-temps sa confiance. Il est dangereux, je crois, que des hommes chargés de toutes les parties de l'administration, dépendent d'un caprice ou d'une intrigue. Il me semble que la puissance exécutrice ne doit pas être moins solidement affermie que la puissance législative; si l'une chancelle, l'autre doit perdre de son crédit. Je vous prie d'examiner, Monseigneur, s'il est possible de remédier à ce mal, sans limiter le temps de la magistrature des sénateurs. Je suis persuadé que les dietes seroient moins agitées, & le gouvernement moins affermi, si on ne vouloit perdre personne; & que ces deux partis de *chapeaux* & de *bonnets* qui divisent la république, se rapprocheroient insensiblement.

Il y a encore une autre cause de l'instabilité qu'on remarque dans les principes & la conduite des dietes: c'est qu'elles n'ont point voulu se borner à n'exercer que l'autorité qui leur appartient. Au lieu de ne faire que des loix générales, elles entrent dans des affaires particulieres qui doivent être abandonnées à la puissance exécutrice. Je crois que vous avez vu, Monseigneur, dans tout cet ouvrage, que les législateurs & les magistrats ne peuvent se confondre & empiéter sur les droits les uns des autres, sans affoiblir réciproquement leur autorité, & préparer par conséquent de grands maux aux citoyens.

Les Suédois fiers, libres, courageux & faits pour la guerre, doivent se précautionner contre leur génie militaire. En faisant tout ce qui est nécessaire pour ne pas craindre leurs voisins, ils doivent ne jamais songer à faire des conquêtes. On lit avec plaisir dans l'instruction que les états ont faite, en 1756, pour l'éducation des princes, que *chez un prince souverain, le desir de faire des conquêtes passe pour une vertu; mais que ce n'en est point une chez une nation libre; car les conquêtes inutiles s'accordent moins avec les principes d'un gouvernement libre qu'avec ceux de la souveraineté.* Si les Suédois veulent affermir leur liberté & perpétuer leur bonheur, ils donneront à leurs milices la forme, les mœurs & la discipline que doivent avoir les troupes d'un état libre. La défense de la patrie sera confiée aux citoyens, & non pas à des soldats mercenaires. Ils apprendront qu'il n'y a point de conquête utile, ils se renfermeront dans leurs Provinces qu'ils peuvent aisément rendre impénétrables aux armes des étrangers. Ils penseront que la Poméranie peut devenir pour eux, ce que la possession des Pays-Bas & de l'Italie a été pour l'Espagne, c'est-à-dire, une source d'ambition, de querelles & d'inconvénients. Puissent les Suédois respecter toujours dans leurs voisins les droits de l'humanité, comme ils les respectent entre eux ; & ne chercher le bonheur qu'en se conformant aux vues de la nature sur la prospérité des états !

DE L'ÉTUDE DE L'HISTOIRE
A MONSEIGNEUR
LE PRINCE DE PARME.

TROISIEME PARTIE.

CHAPITRE PREMIER.

Des causes générales qui entretiennent les gouvernements dans leurs vices, & s'opposent à une réforme.

DANS l'ingénieuse satyre que Xénophon a faite du gouvernement de sa patrie, il avertit les frondeurs de son temps de ne pas blâmer légérement les Athéniens, s'ils aiment mieux donner leur confiance à des hommes obscurs & décriés, qu'à des citoyens distingués par leur mérite. Il fait voir que ce qu'on seroit d'abord tenté de prendre pour une sottise, est le fruit d'une politique rafinée. Il est vrai, dit-il, que la multitude en liant les mains aux magistrats, & se jouant de leurs sentences & de leurs décrets, rend leur ministere & les loix inutiles; mais sans cet art, que deviendroit l'empire souverain qu'elle affecte dans la république; que deviendroit cette licence qui lui est plus chere que tout le reste? Pour conserver la démocratie dans toute sa perfection, il est prudent d'aimer le désordre, & de ne pas réprimer l'insolence des affranchis & de la canaille. N'est-ce pas, ajoute-t-il, une grande & rare sagesse de la part de la multitude, de savoir s'amuser des mauvaises déclamations de quelques criailleurs, pour empêcher les honnêtes gens de s'emparer de la tribune aux harangues, & se mettre à la tête du gouvernement?

Il y a peu de peuples qui n'aient mérité les mêmes éloges qu'Athènes; & en se servant aujourd'hui de l'ironie de Xénophon, ne pourroit-on pas faire une apologie assez plaisante de la politique admirable de plusieurs états de l'Europe? Gardez-vous, dirois-je, de désapprouver tel établissement, telle coutume, telle loi ; une profonde sagesse est cachée sous je ne sais quelle apparence de folie qui révolte au premier coup d'œil. Cette sottise, si vous y réfléchissez bien, n'est pas aussi sotte que vous le pensez d'abord ; une partie de l'état s'en trouve, il est vrai, assez mal ; mais voyez l'avantage que l'autre en retire. Voyez ce prince, ce ministre, ce grand, cet intrigant, n'est-il pas heureux aux dépens du public ? & de combien d'adresse n'a-t-il pas besoin pour réussir ?

Je me rappelle à ce propos, Monseigneur, qu'un bon Espagnol, qui ne connoissoit guere comment le monde est gouverné, fut fort scandalisé en apprenant qu'un de ses anciens amis, ministre de votre ayeul, sacrifioit le royaume à ses fantaisies. Il crut devoir des représentations à sa patrie & à son ami ; il quitte sa retraite, vient à la cour, & ne doute point que les affaires ne prennent une face nouvelle, dès qu'il aura prouvé à son ami qu'il perdoit l'Espagne. On écouta l'homme de bien avec une bonté mêlée de dédain ; & Patigno aussi habile que la multitude d'Athènes, pria son ami en souriant de ne se point inquiéter, & l'assura que l'Espagne dureroit plus long-temps que lui. Sa politique profonde avoit tout calculé ; en effet, l'Espagne subsiste encore, & Patigno est mort depuis long-temps. Graces aux excellents arrangements que les hommes ont pris pour se rendre heureux, le monde ne doit être plein que de Patigno; & quand chacun n'obéit qu'à son intérêt particulier, que peut-on espérer de ces loix sans nombre dont on accable les états? En verra-t-on résulter le bien public?

Vous avez sans doute remarqué, Monseigneur, dans le cours de vos études, que tous les peuples ont été agités par de longues dissentions domestiques, avant que de pouvoir fixer les principes de leur gouvernement. On sent les inconvénients d'une mauvaise législation, personne ne veut être opprimé, tout le monde veut être oppresseur; l'autorité souveraine est comme suspendue entre le prince, les magistrats & les différents ordres des citoyens, & chacun fait ses efforts pour s'en rendre le maître & en abuser. Tant que les états sont dans cette fermentation, combien de causes à la fois ne s'opposent-elles pas à une réforme avantageuse? Les passions dictent alors les loix qui devroient être l'ouvrage de la raison. Aussi le monde entier offre-t-il bien peu de ces gouvernements heureux où, par le partage & la distribution du pouvoir en différentes branches, les intérêts des citoyens sont conciliés & unis. Bien loin de se rapprocher de ces vérités fondamentales dont j'ai eu l'honneur de vous entretenir dans la premiere partie de cet ouvrage, on se précipite dans des excès ; & comme si la liberté étoit ennemie de l'ordre, jamais le commandement n'est trop dur ni l'obéissance trop servile.

Les hommes lassés de leurs dissentions, s'accoutument-ils enfin au gouvernement qui les a subjugués ? Vous les verrez moins disposés que jamais à se corriger de leurs vices. L'habitude du mal les a, pour ainsi dire, engourdis. Dès qu'ils cesseront de se plaindre, ils cesseront de penser. Il va s'établir un préjugé national qui passera bientôt pour une vérité constante. On publiera comme autant de principes incontestables les absurdités les plus ridicules ; les peres en instruiront leurs enfants. C'est ainsi que les nations de l'Asie, traitées à la fin comme de vils troupeaux, sont tombées peu-à-peu dans des erreurs si grossieres & dans un abrutissement si profond, qu'elles aiment leurs vices & craindroient de les perdre.

Je n'exagere rien, Monseigneur ; car vous vous rappellerez sans doute ce roi des Indes qui prit les Hollandois pour des insensés, quand ils lui dirent qu'ils n'avoient point de roi, & qu'ils se gouvernoient par des loix qu'ils faisoient eux-mêmes dans des assemblées qui représentoient la nation entiere. Il éclatoit de rire au récit des États-Généraux, des états-particuliers, des prérogatives de la noblesse, des privileges des villes, &c. C'étoit de la meilleure foi du monde qu'il admiroit avec ses ministres & ses courtisans, que des hommes attaqués d'un vertige aussi terrible que celui que les Hollandois appelloient liberté, pussent subsister pendant huit jours sans bouleverser l'état & le détruire. Pourquoi seriez vous surpris qu'un prince gâté par les bassesses de sa cour & enivré des vapeurs du despotisme, crût sérieusement qu'il est un grand homme, qu'il est digne de commander, & qu'il importe au bien de ses états que ses fantaisies soient autant de loix sacrées; puisque les sujets eux-mêmes sont des esclaves assez familiarisés avec la servitude pour le penser?

Sans aller jusqu'aux grandes Indes, demandez à ce Turc, quelle est la meilleure forme de gouvernement; il vous répondra sans hésiter, que c'est la monarchie la plus absolue & la plus arbitraire. Pourquoi? C'est, vous dira-til, que les hommes sont faits pour aimer la paix, qu'ils ne se sont mis en société que pour en jouir, & qu'ils ne peuvent être parfaitement tranquilles que sous ce gouvernement. Selon lui, ce qu'il a entendu appeller la liberté par quelques commerçants chrétiens, rend les esprits trop inquiets, trop intraitables & trop farouches. Comment ne la craindroit-il pas, comment ne la confondroit-il pas avec la discorde & la guerre civile ; puisqu'il a été consterné au seul récit que quelques Anglois lui ont fait des débats quelquefois un peu bruyants du parlement ?

Si ce Turc a quelque connoissance, car tous ne sont pas ignorants, pressez-le par quelque raisonnement ; montrez-lui par quelle cause le despotisme produit beaucoup de mal ; & il croira vous avoir répondu, en vous rapportant d'un air effrayé les désordres arrivés dans vingt mauvaises républiques où la liberté étoit dégénérée en anarchie. Sous un gouvernement libre, poursuivra-t-il, le bien ne peut se faire que par le concours de plusieurs personnes, qui conduites par des intérêts différents, ne se proposeront jamais le même objet. Ce Turc qui ne sent en lui, ni amour de la patrie, ni amour de la justice, ni amour de la gloire, ne voit pas que ces trois sentiments serviront de lien entre les citoyens, si des loix justes ont établi leur liberté sur un fondement solide. Dans le despotisme, tout, ajoutera-t-il, dépend d'une seule volonté. Que le prince ordonne, qu'il parle, qu'il fasse un signe, & le bien est fait. Le pauvre Turc ne s'apperçoit pas que son sultan a quelquefois dix, vingt, trente, cent volontés ; & ne veut rien à force de tout vouloir. Il ne conçoit pas qu'il est infiniment plus difficile de réunir en un ſeul homme les vertus & les talents néceſſaires pour bien gouverner un état, que d'inſpirer à une aſſemblée auſſi nombreuſe que le parlement d'Angleterre ou la diete de Suede, l'envie de faire le bien & les moyens de l'exécuter. Il ne comprendra jamais que de cinquante princes qui naîtront dans le ſerrail, quarante-neuf ſont deſtinés à ne faire que des hommes ordinaires ; que leur éducation rabaiſſera leur eſprit & leur cœur ; & qu'enfin l'exercice du ſouverain pouvoir corrompra encore le prince privilégié que la nature avoit doué de quelques talents. Ce malheureux Turc ne devine point pourquoi ce ſultan qui a une raiſon moins exercée par la contradiction, & cependant des paſſions plus libres que les autres hommes, jugera du bonheur public par ſon bonheur particulier ; ou pourquoi il croiroit avoir quelque choſe à déſirer comme prince, quand ſes beſoins, comme homme, ſont ſatisfaits ou plutôt raſſaſiés. Cette maniere de penſer eſt ſi profondement gravée dans l'eſprit des Turcs, que dans le moment même, où las de ſouffrir, ils ſont aſſez audacieux pour dépoſer le grand-ſeigneur ou étrangler ſon viſir ; ils n'imaginent point de profiter de leur avantage & d'arranger de telle ſorte le gouvernement, que le nouveau ſultan & ſon miniſtre ne puiſſent plus commettre les mêmes injuſtices & les mêmes violences : par une eſpece de prodige, ils associent ainsi l'amour de la tyrannie & la haine du tyran.

Il ne faut pas penser que ce ne soit que dans le despotisme seul qui énerve les ames, lorsqu'il est porté à son dernier terme, qu'on trouve des obstacles insurmontables à la réforme du gouvernement & des loix. L'histoire ancienne & moderne n'est pleine, Monseigneur, que des tentatives inutiles que les peuples ont faites pour corriger un gouvernement dont les abus étoient intolérables : ne soyez pas étonné de les voir retomber dans l'abyme dont ils essayent de sortir. Quand on murmure, quand on s'irrite contre les injustices les plus cruelles, on aime encore par habitude & sans qu'on s'en apperçoive, le principe qui les produit. Examinez ces plébéiens de Rome qui se retirent sur le mont Sacré. Quelles plaintes n'avoient-ils pas à faire contre l'avarice, l'ambition & la dureté des patriciens ? Cependant ils respectent encore les prérogatives d'une grande naissance, ils ne veulent point être les égaux de ceux dont ils ont été les clients, & ils ne demandent qu'à n'être pas opprimés. Ils laissent au sénat tout le pouvoir d'une aristocratie, & s'ils avoient pu prévoir que leurs magistrats leur feroient enfin accorder cette autorité qui fit la grandeur de la république, jamais ils n'auroient osé aspirer à avoir des tribuns, ou ils auroient cru détruire tous les fondements de la sureté publique.

Au milieu des plus grands emportements & des agitations mêmes de la guerre civile, vous verrez toujours, si je puis parler ainsi, surnager les préjugés nationaux. Vous trouverez dans un peuple qui se révolte, & qui semble avoir pris de nouvelles mœurs, le caractere que lui a donné son ancien gouvernement. Je pourrois vous citer cent exemples, & je me borne à vous rappeller ce que vous avez vu dans les Provinces-Unies quand elles secouerent le joug de Philippe II. Elles n'établirent une république que par désespoir, & parce que personne ne voulut être leur maître. Qui ne croiroit pas que sous Charles I les Anglois aspirent à un gouvernement populaire ? La royauté & les prérogatives des grands paroissent leur être également odieuses. Ce ne sont point là leurs véritables sentiments: laissez à leur colere le temps de se calmer, & ils reprendront leur gouvernement, leurs loix, leurs mœurs & leurs préjugés. Dans le moment que les Corses ne peuvent plus supporter la domination des Génois, ils se soulevent comme des hommes accoutumés à obéir, & sont long-temps à imaginer qu'ils puissent être libres. Je me rappelle,

Monseigneur, un fait bien propre à prouver ce que j'ai l'honneur de vous dire. Les esclaves des Scythes, si je ne me trompe, se révoltent, & leurs maîtres, en paroissant l'épée à la main pour les combattre, leur auroient donné assez de courage pour se défendre ; mais ils ne viennent qu'armés du fouet avec lequel ils avoient coutume de les châtier, & ces esclaves consternés fuient & se dissipent.

Pourqoi les hommes tiennent-ils si fortement à leurs premiers préjugés & à leurs premieres habitudes ? C'est que dans le point où l'on est quand on commence à s'agiter, on est toujours mal placé pour appercevoir le point où il faudroit arriver. Quelque vicieux que soit un gouvernement, chacun de nous est accoutumé à le craindre & à feindre de le respecter ; & ce sentiment agit encore en nous malgré nous, quand nous nous abandonnons à notre indignation. Le mépris, la colere & l'emportement sont des mouvements toujours combattus par la crainte, la paresse & l'amour du repos, & par conséquent peu durables. Il est vrai qu'il n'y a point de vice dans la constitution & les loix d'un état, qui ne tienne un grand nombre de citoyens dans une situation pénible & gênée ; chacun de ces malheureux est intéressé à faire une révolution, il le desire, mais le desir n'est rien & s'éteint promptement quand il n'est pas soutenu par l'espérance. Si un vice de la constitution offensoit également tous les citoyens, il seroit bientôt détruit. Mais remarquez, je vous prie, Monseigneur, que ce qui nuit aux uns, est favorable aux autres. Ceux qui profitent des abus, les protégent & les défendent; ainsi nous sommes condamnés à ne point nous corriger.

Il n'arrive jamais de révolution subite, parce que nous ne changeons point en un jour notre maniere de voir, de sentir & de penser; & je vous prouverois cette vérité, si vous n'aviez pas été élevé par un philosophe profond qui vous a fait connoître la nature de notre entendement. Si un peuple paroît changer brusquement de mœurs, de génie & de loix, soyez sûr, Monseigneur, que cette révolution a été préparée pendant long-temps par une longue suite d'événements & par une longue fermentation des passions. Ce n'est point l'injure faite à Lucrece par le jeune Tarquin, qui donne aux Romains l'amour de la liberté. Ils étoient las depuis long-temps des tyrannies de son pere; ils rougissoient de leur honte, ils s'indignoient d'être assez patients pour la souffrir, la mesure étoit comblée. Sans Lucrece & Tarquin la tyrannie auroit été détruite, & un autre événement auroit amené la révolution.

Ce

Ce n'est point le génie de Gustave Vasa qui établit un nouvel ordre de choses en Suede, & contraignit à changer de gouvernement & de religion. Il ne fit que profiter en grand homme des circonstances qu'un autre n'auroit peut-être pas vues, ou n'auroit pas saisies avec la même habileté. Quand il se réfugia chez les Dalécarliens pour chercher des vengeurs à sa patrie, les Suédois, également las d'une liberté, dont ils avoient voulu inutilement jouir, & des violences atroces qu'ils avoient souffertes, sentirent enfin la nécessité de changer leur administration ; & depuis le massacre de Stockholm où l'on avoit vu périr les chefs des principales maisons, il n'y avoit plus entre les grands cette haine & cette rivalité qui empêchoient d'affermir le trône & ouvroient le pays aux Danois. Gustave parut dans ces circonstances comme l'ange tutélaire de ses concitoyens. Partout ses armes sont victorieuses, ses intérêts deviennent ceux de la nation entiere, & au lieu de rien exiger de sa reconnoissance, il semble se refuser à son empressement. On ne craint point d'avoir pour roi un homme qui n'avoit combattu que pour la liberté, & plus on affermit la grandeur de sa maison, plus on croit assurer le bonheur public. Cependant il n'auroit pas détruit la tyrannie du clergé, & la Suede toujours déchirée par l'ambition des évêques, auroit eu dans son sein des amis, des partisans & des alliés puissants des Danois; si les nouvelles opinions de Luther n'y avoient fait des progrès considérables. Pour que Gustave pût faire cette révolution que nous admirons, il falloit qu'un moine d'Allemagne osât se soulever contre une puissance qui faisoit trembler les rois, & en rendant le clergé odieux & méprisable, lui fit perdre la confiance des peuples qui faisoit toute sa force. Il falloit que la nouvelle doctrine fût portée en Suede, & y eût les mêmes succès qu'en Allemagne, pour pouvoir forcer les ecclésiastiques à être des citoyens tranquilles & soumis aux loix.

A tant de causes qui perpétuent les désordres des nations, se joint une sorte de vanité, une sorte d'amour propre bisarre qui fait que les peuples s'applaudissent des vices mêmes de leur constitution. Ils veulent avoir des flatteurs, & je ne connois presque point d'états assez sages pour permettre de relever quelqu'une de leurs principales erreurs; n'est-ce pas une preuve qu'ils y sont attachés, & craignent de se corriger? Jamais un anglois ne conviendra que son gouvernement ne soit pas le plus parfait que les hommes aient imaginé. Plein de son idée d'équilibre entre le roi, la chambre-haute & les communes, c'est en vain qu'il sent à tout moment que cet équilibre se perd, & que la balance penche trop d'un côté. Dans tous les écrits publics on déclame contre le pouvoir des ministres, contre leurs brigues, contre la corruption qu'ils établissent dans le parlement, & qui de-là se répand dans toutes les provinces; & cependant au lieu de remonter à la cause de ce mal, on ne veut pas même convenir qu'il y en ait une; on ne veut pas par orgueil avouer qu'il manque quelque chose à la liberté : les Anglois aiment mieux s'exposer à la perdre que de croire qu'elle est mal affermie.

On vient de voir un exemple singulier de cette bisarrerie. Georges II avoit prodigué la pairie pendant son regne; & cet abus a paru si considérable, qu'il a été question, il n'y a que quelques mois, de supprimer plusieurs titres accordés à des hommes qui avoient prostitué leurs talents à la faveur. On a consulté les jurisconsultes sur cette opération, & s'il en faut croire les papiers publics, ils ont répondu qu'elle ne pouvoit se faire sans porter atteinte à la prérogative royale & déranger la forme du gouvernement. Sur le champ les plaintes ont cessé, & on a vu sans scandale les pairs de Georges II revêtus de leur dignité : on a découvert un vice, & parce qu'il tient à la constitution de l'état, on l'a respecté.

Permettez-moi, Monseigneur, de faire quelques réflexions sur cet événement. Si les jurisconsultes d'Angleterre n'avoient pas été aussi routiniers que ceux des autres pays, il me semble qu'ils auroient dû répondre, qu'il n'est jamais permis de détruire ou de déclarer nul ce qui a été fait en vertu d'un droit accordé par les loix. Ils devoient ajouter que donner à une réforme un effet rétroactif, c'est ébranler la confiance que le citoyen doit avoir au gouvernement; c'est rendre sa fortune & son état douteux; c'est lui donner des alarmes inutiles ou des espérances trompeuses. Le pire en effet de tous les abus dans la société, c'est de les réformer sans regle, & cent expériences ont démontré la vérité de cette maxime. On verroit bientôt succéder un pouvoir arbitraire au pouvoir des loix anéanties. Combien de fois déja & dans combien de nations des intrigants ambitieux n'ont-ils pas introduit de grands abus sous prétexte d'en corriger de petits? La nation, devoient dire les jurisconsultes d'Angleterre, ne peut, sans se faire tort à elle-même, refuser de reconnoître les pairs qui ont mérité la pairie par des moyens indignes, mais à qui elle a été conférée par une autorité légitime. Le mal dont nous nous plaignons, est un châtiment que mérite notre imprudence à abandonner au roi une autorité dont il est impossible qu'il n'abuse pas. Il falloit ajouter: le bien public exige qu'on ne touche point à ce qui a été fait, & cependant qu'on empêche que ce qui a été fait ne se fasse encore. La prérogative royale doit être une source de bien ; si elle produit le mal, qu'elle soit soumise à de nouvelles regles.

CHAPITRE II.

Réflexions sur les causes particulieres qui empêchent que les états de l'Europe ne fassent une réforme avantageuse dans leur gouvernement & leurs loix.

JE ne vous ai présenté jusqu'ici, Monseigneur, qu'une partie des obstacles qui s'opposent à la réforme des nations : si vous voulez les connoître tous, je vous prie d'examiner attentivement les mœurs, les loix, les coutumes & les usages de la plupart des états de l'Europe. Une des choses qui étonneroit davantage un ancien s'il renaissoit parmi nous, ce seroit cette distribution des citoyens en différentes classes qui n'ont rien de commun entre elles, & dont les mœurs, les principes & les préjugés sont opposés. Par cette politique nous avons donné des bornes étroites au génie. Un Grec ou un Romain étoit un grand homme d'état, parce qu'il embrassoit toutes les connoissances utiles à la république,

& que ces connoiſſances ſe prêtent un ſecours mutuel. Nous ne devons produire que des hommes médiocres, parce que nous nous bornons à un ſeul objet. Qui n'étudie qu'une partie de l'état, ne la connoît qu'imparfaitement, parce qu'il ignore ſes relations & ſes rapports avec les autres parties.

Quoi qu'il en ſoit de nos talents, il réſulte de notre arrangement que chaque citoyen, militaire, eccléſiaſtique, homme de loi, financier ou commerçant, s'habitue à ne conſidérer la ſociété que par les intérêts particuliers de ſon ordre. Au lieu de loix générales & impartiales, chacun ne penſe donc qu'à des loix particulieres & partiales. Tant qu'on n'embraſſe point le corps entier de la république, on ne corrige un abus que pour en faire naître un autre. Après les plus grands changements, la réforme n'eſt pas même commencée. Peut-être n'avons-nous plus les mêmes défauts; mais le nombre de nos vices n'eſt point diminué.

Je crains preſque, Monſeigneur, que vous ne déſeſpériez du ſalut de l'Europe, en connoiſſant ſes mœurs. Des millions d'artiſans ſont occupés à irriter nos paſſions, & à nous rendre néceſſaires des choſes que nous ſerions trop heureux de ne pas connoître. Nos provinces ſont inondées des ſuperfluités du reſte de l'univers. L'oisiveté, le goût des arts inutiles & le luxe nous ont jetés dans un engourdissement d'où il n'y a que l'amour des richesses qui puisse nous retirer. Si nous agissons; c'est pour être vils, bas, rampants & mercenaires. Honneur, vice, vertu, courage, lâcheté, tout se vend à prix d'argent. Cet esprit qui anime les particuliers, conduit les gouvernements qui regardent l'or comme le nerf de la guerre & de la paix : à quels législateurs sommes-nous donc livrés !

Dans quelque mépris cependant que soit tombée la vertu, j'aime à croire pour l'honneur de l'humanité, que nous ne sommes point encore parvenus à étouffer entierement dans nos cœurs les qualités sociales que la nature y a placées. Les hommes aiment le bien par un instinct naturel, & ils le feroient, si les loix qui invitent au mal, ne les avoient jetés dans l'ignorance la plus profonde de leurs devoirs. Il est encore des ames pures & généreuses, n'en doutez pas, Monseigneur; elles feroient le bien, si elles le connoissoient. Nous cherchons le bonheur; mais nous le cherchons à tâtons. La doctrine que j'ai mise sous vos yeux, devroit être triviale; mais les méchants ont condamné la vérité à se taire; il leur est commode de se servir de notre ignorance pour nous tromper.

Que le droit naturel, ſans lequel il n'y a ni ſaine morale, ni vraie politique, ne ſoit pas ignoré; que les ſociétés connoiſſent le bonheur auquel elles ſont appellées par la nature; que les principes fondamentaux ſur ces matieres ſoient communs; & vous verrez prendre à l'Europe une face nouvelle. N'y a-t-il pas quelque apparence que des princes & des magiſtrats qui font le mal avec ſécurité, en croyant faire le bien, changeroient de conduite, ſi la vérité parvenoit à les éclairer? N'eſt-il pas vraiſemblable que ceux qui ne travaillent qu'à ſatisfaire quelque paſſion déréglée, auroient quelque pudeur, & en cherchant à déguiſer leurs injuſtices commenceroient à être moins méchants? Des citoyens inſtruits ſont moins lâches que des citoyens ignorants; & on les ménage, parce qu'il faut les reſpecter. Dans les pays mêmes les plus deſpotiques où les ſujets ſont accablés par la crainte, l'opinion publique ne laiſſe pas de donner un frein aux paſſions. Il y a des caprices que le deſpote le plus abſolu n'oſe ſe permettre; & le grand-ſeigneur dans la crainte d'exciter une ſédition à Conſtantinople, daigne encore conſulter & ne pas offenſer les préjugés de ſes ſujets.

Pourquoi naîtroit-il aujourd'hui dans la penſée des grands & des magiſtrats d'une ariſtocratie, de diminuer leurs droits & de ne ſe regarder que comme les administrateurs de l'état; tandis qu'ils seront persuadés de la meilleure foi du monde que la société est faite pour eux, & qu'ils sont destinés à être heureux aux dépens de leurs sujets? Tant que le peuple confondra la liberté & la licence, la subordination & la servitude, tant qu'il ignorera sa dignité, pourquoi desireroit-il d'obéir à des loix impartiales? Vous le verriez toujours dans un excès, ou travailler lui même à ruiner les fondements de sa liberté par l'audace de ses entreprises & de ses emportements, ou voler au devant du joug & croire qu'il est d'une autre espece que les grands. Pourquoi un prince qui ne connoît pas sa destination, au lieu de se soumettre aux regles difficiles de la justice, ne tenteroit-il pas de tout soumettre à sa volonté? pourquoi ses courtisans cesseroient-ils de le tromper & d'abuser de ses passions pour régner à sa place, si ses sujets n'ont pas l'esprit de connoître & de desirer le bien; & qu'ils pensent au contraire qu'il leur importe qu'on les gouverne arbitrairement?

Je le répéte encore, Monseigneur; que les différents ordres de la société soient instruits de leurs devoirs & de leurs droits, que les lumieres se multiplient; & la justice & la vérité s'approcheront peu-à-peu des assemblées du peuple, du sénat, des grands & du palais des princes. Dans les anciennes républiques de la Grece, combien de fois le peuple ne parut-il pas aussi juste & aussi sage que l'Aréopage même? Parmi la noblesse, aujourd'hui la plus jalouse de ses prérogatives & de ses distinctions & la moins occupée à les mériter, il se formera des Valérius Publicola qui oseront avouer qu'ils ne sont qu'une partie de la société, à laquelle ils sont d'autant plus redevables qu'elle les honore davantage. Cette noblesse si prompte à mépriser ses concitoyens, apprendra qu'elle sera plus grande & plus puissante, à mesure que le peuple qui lui est inférieur, sera plus respecté. Il renaîtra des Théopompe. Ce roi de Sparte diminua lui-même son autorité, en étendant celle des éphores. J'affermis ma fortune, disoit-il à sa femme qui lui reprochoit de se dégrader; tout pouvoir trop grand s'écroule sous son propre poids. Puisque je suis homme, ne dois-je pas me précautionner contre les foiblesses de l'humanité? J'ennoblis ma dignité, en la soumettant aux regles de la justice. N'est-il pas plus beau de commander des hommes libres qui voleront avec confiance au devant de moi, que des esclaves qui m'obéiront en tremblant? C'est par-là que je multiplierai les forces de Sparte, & que je ferai respecter son nom & le mien dans toute la Grece & chez les Barbares.

Je vous prie de remarquer, Monseigneur, que les mal-aises que nous éprouvons dans la société sont autant d'avertissements qui nous instruisent de nos fautes & nous invitent à les réparer. Nous voudrions nous corriger; mais notre ignorance perd tout, & nous n'avons qu'une inquiétude qui nous rend plus sensibles à nos maux. L'histoire est pleine des efforts que les peuples ont faits pour changer leur malheureuse situation; mais ne sachant quelle route les conduiroit à un bien dont ils n'avoient que des idées vagues & confuses, ils n'ont pu avoir ni fermeté, ni constance, ni patience dans leurs entreprises: leur sort reste le même, & on ne voit aucune révolution. Combien de princes ont desiré sincérement le bien de leurs sujets? Ils avoient les talents nécessaires pour faire de grandes choses. Pourquoi donc leur regne a-t-il été perdu pour leurs états? C'est qu'ils n'étoient instruits ni de leurs devoirs ni de la maniere de les remplir.

En finissant ce chapitre, je vous rapporterai, Monseigneur, ce qui s'est passé en Russie sur la fin du dernier siecle; & cet exemple vous convaincra à la fois combien les lumieres sont utiles, & l'ignorance pernicieuse.

Il n'y a que quatre-vingts ans que la Russie étoit encore plongée dans la plus profonde barbarie. La plupart des provinces de ce vaste empire étoient désertes, ou n'étoient habitées que par des hommes qui en méritoient à peine le nom. A la tête de la nation étoient deux hommes destinés à la rendre malheureuse. Un czar despote que ses stupides sujets regardoient comme une intelligence supérieure, & un patriarche qui parloit toujours au nom de Dieu & de saint Nicolas, dont il n'avoit que des idées grossieres & superstitieuses, se faisoient également respecter. Courbés sous le joug de ces deux maîtres, le clergé & la noblesse exerçoient sur les serfs de leurs domaines la tyrannie rigoureuse dont sont capables des esclaves avares & insolents qui s'apperçoivent qu'ils peuvent être méchants avec impunité. Sans mœurs, sans loix, sans industrie, sans desir même d'un meilleur sort, la crainte & l'ignorance engourdissoient tous les esprits. Les Russes auroient à peine eu quelque sentiment de leur existence civile & politique, si une milice indocile & mal disciplinée n'eût causé de fréquentes révolutions, & placé subitement sur le trône des princes qui avoient des caprices, des passions & des vices différents.

Cependant la fortune destinoit à regner sur ce peuple un prince d'une vaste conception, & dont la patience & la fermeté encore supérieures devoient vaincre tous les obstacles. Ce génie pouvoit être étouffé, & vraisemblablement il l'auroit été par l'ignorance stupide & les plaisirs grossiers qui l'entouroient de toutes parts, sans le secours d'un Genevois qui alla chercher fortune à Moscow, & que le hasard fit pénétrer auprès du jeune monarque.

Le Fort, c'est le nom de ce Genevois, étoit homme d'esprit, mais plein de préjugés & accoutumé à voir avec une sorte d'admiration superstitieuse la politique de l'Europe & ses établissements. Trouvant dans Pierre I. une curiosité qui déceloit ses talents, il l'entretint des différents pays qu'il avoit parcourus. Il lui peignit des campagnes cultivées où l'industrie & le travail font regner l'abondance; des villes embellies par les arts qui les illustrent & les enrichissent; un luxe commode & élégant qui annonce le goût recherché & délicat des sujets, la puissance du prince & les ressources de l'état. Il lui parle de la politique qui lie toutes les puissances de l'Europe par des négociations continuelles, qui remue toutes leurs passions, qui développe leurs talents, & qui réparant la foiblesse des unes ou tempérant la force des autres, les tient toutes, malgré leur ambition, dans un équilibre qui fait leur sureté. L'ame de Pierre se montre toute entiere. Frappé des récits qu'il entend, & croyant connoître tout ce que la sagesse humaine peut produire de plus ſublime, il brûle d'être compté au nombre des princes qui intriguent dans l'Europe; ſe flatte d'être bientôt aſſez adroit ou aſſez puiſſant pour les tromper ou les dominer, & s'enivre de la gloire dont il va ſe couvrir en nous imitant.

Le Fort détaille les avantages du commerce qui apporte en Europe les voluptés & les richeſſes des trois autres parties du monde, & qui eſt dans chaque état la ſource de ces revenus publics ſans leſquels la politique ne ſeroit que des efforts impuiſſants. Le Genevois triomphe en rapportant tout ce que l'Angleterre & la Hollande doivent de gloire & de réputation à l'induſtrie de leurs commerçants; & ſe garde bien de prévoir quel ſera le ſort d'une puiſſance établie ſur le fondement fragile des richeſſes. Il apprend à Pierre que les mers qui ſéparent les différents pays, & que les Ruſſes regardoient comme les barrieres de leur empire, ne ſervent qu'à rapprocher les nations. Il lui dit qu'un peuple qui cultive la navigation & qui couvre la mer de ſes vaiſſeaux, n'eſt plus renfermé dans les bornes étroites de ſes domaines, que ſa gloire s'étend dans tout l'univers, & qu'il rend tous les autres peuples tributaires de ſon induſtrie. Sil le veut, toutes les nations ſont ſes alliées; il les châtie ſi elles oſent être ſes ennemies, & en les bloquant dans leurs ports, les condamne à être prisonnieres dans leurs terres. Le Fort ne manque pas de chatouiller la cupidité du jeune czar, en lui apprenant que les princes ne sont puissants qu'autant qu'ils sont riches. Il entre dans les détails des manœuvres subtiles & compliquées par lesquelles la plupart des états régissent leurs finances : il montre les avantages des banques qui multiplient les richesses par la confiance que donne le crédit; mais il ne remarque pas qu'on est déja bien loin de la fin qu'on se propose, quand un prince ne gouverne pas ses revenus par les moyens simples avec lesquels un pere de famille administre les siens. Il ne voit pas que, puisque les richesses ne suffisent jamais, & qu'il faut y suppléer par des banques, il seroit plus facile & plus sage à la politique d'apprendre à s'en passer. Enfin le Fort parle de la discipline militaire qui, en rendant les soldats dociles & affectionnés au gouvernement, les prépare à la victoire & sert l'ambition du prince.

Les discours du Genevois furent un trait de lumiere pour Pierre; il se sentit humilié de ne regner que sur un peuple abruti qui pouvoit être puissant, & qui n'étoit compté pour rien dans le monde. Sur le champ il forma le projet de faire des Russes des hommes nouveaux, & ne fut lui-même occupé qu'à s'instruire des moyens

par

par lesquels il pourroit produire ce grand changement.

On ne vous a pas laissé ignorer, Monseigneur, l'histoire d'un prince de nos jours qui a été le créateur de sa nation; qui a fait paroître dans ses états étonnés les sciences & les arts; dont les vaisseaux ont couvert la Baltique, la mer Noire & la mer Caspienne; qui s'est fait des plus lâches des hommes des armées capables de triompher de Charles XII; qui a formé des ministres & des négociateurs, & dont la politique étoit également crainte & respectée dans l'Europe & dans l'Asie. Rien ne pouvoit modérer la passion qu'il avoit de s'instruire. Un trait seul peint la grandeur & la force de son caractere; & on ne sauroit le mettre trop souvent sous les yeux des princes, qui naturellement portés à croupir dans le faste, la mollesse & l'oisiveté des plaisirs & de l'ennui, croient que la gloire s'acquiert aussi aisément que le prétendent leurs flatteurs. Pierre comprit que des relations ne lui suffisoient pas; il voulut tout voir par lui même; & pour se rendre digne du trône, il abdiqua en quelque sorte la royauté. Il va s'instruire dans les chantiers de Hollande, il y veut être charpentier pour apprendre la construction, comme il a voulu commencer par être matelot sur ses vaisseaux, & tambour dans ses troupes de terre, pour apprendre à devenir général. Par-tout il amasse des connoissances; il voyage chez les nations les plus célebres de l'Europe, l'Allemagne, l'Angleterre & la France. Par-tout il s'instruit des établissements dont il pourra enrichir son pays. En ne voulant qu'imiter les autres princes, il corrige & perfectionne leurs institutions, il les surpasse tous, & leur offre un modele qui ne peut être imité que par ceux qui auront l'ame aussi grande & aussi forte que lui.

On est justement étonné en voyant tout ce que le czar a fait. Que d'obstacles n'a-t-il pas fallu vaincre? quelles vues étendues n'a-t-il pas fallu réunir? cependant quand la Russie prenoit une forme nouvelle sous ses mains créatrices, un second le Fort n'auroit-il pas pu lui apprendre qu'il y a une politique supérieure à celle qui enfantoit des prodiges à Petersbourg; & qu'en faisant de grandes choses, il n'avoit fait que des fautes?

» Sire, auroit-il pu lui dire, vous avez acquis une gloire immortelle : les hommes, » témoins de vos entreprises, ont de la peine à » croire ce que vous avez exécuté. Vous égalez ces enfants des dieux qui ont autrefois » rassemblé les hommes errants dans les forêts, » & bâti des cités. Vous ressemblez à ce Pro-

» méthée qui déroba le feu du ciel pour animer » une argile grossiere. Vous avez élevé un édi- » fice immense ; mais permettez-moi de vous » demander quels en sont les fondements : peut- » être les avez-vous négligés pour ne vous oc- » cuper que de la décoration extérieure. Cette » grandeur magique qui est votre ouvrage, dis- » paroîtra peut-être avec vous. Peut-être, » sire, qu'en vous admirant, la postérité vous » reprochera de n'avoir pas affermi la for- » tune de votre empire ; peut-être trouvera- » t-elle dans les principes mêmes de votre ad- » ministration les causes de sa décadence & de » sa ruine.

» Peut-être avez-vous fait trop d'honneur à » l'Europe, en la prenant pour votre modele. » Peut-être que le Fort, dupe d'une fausse sa- » gesse dont l'éclat l'a séduit, n'a parlé qu'à vos » passions. Il est doux de posséder de grandes » richesses & de faire des conquêtes ; mais par » quel miracle l'avarice & l'ambition qui ont » perdu tant d'états, seroient-elles destinées à » faire la prospérité de la Russie ? Deux vices » que vous lui avez donnés, contribueront-ils » à vous faire la réputation d'un grand législa- » teur ? Peut-être que cette politique que vous » imitez, n'est qu'un délire aux yeux de la » raison. Est-il sûr que vous ayez commencé » votre réforme par les points les plus neces- » saires à réfomer ? Si vous ne l'avez pas fait,

» les vices que vous laissez subsister, ne dé-» truiront-ils pas vos établissements ? vous » avez créé des matelots, des constructeurs, » des soldats, des commerçants, des artis-» tes; mais si vous ne leur avez pas d'abord » appris à être citoyens, quel avantage dura-» ble la Russie retirera-t-elle de vos travaux, de » leurs connoissances & de vos talents? Ce n'est » point par ses chantiers, ses canaux & ses di-» gues que la Hollande est admirable; c'est » par cet esprit qui l'a formée, c'est par les » loix qui ont établi sa liberté. Ce n'est plus » au monarque despotique que je parle; c'est, » au grand homme qui aime à connoître ses er-» reurs & la vérité.

» En vous ensevelissant dans un chantier » pour y étudier la construction, vous avez of-» fert à l'Europe un spectacle prodigieux; mais » on n'attendoit pas de vous les connoissances » d'un charpentier, on vouloit un législateur. » Ce n'étoit pas la coupe d'un vaisseau qu'il fal-» loit connoître, mais les passions du cœur » humain, puisque vous deviez conduire & » gouverner un grand empire. Vous n'avez » rien appris de véritablement utile en Hol-» lande, si vous n'y avez pas démêlé les causes » par lesquelles les Provinces unies se sont af-» foiblies, en faisant tous leurs efforts pour se » rendre plus recommandables. L'Angleterre

» auroit pu vous instruire d'objets plus importants que les moyens dont elle se sert pour » étendre & faire fleurir son commerce. Peut-» être auriez-vous remarqué que les richesses » qui en sont le fruit, ébranlent déja sa cons-» titution & ruineront peut-être son commerce » & sa liberté. De quelle utilité cette étude » n'auroit-elle pas été pour un législateur? » L'élégance, le goût, la facilité des mœurs » que vous avez rencontrés en France, & que » vous auriez voulu pouvoir transporter en » Russie, ce ne sont peut-être que des vices » agréables, & aussi opposés à la vraie politi-» que que les vices grossiers & barbares que » vous avez voulu bannir de la Russie. Dai-» gnez y réfléchir : si le bonheur n'est pas une » chose frivole, croyez-vous que les hom-» mes soient destinés à le trouver au milieu » des frivolités?

» Vous avez eu l'art de vous faire des soldats » qui ont vaincu & dissipé vos ennemis à Pul-» tawa ; j'admire les moyens par lesquels vous » avez préparé vos victoires, & sur-tout cette » audace sublime qui, au milieu des revers, » vous a fait espérer que vous pourriez vaincre. » Vous n'avez manqué à aucun des devoirs d'un » grand capitaine; mais comme législateur qui » doit travailler pour l'avenir, quelles mesures

» avez-vous prises pour que cette milice con-
» serve le génie & la discipline que vous lui
» avez donnée? Bientôt aussi indocile & aussi
» insolente que ces Strélitz que vous avez eu
» l'habileté de détruire, ne craignez-vous point
» qu'elle ne gouverne encore vos successeurs en
» les intimidant, & ne se joue de leur trône?
» Vos flottes vous rendent le maître de la Bal-
» tique, & dans Constantinople le grand-sei-
» gneur est inquiet des forces que vous avez sur
» la mer Noire; jouissez de votre ouvrage,
» jouissez de votre gloire, je ne veux point,
» sire, troubler votre satisfaction. Cependant
» permettez-moi de vous demander ce que la
» Russie peut gagner par cette ambition qui
» effarouche vos voisins, & qui vous rend déja
» suspect à toute l'Europe. Que vous servira
» d'avoir augmenté vos forces, si vous avez aug-
» menté le nombre de vos ennemis? Pourquoi
» des conquêtes, tandis que vous avez des pro-
» vinces désertes que vous pouvez peupler? Que
» vous importe ce que font vos voisins, tandis
» que vous avez tant de choses à faire chez
» vous? Je vois par-tout le capitaine & le con-
» quérant qui veut inspirer de la terreur; mais
» je voudrois voir le législateur profond qui
» jette les fondements d'un bonheur éternel;
» qui recherche des alliés par sa modération &
» la justice de ses loix, & qui forme ses ci-
» toyens aux exercices de la guerre, après

» leur avoir appris qu'ils ont une patrie qu'ils » doivent aimer & défendre au prix de tout » leur sang.

» Ne voyez-vous point, sire, avec quelque » inquiétude, que vous êtes trop nécessaire à » votre empire, que vous en êtes l'ame, & que » la puissance de la Russie disparoîtra avec vous? » Tout est perdu si vos sujets ont besoin d'avoir » des czars qui vous ressemblent; le législateur » doit établir de telle sorte le gouvernement, » que l'état puisse se passer d'hommes extraor- » dinaires pour le gouverner, & ne craigne ni » la médiocrité ni même les vices de ses con- » ducteurs Vos ports sont ouverts; déja vous » avez établi quelques manufactures, le com- » merce commence à fleurir, votre trésor est » riche, vos revenus sont augmentés; mais s'il » est vrai que le commerce ne donne qu'une » prospérité fausse & passagere; s'il est vrai qu'il » amene la pauvreté après les richesses, & que » la pauvreté qui paroît alors intolérable, dé- » truit nécessairement un état; s'il étoit vrai que » vos nouvelles richesses ne fussent propres qu'à » faire germer de nouveaux vices dans la Russie; » si vos successeurs doivent abuser de votre in- » dustrie pour se livrer au luxe, & au faste; si » vous devez craindre également & leur dissi- » pation & leur avarice; que de choses il reste-

» roit à faire à votre politique? Votre législa» tion est à peine ébauchée.

» Pardonnez, sire, ma hardiesse; je vous » propose librement mes doutes, parce que » vous êtes trop grand pour vous en offenser. » Avant que de rendre la Russie guerriere, il » falloit la rendre heureuse. Il falloit étudier & » connoître le bonheur auquel la nature des» tine les hommes. Il falloit commencer par » inspirer à vos sujets l'amour des loix, de l'or» dre & du bien public. Qu'avez vous fait pour » diminuer cette terreur accablante qui accom» pagne votre pouvoir, & qui ne peut faire » que des mercenaires & des esclaves? Vous » avez toujours ordonné impérieusement le » bien & même des bagatelles; jamais vous » n'avez daigné y inviter avec adresse. Je vois » par-tout la vigilance, la fermeté, le courage, » les talents de Pierre le Grand; mais je ne » vois point encore un bon gouvernement. Les » loix sont-elles assez sages pour que l'émula» tion multiplie les talents & les vertus, & » que le mérite vienne naturellement occuper » les places les plus importantes?

» Si l'Europe n'a que de faux principes de » politique, si elle est trompée par son avarice & » son ambition; je prévois que votre empire,

» qui n'a pris que ses vices brillants, sera à peu-» près tel que les autres états; dès que le mou-» vement que vous avez imprimé aux esprits, » sera ralenti & suspendu. La plupart des na-» tions de l'Europe ont besoin d'une grande ré-» forme, tout le monde en convient, & ce-» pendant vous les avez imitées. Les Russes » croupissoient dans des vices barbares, ils » vont croupir dans des vices polis, & n'en se-» ront pas plus heureux. Je crains que la Russie » n'ait point encore d'autres loix que les capri-» ces & les passions de vos successeurs. Quels » instruments pour faire le bien, qu'un prince » qui tremblera peut-être devant sa garde, & » des sujets qui n'oseront jamais être citoyens? » Vous avez formé un sénat qui ne peut avoir » aucune autorité, & qui ne sera par conséquent » d'aucun secours à vos successeurs. Vous avez » vu en différents pays des dietes ou des assem-» blées nationales: au lieu d'en transporter l'u-» sage dans vos états, pour y jeter quelque se-» mence de liberté, d'élévation, de grandeur, » de bien public & d'amour de la patrie, vous » vous êtes contenté d'appeller des étrangers » qui ont abandonné leur patrie pour s'atta-» cher à vous; c'est avec eux & non pas avec » vos sujets que vous avez fait de grandes cho-» ses. Espérez vous qu'avec ces étrangers vous » ferez fleurir vos provinces? Vaine espé-» rance! Ils ne donneront à vos sujets aucune

» émulation, parce qu'ils leur sont trop supé-
» rieurs; en méritant des récompenses & des
» distinctions, ils se feront haïr & rendront le
» gouvernement odieux. Vous n'êtes riche
» que des richesses étrangeres, & vous auriez
» dû vous en faire qui vous appartinssent.
» Qu'attendre d'ailleurs de ces hommes qui
» s'exilent de leur patrie pour faire fortune?
» Vous les contenez par votre vigilance, votre
» discipline & votre fermeté; ce ne sont au-
» jourd'hui que des flatteurs & des mercenai-
» res qui vous servent utilement; mais sous
» des princes moins habiles & moins attentifs
» que vous, ce seront des traîtres.

» Voulez vous, sire, élever un monument
» éternel à votre nom? Que le bonheur & la
» gloire des générations à venir vous appar-
» tiennent. Donnez à votre nation l'empreinte
» de ce génie noble & élevé qui vous dirige, &
» empêchez que vos successeurs ne lui donnent
» leur caractere. Pour réformer utilement la
» Russie, rendre vos loix durables & créer en
» effet un peuple nouveau, commencez par ré-
» former votre puissance. Si vous ne savez pas
» borner vos droits, on vous soupçonnera d'a-
» voir eu la foiblesse de ne vous croire jamais
» assez puissant, & votre timidité vous lais-
» sera confondu dans la foule des princes. Le
» citoyen doit obéir au magistrat; mais le ma-

» giſtrat doit obéir aux loix. Voilà le principe » de tout gouvernement raiſonnable, & c'eſt » ſuivant qu'on s'en rapproche ou qu'on s'en » éloigne, qu'on eſt plus ou moins près de la » perfection. Dès que cette regle fondamentale » eſt violée, il ne ſubſiſte plus d'ordre dans la » ſociété; dès qu'à la place des loix les hommes » commandent, il n'y a plus dans une nation » que des oppreſſeurs & des opprimés. Que les » empereurs de Ruſſie laiſſent aux loix l'auto- » rité qu'ils affectent, qu'ils ſe mettent dans » l'heureuſe néceſſité d'y obéir, qu'ils reſpectent » aſſez leur nation pour ne pas oſer paroître » vicieux, & ſur le champ vos eſclaves, deve- » nus citoyens, acquerront ſans efforts les ta- » lents & les vertus propres à faire fleurir vo- » tre empire.

Les changements prodigieux que Pierre I a faits dans ſon pays, les obſtacles qu'il a vaincus, tout permet de conjecturer ce qu'il auroit pu faire, s'il eût formé ſa politique ſur de meilleurs modeles que ceux que lui préſenta le Fort. C'eſt ſon ignorance des principes ſur leſquels la ſociété doit établir ſon bonheur, qui a égaré ſon génie. Quelle leçon pour vous, Monſeigneur! & qu'elle doit vous inviter puiſſamment à vous inſtruire de vos devoirs & de la maniere dont vous devez les remplir. Pour fruit de tant de peines, de tant de travaux, de tant de réformes, les Russes sont parvenus à prendre quelques-uns de nos vices. Leur gouvernement qui a conservé les siens, les fait retomber dans leur ancienne barbarie; ils seront encore malheureux, & ne peuvent espérer quelque prospérité passagere qu'autant qu'un heureux hasard placera quelques talents sur le trône.

CHAPITRE III.

Que les sociétés sont plus ou moins capables d'une réforme.

Par quels moyens on doit y arriver.

L'HISTOIRE vous a fait connoître, Monseigneur, par une longue suite de faits ou d'expériences, en quoi consiste le bonheur des états; mais ce n'est point-là le seul avantage que vous en retirerez. Elle vous apprendra encore par quels moyens & avec quel art on peut établir les bons principes chez un peuple qui les a toujours ignorés ou qui les a abandonnés. Vous verrez que tous les temps & toutes les circonstances ne sont pas propres à une réforme. Il y a dans la politique, comme dans la médecine, des remedes préparatoires qui par leur nature ne sont pas destinés à guérir, mais qui préparent seulement le bon effet de ceux qu'on employera ensuite, & qui attaqueront le siege du mal. Au lieu de contraindre, le législateur éclairé se contente quelquefois d'inviter & de solliciter. Dans la crainte de révolter imprudemment les mœurs & les opinions publiques, souvent il ne prend point le chemin le plus court pour arriver au bien qu'il se propose. Tantôt il donne de la confiance & de l'audace, tantôt il inspire de la crainte. Il ne cherche qu'à faire aimer les loix qu'il veut publier; & sait que si elles sont haïes, elles seront bientôt méprisées

L'histoire vous offrira, Monseigneur, l'exemple de plusieurs grands hommes. Elle vous fera même connoître des coutumes & des usages qui n'ont point été établis par des loix & qui ne sont que l'ouvrage du hasard, des événements & des circonstances. Ce que la fortune a fait, pourquoi la politique ne pourroit-elle pas le faire ? En étudiant ces révolutions, pourquoi le réformateur d'un état, en se ménageant les mêmes événements, ne pourroit-il pas avoir le même succès ?

Tant qu'une nation conserve un gouvernement libre, c'est-à-dire, n'obéit qu'aux loix qu'elle se fait elle-même, il est très aisé, s'il lui reste des mœurs, de corriger une législation qui n'aura pas été établie sur des principes assez sages, & de lier toutes les parties de la république par une harmonie & des rapports qui en rendront l'administration plus salutaire. Des citoyens qui ne vendent pas leur suffrage, & qui regardent leur liberté comme leur plus grand bien, ne demandent qu'à être éclairés : montrez leur le chemin de la vérité, ils y entreront sans répugnance. C'est ainsi que dans les beaux temps de la Grece, vous avez vu plusieurs républiques s'abandonner avec joie aux conseils d'un magistrat. Les intérêts particuliers étoient sacrifiés aux intérêts publics, & l'avantage qu'une partie des citoyens retiroit de quelques abus, n'étoit point une raison pour les conserver.

Si les désordres n'ont point d'autre origine que cette espece de lassitude & de paresse, à laquelle les hommes ne sont que trop sujets, qui affoiblit quelquefois les loix & relâche les ressorts du gouvernement, un rien suffit souvent pour y remédier. Cherchez à faire naître de l'émulation entre les citoyens pour retirer leur ame de sa léthargie. Il n'est que trop ordinaire que tout le mal ne tienne qu'à la négligence avec laquelle les magistrats se seront acquittés de leurs fonctions; rendez donc leurs devoirs plus faciles, afin qu'il n'aient aucune raison de les négliger. Les consuls romains servirent plus utilement la république, après que les censeurs & les préteurs les eurent délivrés d'une partie du fardeau dont ils étoient chargés. Quelquefois il sera utile de créer une magistrature nouvelle, quelquefois il suffira d'avertir les anciennes que les loix languissent & que l'état est menacé d'un danger.

Mais quand le gouvernement tombera en décadence, parce que les mœurs se seront corrompues; quand de nouvelles passions ne peuvent plus souffrir les anciennes loix; quand la république est infectée par l'avarice, la prodigalité & le luxe; quand les esprits sont occupés à la recherche des voluptés; quand l'argent est plus précieux que la vertu & la liberté; toute réforme, Monseigneur, est alors impraticable. Il faudroit commencer par réformer les mœurs; & il est impossible que quelques honnêtes gens luttent avec succès contre les préjugés & les passions agréables qui regnent impérieusement sur la multitude. Ferez-vous des loix? Les magistrats corrompus en éluderont eux-mêmes la force. Caton aura beau crier: *ô temps, ô mœurs!* Il fatiguera par ses conseils qu'on ne veut pas écouter. Peut-être se moquera-t-on de la bonne foi avec laquelle il espérera le bien. Il est sûr du moins qu'il n'aura jamais assez de crédit pour persuader à ses concitoyens de faire un effort sur eux-mêmes, & de remonter au point dont ils sont déchus.

Cette république énervée, qui n'a plus la force de résister à ses vices & de se rapprocher des les loix de la nature, deviendra la proie d'un ennemi étranger, ou verra naître un tyran dans son sein. Je ne sais si dans de pareilles circonstances, un Lycurgue même pourroit conjurer contre les vices de ses concitoyens, leur faire une sainte violence, & les rendre justes & heureux malgré eux : je craindrois qu'il n'éprouvât le sort d'Agis. Les désordres d'un peuple excitent ordinairement l'ambition de ses voisins ; on le méprise, on lui fait des insultes, on lui déclare enfin la guerre, parce qu'on espere de le vaincre & de l'asservir. Si par hasard les étrangers l'épargnent, il succombera sous un ennemi domestique. Les succès des intrigants, pour obtenir des magistratures dont ils ne veulent point remplir les fonctions, formeront bientôt des ambitieux qui aspireront ouvertement à la puissance souveraine. On n'a pas encore un tyran, & cependant la tyrannie est déja établie. Fatigué du mouvement, de l'agitation, des peines & de l'inquiétude qui accompagnent une liberté expirante, on desire le repos, & pour se délivrer des caprices & des violences d'une oligarchie agitée & tumultueuse, on se donnera un maître.

Quand le gouvernement n'est dérangé que par des cabales, des factions & des partis jaloux de dominer, & qui ne peuvent convenir entre eux du partage de l'autorité, la république est en danger; mais elle ne court pas cependant à une perte inévitable. Remarquez, Monseigneur, que l'ambition est une passion moins dangereuse que l'avarice. Celle-ci est toujours basse, elle avilit l'ame, elle n'est susceptible d'aucun conseil généreux; l'autre peut s'associer avec quelques vertus telles que l'amour de la gloire, le désintéressement & l'amour de la patrie. Aussi les querelles exitées par l'avarice ont elles toujours perdu les états, & les ambitieux au contraire se sont quelquefois réconciliés. On a vu même quelquefois que quand ces deux passions unies ont excité des troubles, l'une est venue au secours de l'autre. Les Athéniens vous en offrent un exemple mémorable. Si on n'avoit demandé qu'un nouveau partage des terres & l'abolition des dettes, la république auroit été perdue. Heureusement les citoyens de la côte, de la plaine & de la montagne furent divisés sur l'autorité. L'avarice auroit porté aux dernieres violences les riches, les pauvres, les créanciers & les débiteurs; l'ambition plus conciliante offrit de prendre Solon pour arbitre.

Pour faire une réforme utile dans un pareil état, gardez-vous d'employer la ruse & l'adresse, vous ne calmeriez les esprits que pour un instant, après avoir été la dupe d'un mensonge, on refuseroit de se fier à la vérité, & le mal deviendroit incurable. Gardez-vous de vouloir amener les citoyens au but que vous vous proposez, en flattant, comme Solon, leur avarice & leur ambition. Vous seriez obligé de leur donner des espérances : si ces espérances ne sont pas vaines, vous ne faites que donner plus d'énergie à deux passions qui ont fait tout le mal, & que vous voulez réprimer. Si ces espérances sont fausses, le calme sera court, les passions sont impatientes & clairvoyantes ; elles se vengeront en causant de plus grands désordres.

C'est moins le sentiment de la liberté que l'amour des loix qu'il faut rendre plus vif. Dans un état divisé par des partis, & où l'on cherche à s'éloigner des regles de l'égalité, les ames ne manquent pas de force, ce sont les esprits qui manquent de lumiere ; éclairez-les donc, & que par toutes vos loix le citoyen soit porté à préférer le bien public à ses avantages particuliers. Si vous favorisez les hommes déja les plus puissants & les plus riches, ils en abuseront pour être plus audacieux & plus entreprenants. Rendez le corps de la république plus puissant, afin que les particuliers soient plus foibles. Multipliez les magistrats, partagez leurs fonctions, afin que dépendant les uns des autres, ils s'imposent & se contiennent mutuellement. Confier dans ces circonstances une autorité plus considérable à un magistrat unique, pour le mettre en état de rétablir l'ordre, c'est l'exposer à une tentation dangereuse. Il profiteroit peut-être des divisions pour asservir la république; peut-être se persuaderoit-il qu'il importe à ses concitoyens qu'il se rende leur maître.

Je dois encore vous faire observer, Monseigneur, que les états libres sont plus ou moins capables de prévenir leur décadence ou de se réformer après être déchus, suivant qu'ils occupent un territoire plus ou moins étendu, & que leurs affaires sont dans une situation plus ou moins florissante. Quand tous les citoyens sont renfermés dans les murs d'une même ville, & ne composent, pour ainsi dire, qu'une même famille; qui ne voit pas que les loix, les mœurs & les coutumes doivent se conserver plus religieusement, que dans une grande province qui ne formeroit qu'une république? Ici, la vigilance des magistrats est souvent trompée; là, des citoyens qui se connoissent tous, sont les uns pour les autres des magistrats infatigables. Par la même raison que l'ordre se conserve aisément dans une petite république, il est facile de l'y rétablir quand la corruption s'y est introduite. Il suffit à Lycurgue de trouver trente bons citoyens pour faire une révolution. Si Sparte eût regné sur tout le Péloponese, qu'auroit-il pu entreprendre en faveur de sa patrie?

Quand elle se seroit soumise à ses loix, les autres villes auroient-elles eu la même complaisance? Il auroit donc fallu former des conjurations dans chaque ville, les faire toutes éclater dans le même instant : entreprise difficile & que mille accidents imprévus pouvoient déranger.

Je le dirai en passant, Monseigneur, c'est un grand mal pour les hommes que de grands états. Quoi qu'en pensent les ambitieux, les sociétés ne peuvent s'étendre au-delà de certaines bornes sans s'affoiblir. Je ne vous dirai point que la nature a placé des rivieres & des montagnes pour servir de barrieres entre les états : elle nous a avertis bien plus clairement de ses intentions, en nous créant avec tant de foiblesse. Faits pour ne voir que ce qui se passe autour de nous, n'est-il pas ridicule que nous veuillons gouverner de grandes provinces?

Mais je rentre dans mon sujet, Monseigneur, & je vous prie de remarquer que l'histoire ne vous a peut-être pas offert l'exemple d'un peuple qui ait songé dans la prospérité à se corriger de ses vices. Vous verrez au contraire par-tout que cette prospérité affoiblit, altere & corrompt les principes du gouvernement. Le bonheur nous inspire de la confiance, & c'est dans le bonheur cependant que nous devions nous défier davantage de nous. Le moment où l'on est le plus heureux, n'est pas un moment favorable au législateur, à moins qu'il ne porte quelque loi qui favorise les opinions du public. C'eût été un prodige, si les efforts que fit Caton pour défendre la loi Oppia, avoient réussi, pendant que les Romains, vainqueurs de tous leurs ennemis & chargés de leurs dépouilles, recueilloient le prix de leurs victoires. Pouvoient-ils prévoir les inconvénients du luxe dont ils ne sentoient que les douceurs? pouvoient-ils soupçonner que leur prospérité alloit les perdre? Cet effort de raison est au dessus de nos forces; que le législateur ne l'exige donc pas. C'est quand on éprouve ou qu'on craint quelque malheur, que les esprits seront plus dociles à sa voix: voilà le moment favorable pour faire une réforme avantageuse; si vous le laissez échapper, les citoyens se familiariseront peut-être avec leurs vices, peut-être parviendront-ils à les aimer.

Si les peuples libres se corrigent si difficilement, s'il est si rare qu'ils perfectionnent leurs loix & semblent prendre un nouveau caractere; l'histoire des monarchies, Monseigneur, quand elles ne sont pas encore dégénérées en ce despotisme extrême qui étouffe tout sentiment de vertu, de patrie & de bien public, fournit au contraire plusieurs exemples de ces heureuses révolutions. Les sujets ayant encore quelque chaleur dans l'ame, sont cependant accoutumés à recevoir les impressions que leur donne leur maître. Un prince qui sait profiter de ces avantages, se crée, quand il veut, une nation nouvelle. Le peuple sort de son assoupissement, il quitte ses vices, & sans qu'il s'en apperçoive prend de nouvelles mœurs & la vertu qu'on veut lui donner. Vous êtes trop instruit pour douter de cette vérité, & vous avez vu cent fois dans le cours de vos études que des nations peu considérées ont fait encore de grandes choses sous la conduite d'un prince qui avoit eu l'art de ranimer le germe des vertus & des talents que ses prédécesseurs avoient étouffé. Vous citerai-je les Perses conduits par Cyrus, & les Macédoniens sous les regnes de Philippe & d'Aléxandre. Sans remonter si haut, sans sortir de l'histoire moderne de l'Europe, je pourrois vous parler de quelques princes qui ont été en effet les bienfaiteurs de leur nation, si vous ne les connoissiez pas tous.

Mais, Monseigneur, permettez-moi de vous demander, si après le despotisme le plus long & le plus accablant, il ne seroit pas encore possible de faire des hommes de ces esclaves qui paroissent abrutis. On me dira que Marc-Aurele, le plus sage & le plus juste des princes, ne put rendre aucune élévation aux Romains. Il ne se regarda pas comme le maître, mais comme l'administrateur de l'empire; il dit que tout & lui-même appartenoient à l'état; en remettant l'épée au préfet du prétoire, il lui ordonna de s'en servir pour le punir s'il étoit injuste; il étoit l'ami & le frere de tous les hommes. Tant de vertus cependant n'exciterent qu'une admiration froide & stérile à des sénateurs accoutumés à ne s'assembler dans le sénat qu'en tremblant. Aucun sentiment d'honneur ni de liberté ne se réveilla dans l'ame des Romains. J'en conviens, & toutefois je serois porté à croire que Marc-Aurele auroit pu faire ce qu'il n'a pas fait.

Ce prince qui pensoit que la vertu est la récompense de la vertu, & l'aimoit pour elle-même, crut que des ames avilies étoient capables du même sentiment, & il se trompa. Pour rendre les Romains dignes d'aimer de bonnes loix & de recevoir un sage gouvernement, il auroit fallu les secouer avec force, & frapper leur imagination; à des passions, lâches & timides qui dégradent, il auroit fallu substituer des passions fortes & vigoureuses; pour arriver au but, il auroit fallu en effet se proposer d'aller au delà. Les Romains n'étoient pas capales d'admirer Marc-Aurele; ils jouirent de sa sagesse avec inquiétude & une sorte de terreur: je crois voir des matelots à peine échappés au naufrage qui goûtent un moment de repos en voyant ſe former une nouvelle tempête.

En effet, pourquoi les Romains auroient-ils repris quelque ſentiment de liberté & d'élévation, tandis qu'aucun nouvel établiſſement, aucun nouvel ordre dans l'adminiſtration de la choſe publique ne pouvoit leur donner de la confiance ? que leur auroit ſervi de ſe réveiller au ſpectacle des vertus du prince, puiſqu'ils continuoient à ne voir aucune ſureté dans le gouvernement, & que le ſucceſſeur de Marc-Aurele pouvoit être encore un monſtre & un tyran ? Il ne s'agiſſoit pas de vouloir rendre au ſénat, aux grands & au peuple quelque dignité : par un trop long uſage des injures & des violences, ils étoient trop accoutumés à leur anéantiſſement pour penſer qu'ils en puſſent ſortir. Si on vouloit donner un nouvel eſprit national aux Romains, il ne falloit laiſſer ſubſiſter aucun des anciens établiſſements. Pourquoi auriez-vous de la peine à croire, Monſeigneur, que Marc-Aurele eût réuſſi à faire revivre quelques ſentiments de liberté & d'élévation, s'il eût eu recours à ces loix, à ces aſſemblées nationales & à ces coutumes par leſquelles quelques modernes ont élévé des barrieres contre le deſpotiſme, & dont j'ai eu l'honneur de vous parler dans la ſeconde partie de cet ouvrage ? C'eſt en s'emparant de toute l'autorité, que ses prédécesseurs avoient anéanti les Romains; & c'est en la recouvrant que la nation auroit repris une nouvelle vie.

Il le faut avouer à notre honte, il est des qualités plus propres que la vertu même de Marc-Aurele à remuer, échauffer & subjuguer les esprits; & ce sont ces qualités brillantes des héros, qui jointes à des talents éminents pour la guerre, portent jusques dans les ames les plus languissantes, une sorte d'orgueil, de confiance & d'activité qui les prépare à faire de grandes choses. Trajan qui avoit rétabli la gloire du nom romain chez les étrangers, & reculé les frontieres de l'empire par des victoires signalées, auroit, selon les apparences, exécuté plus facilement que Marc-Aurele le projet de rendre à Rome ses anciennes vertus. Rien n'étoit impossible à Alexandre, & il auroit pu donner aux Perses mêmes le goût de la liberté, s'il eût été capable d'en concevoir le dessein. On peut reprocher au czar Pierre I de n'avoir pas profité de ses succès & de ses victoires pour établir un nouveau gouvernement dans son pays. C'est pour ne l'avoir pas du moins tenté, qu'il sera confondu avec les princes qui ont eu un regne glorieux; mais ne sera jamais placé au rang des législateurs & des bienfaiteurs de leur nation.

L'Europe voit aujourd'hui un prince qui possede assez de ces qualités brillantes, pour faire deux ou trois hommes illustres. Supérieur dans toutes les parties de l'administration politique, plus habile à manier ses intérêts dans ses négociations, plus grand encore à la tête de ses armées; ses disgraces mêmes n'ont servi qu'à faire connoître les ressources de son génie. Sa gloire & sa réputation lui ont acquis un tel empire sur ses sujets, qu'il peut les faire penser comme il voudra, & la paix lui laisse le loisir d'affermir sur une base solide la grandeur de sa couronne & de sa nation. Mais cette grandeur ne disparoîtra-t-elle pas avec lui, s'il veut qu'elle n'ait d'autre appui que les talents de ses successeurs? Après avoir étonné son siecle, que tarde-t-il à préparer le bonheur de la postérité?

Par quelle fatalité faut-il, Monseigneur, que ces qualités héroïques qu'on trouve dans tant de princes, n'aient presque jamais été utiles aux états qu'elles ont illustrés? Ces hommes qu'on appelle des héros, ne paroissent occupés que d'eux-mêmes; puisqu'ils ont oublié nos intérêts, nous devrions au moins nous en venger, en ne les louant pas. On diroit qu'inspirés par cette politique odieuse que Tacite reproche à Auguste, ils prévoient avec plaisir la décadence de leur état après leur mort, & croient que leur gloire sera plus grande, si leur successeur est incapable de soutenir leur ouvrage. Ils aspirent à se faire un grand nom. Les aveugles! que ne songent-ils donc à se faire aimer de la postérité? que ne travaillent-ils pour elle? Elle sera reconnoissante si les bienfaits s'étendent jusqu'à elle. Pendant six cents ans il n'y eut point de Spartiate qui ne crût devoir son bonheur à Lycurgue, & qui ne le regardât comme le plus grand & le plus sage des hommes. Qu'à l'exemple de ce législateur, un prince capable de guider & d'entraîner ses sujets après lui, forme le projet d'en faire des citoyens, qu'il fasse des loix sages, qu'il en affermisse l'empire en établissant un gouvernement conforme aux regles & aux principes de la nation; & je vous réponds que toute la gloire que ses successeurs & ses sujets acquerront, lui appartiendra.

CHAPITRE IV.

De la méthode avec laquelle un prince doit procéder dans la réforme du gouvernement & des loix.

CERTAINEMENT je veux rendre justice à un prince qui après avoir étudié avec soin les pays soumis à sa domination, forme le projet d'en réformer les abus ; cependant s'il se borne à établir un nouvel ordre dans les différentes parties de l'administration sans rien changer à la forme même du gouvernement, je louerai ses bonnes intentions ; mais il faudra avouer qu'il ne remplit que les devoirs les moins importants qu'on attend d'un législateur.

En effet, Monseigneur, n'avez-vous pas remarqué dans toutes vos lectures, que les princes qui se sont bornés à faire des loix sur ces objets particuliers, n'ont produit qu'un bien passager & très court ? Vous avez pu observer que s'ils ont vieilli sur le trône, ils ont vu quelquefois eux-mêmes leurs établissemens tomber en décadence. La sagesse d'un regne ne sert jamais de leçon au regne qui lui succede. Soit qu'un prince, en montant sur le trône, se croie plus sage que son prédécesseur, soit qu'il ait un caractere différent, il est rare qu'il ne se conduise pas par des vues & des principes opposés. Suivez l'histoire d'une monarchie, & vous verrez que la plupart des souverains ne portent une attention particuliere sur rien, tandis que quelques autres ne songent qu'à la partie pour laquelle ils ont quelque goût. L'un corrigera les milices, & l'autre les tribunaux de justice; celui-ci s'occupe de la marine ou de ses finances, & celui-là des arts, du commerce ou de l'agriculture. On croiroit qu'après un certain temps toutes les parties de l'état doivent être enfin corrigées & bien administrées par cette conduite différente des souverains: cependant l'ouvrage de la réforme n'est jamais qu'ébauché, parce qu'on n'a aucune confiance aux loix, on est accoutumé à les voir toutes tour-à-tour négligées sous un gouvernement qui n'a aucune suite ni aucune tenue. A force de se multiplier, & de se contredire, les loix forment enfin un chaos où les citoyens ne comprennent rien; & les jurisconsultes eux-mêmes se forment une routine qui leur tient lieu de jurisprudence.

Charlemagne dont on vous a fait connoître & admirer le vaste & puissant génie, avoit compris que tant que la puissance législative sera déposée dans les mains d'un seul homme, la législation doit être vicieuse. Plus il étoit grand, plus il connoissoit l'étendue des devoirs d'un législateur, & plus il les connoissoit, plus il étoit persuadé qu'il lui étoit impossible de les remplir. Comment, se disoit-il sans doute, pourrois-je entrer par moi-même dans tous les détails qui me seroient nécessaires pour faire de bonnes loix? Si je néglige quelque partie, n'est-ce point par-là que la corruption se glissera dans l'état? Si je veux juger sur les rapports des personnes à qui je donnerai ma confiance, qui me répondra, qu'ayant un si grand intérêt à me flatter & à me tromper, ils me rendront un compte fidele? Qui me répondra qu'ils n'auront pas vu la situation du peuple au travers de leurs préjugés & de leurs passions? Je me charge donc d'un fardeau que je ne puis porter, & j'encours nécessairement la haine d'une partie de mes sujets, si je veux avec mon conseil faire le bonheur public. Tous les ordres de citoyens ont des passions, des besoins, des préjugés & des intérêts différents; ce n'est donc que dans une assemblée générale de la nation, qu'ils pourront, comme dans un grand congrès, discuter leurs droits, leurs prérogatives, leurs prétentions réciproques, se rapprocher & se concilier pour être tous heureux.

Mais, devoit-il ajouter, quand je pourrois acquérir toutes les connoissances dont un législateur ne peut se passer; quelle seroit ma présomption si j'osois me flatter que je serai assez supérieur aux foiblesses de l'humanité, pour que mes goûts, mes préventions & mes intérêts particuliers ne me fassent jamais illusion? Ne présumerai-je pas trop de moi, si je crois que je tiendrai la balance égale entre tous les ordres de citoyens? Suis-je bien sur que les intérêts des hommes qui m'approchent, ne me seront pas plus chers que ceux de cette multitude que je ne connois pas? Il n'y a que la nation elle-même qui puisse connoître ce qui lui convient. Si elle fait elle-même ses loix, elle en supportera plus patiemment les défauts, elle aimera ses loix comme son ouvrage. Si je veux gouverner à ma volonté, mon pouvoir deviendra suspect. Si je fais les loix, on les regardera comme un joug qu'on voudra secouer. Avec une autorité despotique je serai en effet peu puissant. Que m'importe d'avoir des esclaves? Des hommes libres ne me serviront-ils pas plus utilement?

Voilà sans doute, Monseigneur, les réflexions qui porterent Charlemagne à rétablir le gouver-

gouvernement sur les anciens principes des loix Saliques, tandis qu'il lui étoit si aisé de s'emparer d'un pouvoir absolu. Cette conduite étonne ; mais ce qui doit véritablement étonner, c'est que parmi tant de princes si jaloux d'exercer une puissance sans bornes, aucun n'ait eu assez de lumieres pour juger qu'en imitant Charlemagne, il se rendroit plus puissant que le despote le plus arbitraire : je ne prouve point cette vérité, elle est évidente ; & je ne doute point qu'elle n'eût produit plusieurs révolutions heureuses dans les gouvernements, si les princes n'avoient été trompés par les personnes qui manient leur pouvoir & qui en abusent.

Je vous prie, Monseigneur, de vous rappeller que la puissance législative n'est autre chose que le droit de faire de nouvelles loix, de changer, modifier, abroger & annuller les anciennes. Si ce droit appartient purement & simplement à un prince, tremblez ; vous avez fait un despote qui vous perdra. Si vous avez accordé ce droit à de certaines conditions, sans avoir un garant que ces conditions seront observées, vous obéissez encore à un despote. Si en effet vous avez établi un garant qui vous réponde de la fidélité du législateur à remplir les conditions qui lui sont imposées ; je dis que vous avez formé dans l'état une puissance supérieure à la puissance législative ; ce qui est contraire aux notions les plus simples de la société. Je dis que vous avez mis des entraves à la puissance législative qui par sa nature doit être maîtresse de tout. Je dis encore que vos loix seront mauvaises, que vous n'aurez aucun droit public, & que vous éprouverez par conséquent tous les malheurs qui en doivent résulter.

Quand la nation n'a pas elle-même le pouvoir de faire ses loix, on est obligé, pour ne pas tomber dans le despotisme, d'établir comme autant de maximes, que le prince est obligé de gouverner conformément aux loix, qu'il y a des loix fondamentales qu'il ne peut abroger, & que les nouvelles loix doivent être dictées par l'esprit des anciennes. Voilà de beaux mots qui sont dans la bouche de tout le monde, & que personne ne comprend. Si on entend que le législateur doit se conformer aux loix tant qu'il les laisse subsister, rien n'est plus vrai ; mais si on prétend qu'il n'est pas le maître de les abroger pour en substituer d'autres, c'est avancer une absurdité ; & je vous prie de me dire de quel nom vous appellerez la puissance qui s'y opposera. Je voudrois qu'on me dît pourquoi ces loix qu'on appelle fondamentales, auroient le privilege de ne pouvoir être annullées. Elles sont l'ouvrage du législateur; pourquoi donc ne lui seroient-elles pas toujours soumises? N'est-il pas de la nature de la puissance législative de ne pouvoir se prescrire des bornes à elle-même? Il seroit ridicule de penser que les loix nouvelles ne doivent jamais être contraires aux anciennes; car des circonstances toutes différentes exigeront des loix dont l'esprit sera entierement différent. D'ailleurs les anciennes loix peuvent être vicieuses, elles peuvent avoir été portées par un législateur ignorant & injuste; pourquoi donc ne seroit-il pas permis à un législateur éclairé & juste de les corriger?

Je pourrois ajouter ici, Monseigneur, mille autres raisonnements pour vous prouver qu'on ne peut faire une réforme véritablement avantageuse, qu'autant qu'on donne à la nation la faculté de faire elle-même ses loix; mais pourquoi m'arrêterois-je plus long-temps sur une vérité dont je vous crois convaincu? J'ajouterai que pour faire une réforme durable, la puissance législative doit prendre les mesures les plus propres à lui conserver son indépendance. Qu'elle se défie continuellement de l'ambition des magistrats qu'elle charge du soin de faire exécuter ses ordres. On voit dans tous les états libres une rivalité éternelle entre la nation & les magistrats. La puissance législative toujours attaquée, succombera donc enfin, si elle ne se conserve pas des forces supérieures à celles qu'elle est obligée d'abandonner à la puissance exécutrice pour la mettre en état de veiller utilement à l'observation des loix.

Avant que de vous dire, Monseigneur, en quoi consiste cette politique qui tiendra toujours les magistrats soumis à la nation, permettez-moi de faire quelques remarques sur ce qui se passe dans plusieurs états de l'Europe, elles répandront un grand jour sur cette matiere.

Si la Suisse, en secouant le joug de ses seigneurs, n'avoit pas continué à former une nation militaire, si chacun de ses habitants n'étoit pas destiné à défendre la patrie comme soldat, j'ose vous assurer qu'elle n'auroit pas conservé sa liberté. Si par hasard elle venoit à ne plus compter sur la bravoure de ses citoyens, ou que les magistrats, sous prétexte de favoriser leur paresse, prissent le parti d'avoir des milices soudoyées & toujours subsistantes; vous comprenez facilement que cet heureux pays verroit bientôt disparoître l'impartialité des loix & la douceur du gouvernement qui font sa prospérité. Dans les cantons démocratiques, les magistrats acquerroient un pouvoir dangereux, & dans les autres l'aristocratie deviendroit de jour en jour plus rigoureuse. Il seroit impossible qu'en se sentant plus puissants, les magistrats n'eussent pas plus de confiance en leurs propres forces, & dès-lors ils seroient plus entreprenants & moins attentifs à leurs devoirs. De-là, au violement des loix & à l'usurpation de la souveraineté le chemin est court. Après avoir tâté la patience du peuple, après s'être essayé peu à-peu à commettre de légeres injustices, il faudroit tout oser & se rendre le maître pour s'assurer de l'impunité.

Telle est la marche des passions humaines; & vous n'en douterez pas, si vous vous rappellez la révolution qui suivit l'établissement de ces milices toujours subsistantes qui sont aujourd'hui connues dans toute l'Europe. A peine les suserains eurent-ils permis à leurs vassaux & à leurs sujets de se racheter du service militaire, en payant un subside ou une contribution, qu'ils ne sentirent plus, comme auparavant, la nécessité de ménager des hommes armés qui pouvoient se défendre. Des citoyens qui n'étoient plus soldats, & livrés aux soins de leurs affaires domestiques, ne tarderent pas à s'appercevoir de leur faute. Ils sentirent qu'on est soumis, quand on cesse de se faire craindre, & qu'on a perdu les moyens de repousser une injustice.

Las de se plaindre inutilement des rapines & des violences des soldats, ils consentirent enfin à se taire; les esprits perdirent leur énergie, & une carriere plus libre fut ouverte à la licence.

Si les princes de l'empire n'ont pas succombé sous la puissance de la maison d'Autriche ; si Charles-Quint & ses successeurs dont les armées étoient si considérables, n'ont pu ruiner le gouvernement féodal & faire oublier les anciennes loix & les anciennes coutumes ; c'est qu'on a opposé la force à la force, des soldats à des soldats. Sans cette ressource, tous les établissements qui ont d'ailleurs contribué à conserver la liberté germanique, auroient été perdus pour l'empire. Si les princes eussent été désarmés, ils n'auroient trouvé ni alliés ni protecteurs assez courageux pour les défendre. En vain auroit-on fait des remontrances, en vain auroit-on imploré le secours des tribunaux; les loix se taisent devant la force. L'esprit national auroit appris à céder à la nécessité. Aujourd'hui on auroit renoncé à une prérogative, & demain à une autre. A force de traités & de négociations aucun droit n'auroit enfin subsisté. On se seroit fait de nouveaux principes à Munich, à Berlin, à Brunswick, &c., & les princes qui y regnent aujourd'hui, réduits à la condition de simples gentilshommes, n'auroient que la frivole consolation de penser qu'ils ont une origine aussi illustre que leur maître.

Après les regnes de Henri VIII & de ses enfants, jamais l'Angleterre n'auroit pu en revenir aux principes établis par la grande-chartre; si les Stuarts, en montant sur le trône, avoient trouvé les milices sur le même pied où elles sont aujourd'hui. Mais, dit M. Hume, Charles I. qui se glorifioit d'être absolu, & de ne tenir son pouvoir que de Dieu, n'avoit pas une garde de six cents hommes pour faire valoir ses hautes prétentions. Quand les esprits s'aigrirent à la cour & à Londres, & que la nation s'apperçut que le prince vouloit défendre ses prérogatives par la force, elle ne fut point prise au dépourvu, elle pouvoit sans imprudence ne pas recourir à de vaines négociations, parce qu'il lui étoit aisé de lever une armée contre un prince qui ne lui opposoit que six cents hommes. Tant que les Anglois continueront à avoir sur pied dix-huit ou vingt mille hommes de troupes réglées en temps de paix, il leur sera impossible de corriger les vices que j'ai reprochés à leur gouvernement. Le roi qui n'a déja que trop de flatteurs de sa trop grande fortune, aura malgré lui une trop haute idée de sa puissance. Sans qu'on s'en apperçoive, il intimide les esprits. En voyant de si grandes forces entre les mains du prince, les partisans de la liberté sont naturellement moins fiers ; ils ne s'en rendent pas raison, mais ils sentent qu'il faut avoir des complaisances. Ils s'accoutument ainsi à une certaine mollesse, tandis qu'il n'est que trop naturel qu'un nouveau Charles I prenne le parti de se porter aux dernieres extrémités & de tout hasarder pour augmenter son pouvoir.

Que l'Angleterre se rappelle quel auroit été son sort sous le regne de Jaques II, si le prince d'Orange n'y eût fait une descente avec une armée étrangere qui servit de point de ralliement & de retraite aux mécontents. Sans cette protection, leur courage n'auroit osé se montrer devant l'armée du roi qui campoit aux environs de Londres ; ou bien, après un vain éclat, il auroit bientôt fait place à la crainte & aux négociations. Si la nouvelle milice que les Anglois ont imaginée dans la guerre qui vient de finir, est aux ordres de la cour, leur liberté n'est-elle pas exposée au plus grand danger ? Si cette milice au contraire obéit au parlement, si elle lui doit sa paye, ses honneurs & ses distinctions, la nation sera libre, parce qu'ayant toujours sous la main des forces égales à celles du roi, elle se retrouvera dans la même situation où elle étoit à l'avénement des Stuarts au trône. Le prince n'usera de ses forces qu'avec prudence. L'équilibre qui penche aujoud'hui du côté de la cour, sera mieux établi entre le prince & la nation, peut-être même viendra-t-il à pencher du côté de la liberté.

La Suede a le gouvernement d'une république, & la milice d'une monarchie. Pourquoi les citoyens ne sont-ils pas soldats chez une nation jalouse de ses droits, & qui n'abandonne au roi & au sénat que la puissance exécutrice? Si le prince & les sénateurs ont l'art de se faire aimer & respecter des soldats, j'ai peur qu'ils ne se fassent bientôt craindre des citoyens. L'histoire, Monseigneur, a dû vous faire connoître le caractere de ces mercenaires qui font la guerre comme un métier. Ils portent dans la vie civile l'obéissance aveugle que la discipline rend nécessaire dans une armée. Accoutumés aux voies de fait, & jugeant du droit par la force, ils oppriment leur maître s'ils le peuvent; ou s'ils ne sont ni des soldats prétoriens, ni des Jannissaires, ni des Strélitz, ils servent sans remords d'instruments à la violence.

Si je ne me trompe, Monseigneur, les réflexions que je viens de faire, suffisent pour vous convaincre qu'un peuple à qui l'on rend le droit de faire ses loix, ne le conservera pas long-temps, si les citoyens achetent des soldats pour se défendre, & ne se croient pas destinés à repousser l'ennemi de la patrie les armes à la main. La république Romaine fut invincible parce que ses citoyens étoient soldats, & qu'il falloit avoir fait la guerre pour parvenir aux magistratures. C'est parce qu'elle n'admettoit dans ses légions que des hommes intéressés à la gloire & au salut de la patrie, qu'elle put établir cette discipline rigide & savante qui fut l'ame de ses succès & de ses triomphes. C'est parce que les plébéiens défendoient leur patrie, qu'ils surent défendre, affermir & conserver leur liberté. L'histoire ne nous apprend-elle pas que la Grece ne commença à déchoir & éprouver les désordres de l'anarchie ou de la tyrannie, que quand les citoyens riches, amollis par les richesses, le luxe & l'oisiveté, distinguerent les fonctions civiles des fonctions militaires, ne porterent plus les armes, & ne contribuerent qu'aux fraix de la guerre. Enfin, Monseigneur, ne pourrois-je pas vous dire que la république de Pologne ne subsiste que par le génie militaire de sa noblesse? Il y a long-temps que les vices de son gouvernement l'auroient perdue, si ses braves citoyens n'avoient tous été soldats pour défendre leur liberté.

Si les mœurs actuelles de l'Europe ne permettent pas de former des nations militaires ; peût-être ne faut-il l'attribuer qu'au médiocre intérêt qu'ont la plupart des peuples à défendre une patrie qui ne les rend pas heureux. Mais dans une révolution dont la liberté seroit l'objet, & qui donneroit aux esprits un nouveau mouvement & de nouvelles idées, il est vraisemblable qu'on pourroit obliger les citoyens à ne point regarder la guerre comme une corvée ; pourvu cependant qu'ils ne fussent pas corrompus par le luxe & cet esprit de commerce & d'agiotage qui n'estime que les richesses ; ou que le législateur ne fût pas assez déraisonnable pour exiger des efforts de courage & de générosité, en regardant l'argent comme le nerf de la guerre & de la paix. Dans le moment où les Suédois réformerent leur gouvernement après la mort de Charles XII, je suis persuadé qu'il auroit été possible de réduire les troupes réglées au nombre suffisant pour servir de garnison à quelques forteresses nécessaires sur les frontieres, & de former dans les provinces une milice nationale toujours prête à s'assembler, & qui auroit été brave & même bien disciplinée. Les personnes qui doutent de cette vérité, ne connoissent pas toutes les ressources de la liberté ; elles ignorent ce qu'ont fait autrefois des républiques militaires, & qu'avec des récompenses ou des distinctions autre ouvrage, où j'ai eu la hardiesse de faire parler un des plus grands hommes de l'antiquité sur le rapport de la morale avec la politique. Je ne vous répéterai pas qu'il *n'y* a point de vertu, quelque obscure qu'elle soit, qui ne soit utile & nécessaire au bonheur de la société; que les vertus domestiques décident des mœurs publiques; qu'il est insensé d'espérer de bons magistrats, quand on n'a pas commencé par rendre les citoyens honnêtes gens dans le sein de leur famille; que les bonnes mœurs ont souvent tenu lieu de loix, parce qu'elles portent naturellement à l'amour de l'ordre & de la justice; mais que les loix ne suppléent jamais aux mœurs, parce que sans cet appui, elles sont continuellement attaquées, & finissent par être méprisées & violées inpunément. Vous savez, Monseigneur, qu'il y a quatre vertus principales: la tempérance, l'amour du travail, l'amour de la gloire & le respect pour la religion. Sans le secours de ces quatre vertus, un peuple ne fera jamais que de vains efforts pour être juste, prudent & courageux; c'est-à-dire, pour être heureux & affermir son bonheur.

Que de réflexions ne pourrois-je pas ajouter ici sur la nature & le caractere des loix que doit porter un prince qui veut faire une réforme véritablement utile dans ses états? Mais cette matiere est trop vaste & trop importante pour ne pas mériter un ouvrage à part. Si mes forces me le permettent, j'oserai peut être un jour entreprendre cet essai pour vous occuper dans vos méditations. Qu'il me suffise aujourd'hui d'avoir l'honneur de vous dire que toute loi est plus ou moins sage, à mesure qu'elle est plus ou moins propre à réprimer l'avarice & l'ambition des citoyens, des magistrats & du gouvernement. Tout établissement qui favorise l'une de ces deux passions, est pernicieux. Cette regle est générale : dans aucun lieu, dans aucun temps, dans aucune circonstance, elle n'est sujette à aucune exception, & il me seroit aisé de la prouver par l'histoire de la prospérité & de la décadence de tous les états anciens & modernes.

autre ouvrage, où j'ai eu la hardiesse de faire parler un des plus grands hommes de l'antiquité sur le rapport de la morale avec la politique. Je ne vous répéterai pas qu'il n'y a point de vertu, quelque obscure qu'elle soit, qui ne soit utile & nécessaire au bonheur de la société; que les vertus domestiques décident des mœurs publiques; qu'il est insensé d'espérer de bons magistrats, quand on n'a pas commencé par rendre les citoyens honnêtes gens dans le sein de leur famille; que les bonnes mœurs ont souvent tenu lieu de loix, parce qu'elles portent naturellement à l'amour de l'ordre & de la justice; mais que les loix ne suppléent jamais aux mœurs, parce que sans cet appui, elles sont continuellement attaquées, & finissent par être méprisées & violées inpunément. Vous savez, Monseigneur, qu'il y a quatre vertus principales: la tempérance, l'amour du travail, l'amour de la gloire & le respect pour la religion. Sans le secours de ces quatre vertus, un peuple ne sera jamais que de vains efforts pour être juste, prudent & courageux; c'est-à-dire, pour être heureux & affermir son bonheur.

Que de réflexions ne pourrois-je pas ajouter ici sur la nature & le caractere des loix que doit porter un prince qui veut faire une réforme véritablement utile dans ses états? Mais cette matiere eſt trop vaſte & trop importante pour ne pas mériter un ouvrage à part. Si mes forces me le permettent, j'oſerai peut être un jour entreprendre cet eſſai pour vous occuper dans vos méditations. Qu'il me ſuffiſe aujourd'hui d'avoir l'honneur de vous dire que toute loi eſt plus ou moins ſage, à meſure qu'elle eſt plus ou moins propre à réprimer l'avarice & l'ambition des citoyens, des magiſtrats & du gouvernement. Tout établiſſement qui favoriſe l'une de ces deux paſſions, eſt pernicieux. Cette regle eſt générale : dans aucun lieu, dans aucun temps, dans aucune circonſtance, elle n'eſt ſujette à aucune exception, & il me ſeroit aiſé de la prouver par l'hiſtoire de la proſpérité & de la décadence de tous les états anciens & modernes.

CHAPITRE V.

Conclusion de cet ouvrage.

Les vérités que vous venez de lire, Monseigneur, vous deviendront inutiles, si vous ne vous les rendez pas propres par vos méditations. En lisant les historiens, mais surtout les anciens, cherchez vous-même de nouvelles preuves des vérités politiques, vous en trouverez mille; il s'en faut bien que j'aie tout dit. Heureusement le ciel vous a donné un cœur droit & sensible, un esprit avide de connoissances & une conception prompte; que ces dons rares & précieux de la nature ne soient perdus ni pour vous ni pour les hommes. Songez, Monseigneur, qu'une grande gloire, si vous le voulez, vous attend dans un petit état. Ce ne sont point de grandes provinces qui font un grand prince: eh! quel homme ne paroîtra pas petit, quand on le voit à la tête d'un grand empire? Ce ne sont ni de grandes richesses ni de nombreuses armées qui rendent un prince puis-

puissant; avec ces prétendus avantages combien de rois ont perdu leurs états ! C'est par la sagesse de ses loix qu'un prince peut & doit acquérir le titre de grand, & ce n'est que par cette sagesse qu'il affermira sa fortune. Des loix sages sont en effet le présent le plus précieux qu'on puisse faire à l'humanité; & Lycurgue qui n'a été législateur que d'une petite ville, est encore regardé comme le plus grand des hommes. Comparez Cyrus à ce sage; que l'un vous paroîtra inférieur à l'autre, lorsque vous verrez les successeurs du premier venir se briser avec toutes les forces de l'Asie contre la vertu, le courage & la discipline que Lycurgue avoit donnés aux Lacédémoniens.

Pensez-vous sans une sorte de frémissement intérieur, que vous êtes appellé par votre naissance à être un jour le législateur des Parmesans & des Plaisantins; que leur bonheur ou leur malheur dépendra de votre volonté, & que peut-être il y a parmi eux cent hommes plus en état que vous de commander? Il est temps dès aujourd'hui de vous préparer à l'auguste fonction à laquelle vous êtes destiné. Vous essayez-vous à vous imposer des loix à vous-même? Vous devez avoir plusieurs défauts attachés à l'humanité; si vous les traitez avec indulgence, si vous ne travaillez pas aujourd'hui à les vaincre, ils acquerront de jour en jour une nouvelle force, ils se multiplieront, ils ouvriront enfin votre ame à tous les vices que les flatteurs ont intérêt de donner aux personnes de votre rang pour les dominer. Le dégoût pour le travail est l'écueil le plus terrible pour un prince : il est toujours suivi de l'ignorance, & cependant vous aurez besoin des plus grandes lumieres pour connoître vos devoirs & n'être pas injuste. Aimez le travail pour ne vous être pas à charge à vous-même. Sachez vous occuper, quand ce ne seroit que pour éviter l'ennui qui vous feroit courir inutilement après tous les plaisirs qui se présenteront en foule au-devant de vous. Si vous n'apprenez pas à vous en séparer pour vous livrer à une étude utile, leur jouissance vous paroîtra bientôt insipide; votre ame rassasiée, vuide, flétrie & rétrecie deviendroit incapable de tout.

Vous venez de voir, Monseigneur, comment un prince doit faire une réforme heureuse dans ses états; mais pour la préparer, pour se rendre digne d'exécuter un si grand projet, il a besoin de la confiance de ses sujets. Soyez sûr que les vôtres, malgré le respect machinal & d'étiquette qu'ils vous marqueront, vous feront l'affront de ne compter ni ſur vos ordonnances, ni ſur votre parole, ni ſur vos promeſſes, s'ils n'eſtiment pas vos qualités perſonnelles, ou s'ils ſoupçonnent que vous ne penſez pas par vous-même, & que vous conduiſant par caprice, par boutade ou par des inſpirations étrangeres; vous êtes incapable de rien vouloir avec conſtance. On excuſe les défauts d'un prince, quand il a fait des efforts pour ſe corriger; mais peut-on lui pardonner de prendre ceux de toutes les perſonnes qui l'entourent? peut-on, ſans rougir, commander à ſes ſujets, ce qu'on ne veut pas exécuter ſoi-même? De quel front puniriez-vous un citoyen qui vous imite, & que votre exemple a corrompu? Mettez-vous, Monſeigneur, à la place du Parmeſan qui vous obéira. Ne croiriez-vous pas que le prince ſe joue de vous, s'il vous ordonnoit d'avoir des mœurs, tandis que ſa cour ſeroit une école de luxe, de faſte, de molleſſe & d'oiſiveté?

Les loix que vous ferez un jour, pour être bonnes, doivent être impartiales. Accoutumez-vous donc dès à préſent à ne pas croire que tout vous appartient & que tout eſt fait pour vous. Ne penſez pas qu'on ſoit trop heureux de ſe ſacrifier à vos fantaiſies. Dans le ſujet qui vous reſpecte, voyez votre frere, voyez un homme que vous devez aimer. Il ne doit vous obéir, que parce que vous devez le protéger. Puissent ces maximes être gravées si profondément dans votre cœur & dans votre esprit, qu'elles ne soient jamais effacées par les flatteurs !

J'ai dit que vos loix doivent être impartiales ; c'est-à-dire, que dans toutes vos institutions vous devez tendre à vous rapprocher, autant qu'il est possible, de cette égalité pour laquelle la nature a fait les hommes. Cependant ne croyez pas, Monseigneur, que dans la situation présente des choses, je vous invite à confondre tous les rangs, ni à faire un nouveau partage des terres, pour donner à vos sujets une fortune égale. Ce que les législateurs auroient pu faire dans des temps plus heureux, nos vices & nos préjugés accumulés l'ont rendu aujourd'hui impraticable. Je sais ce que peut l'amour des richesses sur les hommes, je sais ce que peut leur vanité : il faut ménager ces passions, il faut, pour ainsi dire, négocier avec elles ; & jamais la politique, si elle n'est insensée, ne les révoltera pour les corriger. Je crois même que l'habitude de la bassesse & de l'humiliation est telle dans la plupart des hommes qui végetent dans les derniers ordres de la société, que s'il étoit possible de contraindre aujourd'hui les grands & les riches à renoncer aux folles prétentions de leur vanité & de leur avarice, il ne le seroit peut-être pas de rendre quelque dignité à la multitude.

L'égalité à laquelle il est encore permis d'aspirer, & qu'il faut nécessairement établir, c'est que dans la société il n'y ait point de naissance, de titre, de privilege qui affranchisse des devoirs de citoyen, & que la qualité de citoyen soit inviolablement respectée dans le dernier homme de l'état. Puisque nous ne savons pas être freres & nous conformer aux intentions de la nature, il doit y avoir des classes de citoyens plus honorées que d'autres; mais qu'aucun homme ne soit flétri & humilié dans sa condition, à moins qu'il ne soit un malfaiteur condamné par les loix à vivre dans le mépris. Malgré les distinctions attachées aux différents ordres de l'état, ils seront égaux entre eux autant qu'ils peuvent l'être aujourd'hui; ils ne se mépriseront point, ils ne s'opprimeront point mutuellement; si la loi a pris de sages précautions pour balancer leur pouvoir & rendre sacrés & inviolables les droits particuliers de chacun d'eux. Le tiers-état respectera les grands sans être avili par leurs distinctions, si les grands sont obligés à leur tour de respecter dans la personne des bourgeois & des paysans les droits de l'humanité, & la qualité de citoyens libres qui concourent à faire la loi à laquelle ils doivent obéir.

A Dieu ne plaise, Monseigneur, que sous prétexte de produire le plus grand bien, c'est-à-dire, de rendre les fortunes égales, je vous invite à porter une main sacrilege sur les biens de vos sujets. Mais si on ne peut pas aspirer aujourd'hui à l'égalité de Sparte, si on ne peut pas assigner un patrimoine égal à chaque citoyen ; il est du moins facile de bannir d'un état la mendicité & l'excessive opulence. Il est aisé d'établir un tel ordre de choses que le travail fournisse à chaque homme une subsistance honnête, & qu'il n'y ait aucune circonstance où un pere laborieux soit condamné à mourir de faim avec sa famille. Quand le prince voudra donner des bornes à ses desirs & l'exemple de la modération, il sera aisé que la nourriture du peuple ne soit pas dévorée par des favoris, des flatteurs & des traitans. Il est aisé de faire des loix somptuaires, qui diminueront notre cupidité en rendant les richesses moins nécessaires. Il est aisé de faire même des sortes de loix agraires qui empêchent que l'avarice n'engloutisse toutes les possessions, & qui fassent disparoître peu-à-peu ces fortunes scandaleuses qui ſont un foyer éternel d'injuſtices, de vexations, de tyrannie & de ſervitude, & qui corrompent ceux mêmes qui n'en jouiſſent pas. En un mot, pour me ſervir d'une expreſſion de Cicéron, quoique nous ſoyons dans la lie de Romulus, la politique a encore des moyens efficaces pour apprendre aux hommes qu'il y a quelque choſe de plus précieux que l'or & l'argent.

Si vous vous rappellez les principes que j'ai établis dans tout le cours de cet ouvrage, & que j'ai puiſés dans l'hiſtoire ancienne & moderne; vous jugerez ſans peine, Monſeigneur, que ce bonheur auquel les peuples de l'Europe doivent encore aſpirer, ne peut ſe trouver que dans les états où les loix ſont véritablement ſouveraines, & les magiſtrats réduits à l'heureuſe néceſſité de n'en être que les organes & les miniſtres. Quelque zele que je vous ſuppoſe pour le bien public, quelque déterminé que vous ſoyez à y ſacrifier les intérêts de vos paſſions, quelque peu étendus que ſoient vos états; ſi vous voulez être unique & ſuprême légiſlateur, ſoyez ſûr que vous vous ferez illuſion à vous-même; ſoyez ſûr que vous ſuccomberez ſous le fardeau dont vous vous ſerez chargé. Sans que vous vous en doutiez, la flatterie vous déguiſera tous les objets, vos paſſions vous tromperont ſur vos vrais intérêts;

vous verrez votre peuple de trop loin, & vos courtisans de trop près.

Mais je veux que par le plus grand des miracles, vous soyez affranchi de toutes les foiblesses & de toutes les erreurs de l'humanité. Tandis que vous aurez la petitesse extrême de vouloir être tout puissant, & l'injustice de soumettre à vos volontés des hommes que la nature a faits pour être libres comme vous; je veux que par une contradicton singuliere, vous soyez en effet le modele des princes, & que vous rendiez vos sujets constamment heureux. Que dira-t-on de votre administration ? Le prince de Parme a fait pendant un instant le bonheur des Parmesans, il a été juste, il a été humain, mais par malheur ses lumieres n'étant pas égales à ses vertus, il n'a point su fixer la félicité dans sa patrie, il n'a point su donner aux loix cette force admirable qui les conserve en les faisant aimer & respecter. En effet, Monseigneur, s'il est sage de vous défier de vos vertus & de vos talents, il est nécessaire que vous vous attendiez à avoir des successeurs indignes de vous; car le mérite n'est point héréditaire comme les titres & les principautés. Quel est donc votre devoir ? De vous mettre vous & vos successeurs dans la douce nécessité d'obéir aux loix, de les préserver des vices qui accompagnent une autorité arbitraire, afin que vos ſujets n'aient point ceux que donne une obéiſſance ſervile. La vérité n'a qu'un conſeil à vous faire entendre: aſſemblez, Monſeigneur, les états de votre pays; mais faites, pour les rendre utiles, tous les efforts que d'autres princes ont faits pour avilir, dégrader & ruiner ces auguſtes aſſemblées connues ſous les noms de dietes ou d'états-généraux.

Je ne m'étendrai point en réflexions ſur la partie de l'autorité que vous devez vous réſerver, ni ſur celle que vous devez abandonner à la nation. La ſeconde partie de cet ouvrage, où j'ai fait connoître les vices & les inconvénients de pluſieurs gouvernements, ſuffit pour vous inſtruire de votre devoir. Quelle doit être la police des dietes? quelles regles doivent-elles ſuivre en délibérant ſur les affaires? avec quelle lenteur, avec quelle précaution les loix doivent-elles être propoſées, méditées & publiées? Voilà, Monſeigneur, des queſtions très importantes, & je vous prie de travailler vous-même à les réſoudre. Faites ſeulement attention que les hommes naturellement portés à trop de ſévérité, ou à trop d'indulgence, ne ſavent preſque jamais ſaiſir ce juſte milieu où ſe trouve la vérité. Pour éviter l'anarchie, gardez-vous de gêner la liberté. Soumettez les affaites à plusieurs examens différents, afin qu'on soit forcé de les étudier avant que de les décider. Enfin précautionnez-vous contre cet engouement subit auquel les grandes assemblées sont sujettes, & qui n'est que trop propre à faire porter des loix injustes.

Si la nation n'est pas libre dans le choix de ses députés, elle ne leur donnera pas sa confiance, & ils ne feront qu'un bien médiocre. Empêchez qu'une corruption sourde ne vienne sapper les fondements de l'édifice que vous aurez élevé. Il ne s'agit pas de faire des loix séveres; mais de disposer les choses de telle maniere que personne ne trouve son avantage à vendre sa voix & sa liberté. Séparez avec soin la puissance législative & la puissance exécutrice, pour qu'au lieu de se nuire & de se mettre l'une à l'autre des entraves, elles se prêtent un secours mutuel. Si vous voulez être un grand homme, oubliez que vous êtes prince. Aux maximes erronées que la flatterie publie dans les cours, substituez les principes que vous dictera votre raison. Les princes sont les administrateurs & non pas les maîtres des nations. Voilà ce que dit la philosophie; & cette vérité a même échappé à des empereurs despotiques.

Vous ne perdrez rien, Monseigneur, en

vous tenant dans les bornes d'un pouvoir limité. Ces princes qui veulent être tout dans leurs états, ne deviennent, quoi qu'ils puissent faire, que les instruments du pouvoir de leurs favoris : qui veut tout faire, nécessairement ne fait rien. Les hommages & les respects voleront au-devant de vous. L'amour de vos sujets vous donnera plus d'autorité que vous n'en aurez voulu perdre. Vous affermirez la fortune de vos successeurs. Tacite l'a dit : un pouvoir trop étendu est toujours chancelant. Une grande réputation sera votre récompense. Tous les peuples voisins envieront le bonheur de vos sujets. Si Ferdinand de Parme, diront-ils, si Ferdinand le Grand, si ce nouveau Théopompe, si ce nouveau Charlemagne avoit été notre roi ; si le ciel favorable nous eût accordé ce bienfait, nous serions heureux, & nous regarderions notre bonheur comme un héritage qui doit passer à nos enfants. Vous aurez la consolation de regarder d'avance la prospérité des générations suivantes comme votre ouvrage.

Ayez, Monseigneur, le courage, la fermeté & la patience du czar Pierre I : concevez, comme lui, le projet de faire une nation nouvelle ; mais plus instruit de vos devoirs, des droits de l'humanité, & de la politique qui fait le bonheur des citoyens, la prospérité des princes & la gloire réelle des états; ne vous contentez point d'ôter à vos sujets les vices qu'ils ont, pour leur en donner d'autres également dangereux. Faites ce que n'a pas fait Pierre: par l'étendue de vos vues, & la grandeur de votre ame, embrassez l'avenir, & regnez pendant plusieurs siecles sur les Parmesans. Je serai trop heureux, si on dit un jour que j'ai été votre le Fort.

FIN de l'étude de l'histoire.

Les leçons que donne l'histoire ne suffisent pas à un Prince : il faut encore qu'il apprenne à se connoître, & c'est peut-être la chose la plus difficile à lui apprendre. *Les directions pour la conscience d'un roi* remplissent cet objet : c'est pourquoi on a cru devoir terminer ce cours d'étude par cet ouvrage trop rare & prseque ignoré. Son respectable auteur, Fénelon archevêque de Cambrai, avoit le génie qui met la vérité dans son jour, le courage qui ose la dire, & les vertus qui la font aimer.

DIRECTIONS
POUR
LA CONSCIENCE D'UN ROI,
COMPOSÉES
POUR L'INSTRUCTION
DE
LOUIS DE FRANCE, DUC DE BOURGOGNE.

PAR MESSIRE

François de Salignac de la Motte-Fénelon, Archevêque-Duc de Cambrai, son Précepteur.

Et nunc Reges intelligite, Erudimini qui judicatis Terram. Psalm. II, ℣. 10.

AVERTISSEMENT
DE
L'EDITEUR.

Ce petit, mais excellent ouvrage, n'avoit nullement été composé pour être publié, mais simplement pour servir en manuscrit à l'instruction particuliere d'un très grand Prince, aussi bien que le *Télémaque* du même Auteur, dont on sait que le public n'est redevable qu'à l'heureuse supercherie d'un domestique infidéle (a): & ce n'est vraisem-

(a) M. de Ramsay, histoire de la vie de François de Salignac de la Motte-Fénelon (né à Fénelon en Périment inuſité, qu'il n'eſt nullement croyable, qu'un écrivain auſſi exact que Monſieur de Cambrai ait jamais employé; pages 33 & 34 quatre *mais* conſécutifs, qui n'embarraſſent pas peu le diſcours; page 56 enfin, *n'avez vous pas craint qu'ils vous* verroient *de trop près*, pénétreroient *trop dans vos foibleſſes*, & *ne vous* flatteroient *pas;* où il eſt très viſible, qu'il falloit, ne *vous* viſſent *de trop près* ne pénétraſſent *trop dans vos foibleſſes*, & *ne vous* flattaſſent *pas*.

L'ouvrage n'en eſt pourtant, ni moins important, ni moins utile au bien public: & j'oſe avancer, ſans aucune crainte d'en être déſavoué, que parmi tous ceux qui ont jamais été faits, tant pour l'inſtruction des ſouverains en général, que pour celle des rois de France en particulier, & dont le célébre Claude Joly, chantre de l'égliſe de Paris, nous a donné une si curieuse & si intéressante énumération dans la préface de son excellent *codicile d'or*, recueilli pour l'instruction de M. le Dauphin, fils de Louis XIV, mais dont de malheureuses intrigues & cabales de cour empêcherent l'usage & le fruit; que parmi toutes ces *institutions*, dis-je, il n'y en a pas une seule, que celle-ci n'efface & ne surpasse de bien loin.

En effet, de toutes ces *institutions*, les unes sont trop longues & trop étendues, & les autres trop courtes & trop resserrées; les unes trop simples, & trop séches, & les autres trop au-dessus de la portée des jeunes gens, qu'il s'agissoit de gagner & non de rebuter; les unes trop théologiques & les autres trop philosophiques, au lieu qu'il ne les falloit que morales & politiques; les unes surchargées d'érudition plus fastueuse que nécessaire, & les autres comme accablées de réflexions vagues, plus ennuyantes qu'instructives, & toutes enfin, beaucoup plus propres à fatiguer la mémoire, qu'à éclairer l'esprit; au lieu qu'ici, tout va droit & de plein pied, au but réel & effectif d'une saine politique & d'une sage administration, judicieusement conçue, & aussi clairement qu'énergiquement exprimée. En un mot, personne n'avoit encore traité ce grave & important sujet, ni si précisément, ni si solidement, ni avec cette fermeté sage & modeste qui ne s'écarte en rien du respect légitimement dû par un sujet à son prince, ni enfin avec autant de droiture & de candeur, que le fait ici feu Monsieur de Cambrai: & l'on peut très véritablement affirmer, qu'il ne s'exprime point *en paraboles* (c), & qu'il a réellement & de fait, mis *la coignée à la racine de l'arbre.* (d).

(c) Jean, XVI, 25.

(d) Matthieu, III, 10. Luc, III, 9.

Ce ſeroit donc, non-ſeulement un grand dommage, mais même un très grand malheur, qu'un ſi rare & ſi précieux *talent* reſtât plus long-temps *enfoui* (e), qu'une ſi vive & ſi brillante *lumiere* demeurât plus long-temps *ſous le boiſſeau* (f), & qu'une ſi excellente & ſi néceſſaire *inſtitution* tardât plus long-temps à produire les heureux & juſtes effets qu'en eſpéroit avec tant de raiſon ſon illuſtre & très reſpectable auteur.

C'eſt auſſi le ſeul & unique but que je me ſuis propoſé en la mettant actuellement au jour : & je me trouverois très bien récompenſé de mes ſoins, ſi un heureux ſuccès pouvoit effectivement répondre à mon attente.

(e) Matthieu, XXV. 18, 25.

(f) Matthieu, V, 15.

Dieu le veuille enfin, tant pour l'honneur & la gloire des ſouverains, que pour le ſoulagement & le repos des peuples.

FELIX DE SAINT-GERMAIN.

Ce 15
Mars 1747.

DIRECTIONS
POUR LA CONSCIENCE D'UN ROI,

Composées pour l'instruction de LOUIS DE FRANCE, *Duc de Bourgogne*; (a)

Par Messire FRANÇOIS DE SALIGNAC DE LA MOTTE-FENELON, Archevêque Duc de Cambrai, son Précepteur.

INTRODUCTION.

PERSONNE ne souhaite plus que moi, Monseigneur, que vous soiez un très grand nombre d'années loin des périls insépa-

(a) Petit-fils de Louis XIV, roi de France & de Navarre; né à Versailles, le 6 Août 1682, & mort le

rables de la royauté. Je le souhaite par zele pour la conservation de la personne sacrée du Roi, si nécessaire à son royaume, & celle de Monseigneur le Dauphin (b) : je le souhaite pour le bien de l'état : je le souhaite pour le vôtre même ; car un des plus grands malheurs qui vous pût arriver, seroit d'être maître des autres, dans un âge où vous l'êtes encore si peu de vous-même. Mais il faut vous préparer de loin aux dangers d'un état, dont je prie Dieu de vous préserver jusqu'à l'âge le plus avancé de la vie. La meilleure maniere de faire connoître cet état à un prince qui craint Dieu & qui aime la religion, c'est de lui faire un examen de conscience sur les devoirs de la royauté : & c'est ce que je vais tâcher de faire.

Direction I.

Connoissez-vous assez toutes les vérités du christianisme ? Vous serez jugé sur l'évangile,

---

XXe. Dauphin de la maison de France à Marly le 18 Fevrier 1712.

(b) Louis de France fils de Louis XIV ; né à Fontainebleau, le 1 Novembre 1661. & mort à Meudon, le 14 Avril 1711.

comme le moindre de vos ſujets. Etudiez-vous vos devoirs dans cette loi divine ? Souffririez-vous qu'un magiſtrat jugeât tous les jours les peuples en votre nom, ſans ſavoir vos ordonnances, qui doivent être la regle de ſes jugements ? Eſpérez-vous que Dieu ſouffrira que vous ignoriez ſa loi, ſuivant laquelle il veut que vous viviez & que vous gouverniez ſon peuple ? Liſez-vous l'évangile ſans curioſité, avec une docilité humble, dans un eſprit de pratique, & vous tournant contre vous-même pour vous condamner dans toutes les choſes que cette loi reprendra en vous ?

Direction II.

Ne vous êtes-vous point imaginé, que l'évangile ne doit point être la régle des rois, comme celle de leurs ſujets ; que la politique les diſpenſe d'être humbles, juſtes, ſinceres, modérés, compatiſſants, prêts à pardonner les injures ? Quelque lâche & corrompu flatteur ne vous a-t-il point dit, & n'avez-vous point été bien-aiſe de croire, que les rois ont beſoin de ſe gouverner pour leurs états, par certaines maximes de hauteur, de dureté, de diſſimulation, en s'élévant au-deſſus des regles communes de la juſtice & de l'humanité ?

Direction III.

N'avez-vous point cherché les conseillers en tout genre les plus disposés à vous flatter dans vos maximes d'ambition, de vanité, de faste, de mollesse & d'artifice ? N'avez-vous point eu peine à croire les hommes fermes & désintéressés, qui, ne désirant rien de vous, & ne se laissant point éblouir par votre grandeur, vous auroient dit avec respect toutes vos vérités ; & vous auroient contredit pour vous empêcher de faire des fautes ?

Direction IV.

N'avez-vous pas été bien aise, dans les replis les plus cachés de votre cœur, de ne pas voir le bien, que vous n'aviez pas envie de faire parce qu'il vous en auroit trop coûté pour le pratiquer : & n'avez-vous point cherché des raisons pour excuser le mal, auquel votre inclination vous portoit ?

Direction V.

N'avez-vous point négligé la priere, pour demander à Dieu la connoissance de ses volontés ſur vous? Avez-vous cherché dans la priere ; la grace pour profiter de vos lectures ? Si vous avez négligé de prier, vous vous êtes rendu coupable de toutes les ignorances où vous avez vécu, & que l'eſprit de priere vous auroit ôtés. C'eſt peu de lire les vérités éternelles, ſi on ne prie pour obtenir le don de les bien entendre; n'ayant pas bien prié, vous avez mérité les ténebres où Dieu vous a laiſſé ſur la correction de vos défauts, & ſur l'accompliſſement de vos devoirs. Ainſi, la négligence, la tiédeur, & la diſtraction volontaire dans la priere, qui paſſent pour l'ordinaire, pour les plus légeres de toutes les fautes, ſont néanmoins la vraie ſource de l'ignorance & de l'aveuglement funeſte, où vivent la plupart des princes.

Direction VI.

Avez-vous choiſi pour votre conſeil de conſcience, les hommes les plus pieux, les plus fermes, & les plus éclairés, comme on cherche les meilleurs généraux d'armée pour commander pendant la guerre, & les meilleurs médecins quand on eſt malade? Avez-vous compoſé ce conſeil de conſcience de pluſieurs perſonnes, afin que l'une puiſſe vous préſerver des préventions de l'autre; parce que tout homme, quelque droit & habile qu'il puiſſe être, eſt toujours capable de prévention ? Avez-vous donné à ce conſeil une entiere liberté de vous découvrir, ſans adouciſſement, toute l'étendue de vos obligations de conſcience.

Direction VII.

Avez-vous travaillé à vous inſtruire des loix, coutumes & uſages du royaume ? Le roi eſt le premier juge de ſon état. C'eſt lui qui fait les loix. C'eſt lui qui les interprête dans le beſoin. C'eſt lui qui juge ſouvent dans ſon conſeil ſuivant les loix qu'il a établies, ou trouvées déja établies avant ſon regne. C'eſt lui qui doit redreſſer tous les autres juges. En un mot, ſa fonction eſt d'être à la tête de ſes armées pendant la guerre. Et comme la guerre ne doit jamais être faite qu'à regret, & le plus courtement qu'il eſt poſſible, & en vue d'une conſtante paix ; il s'enſuit, que la fonction de commander des armées n'eſt qu'une fonction paſſagere, forcée & triſte pour les bons rois : au lieu que celle de juger les peuples, & de veiller ſur tous les juges, eſt leur fonction naturelle, eſſentielle, ordinaire, & inſéparable de la royauté. Bien juger, c'eſt juger ſelon les loix. Pour juger ſelon les loix, il les faut ſavoir. Les ſavez-vous ; & êtes-vous en état de redresser les juges qui les ignorent ? connoissez-vous assez les principes de la jurisprudence, pour être facilement au fait, quand on vous rapporte une affaire ? êtes-vous en état de discerner entre vos conseillers, ceux qui vous flattent, d'avec ceux qui ne vous flattent pas, & ceux qui suivent religieusement les regles, d'avec ceux que voudroient les plier d'une façon arbitraire selon leurs vues ? ne dites point, que vous suivez la pluralité des voix ? Car, outre qu'il y a des cas de partage dans votre conseil, où votre avis doit décider, ne fussiez-vous-là que comme un président de compagnie ; de plus, vous êtes-là le seul vrai juge. Vos conseillers d'état ou ministres, ne sont que de simples consulteurs. C'est vous seul, qui décidez effectivement. La voix d'un seul homme de bien éclairé, doit souvent être préférée à celle de dix juges timides & foibles, ou entêtés & corrompus. C'est le cas où l'on doit plutôt peser que compter les voix.

Direction VIII.

Avez-vous étudié la vraie forme du gouvernement de votre royaume ? Il ne suffit pas de savoir les loix qui réglent la propriété des terres, & autres biens, entre les particuliers : c'est sans doute la moindre partie de la justice. Il s'agit de celle que vous devez garder entre votre nation & vous, entre vous & vos voisins. Avez-vous étudié sérieusement ce qu'on nomme le *droit des gens :* droit qu'il est d'autant moins permis à un roi d'ignorer, que c'est le droit qui régle sa conduite dans ses plus importantes fonctions : & que ce droit se réduit aux principes les plus évidents du droit naturel pour tout le genre humain ? Avez-vous étudié les loix fondamentales, & les coutumes constantes, qui ont force de loi pour le gouvernement de votre nation particuliere ? Avez vous cherché à connoître sans vous flatter, quelles sont les bornes de votre autorité ? Savez vous par quelles formes le royaume s'est gouverné sous les diverses races ? Ce que c'étoit que les anciens parlements, & les états généraux qui leur ont succédé ? Quelle étoit la subordination des fiefs ? Comment les choses ont passé à l'état présent ? Sur quoi ce changement est fondé ? Ce que c'est que l'anarchie : ce que c'est que la puissance arbitraire ; & ce que c'est que la royauté réglée par les loix, milieu entre ces deux extrémités ? Souffririez-vous, qu'un juge jugeât, sans savoir l'ordonnance ; & qu'un général d'armée commandât, sans savoir l'art militaire ? Croyez-vous, que Dieu souffre que vous regniez, si vous regnez sans être instruit de ce qui doit borner & régler votre puissance ?

Il

Il ne faut donc pas regarder l'étude de l'hiſtoire, des mœurs, & de tout le détail du gouvernement, comme une curioſité indifférente, mais comme un devoir eſſentiel de la royauté.

Direction IX.

Il ne ſuffit pas de ſavoir le paſſé: il faut connoître le préſent. Savez vous le nombre d'hommes qui compoſent votre nation; combien d'hommes, combien de femmes, combien de laboureurs, combien d'artiſans, combien de praticiens, combien de commerçants, combien de prêtres & de religieux, combien de nobles & de militaires? Que diroit-on d'un berger, qui ne ſauroit pas le nombre de ſon troupeau? Il eſt auſſi facile à un roi de ſavoir le nombre de ſon peuple: il n'a qu'à le vouloir. Il doit ſavoir, s'il y a aſſez de laboureurs, s'il y a à proportion trop d'autres artiſans, trop de praticiens, trop de militaires, à la charge de l'état. Il doit connoître le naturel des habitants des différentes provinces, leurs principaux uſages, leurs franchiſes, leur commerce, & les loix de leurs divers trafics au-dedans & au dehors du royaume. Il doit ſavoir quels ſont les divers tribunaux établis en chaque province, les droits des charges, les abus de ces charges, &c. Autrement, il ne ſaura point la valeur de la plupart des choses qui passeront devant ses yeux. Ses ministres lui en imposeront sans peine à toute heure : il croira tout voir ; & ne verra rien qu'à demi. Un roi ignorant sur toutes choses, n'est qu'à demi roi. Son ignorance le met hors d'état de redresser ce qui est de travers. Son ignorance fait plus de mal, que la corruption des hommes qui gouvernent sous lui.

Direction X.

On dit d'ordinaire aux rois, qu'ils ont moins à craindre les vices des particuliers, que les défauts auxquels ils s'abandonnent dans les fonctions royales. Pour moi, je dis hardiment le contraire : & je soutiens, que toutes leurs fautes dans la vie privée sont d'une conséquence infinie pour la royauté. Examinez donc vos mœurs en détail. Les sujets sont de serviles imitateurs de leurs princes ; sur tout dans les choses qui flattent leurs passions. Leur avez-vous donné le mauvais exemple d'un amour deshonnête & criminel ? Si vous l'avez fait, votre autorité a mis en honneur l'infâmie. Vous avez rompu la barriere de l'honneur & de l'honnêteté. Vous avez fait triompher le vice & l'impudence. Vous avez appris à tous vos sujets à ne rougir plus de ce qui est honteux : leçon funeste, qu'ils n'oublieront jamais ! *Il vaudroit mieux*, dit Jesus-Christ, *être jetté avec une meule de moulin au cou au fond des abymes de la mer, que d'avoir scandalisé le moindre des petits.* Quel est donc le scandale d'un roi, qui montre le vice assis avec lui sur son trône, non-seulement à tous ses sujets, mais encore à toutes les cours, & à toutes les nations du monde connu ! Le vice est par lui-même un poison contagieux. Le genre-humain est toujours prêt à recevoir cette contagion : il ne tend, par ses inclinations, qu'à secouer le joug de toute pudeur. Une étincelle cause un incendie. Une action d'un roi fait souvent une multiplication & un enchaînement de crimes, qui s'étendent jusqu'à plusieurs nations & à plusieurs siecles. N'avez-vous point donné de ces mortels exemples ? Peut être croyez-vous que vos désordres ont été secrets. Non. Le mal n'est jamais secret dans les princes. Le bien peut y être secret ; car on a grande peine à le croire véritable en eux : mais, pour le mal, on le devine, on le croit sur les moindres soupçons. Le public pénétre tout, & souvent pendant que le prince se flatte que ses foiblesses sont ignorées, il est le seul qui ignore combien elles sont l'objet de la plus maligne critique. En lui, tout commerce équivoque est sujet à explication : toute apparence de galanterie, tout air passionné ou amusé, cause un scandale, & porte coup pour altérer les mœurs de toute une nation.

Direction XI.

N'avez-vous point autorisé une liberté immodeste dans les femmes ? ne les admettez-vous dans votre cour que pour le vrai besoin ? N'y sont-elles qu'auprès de la reine, ou des princesses de votre maison ? Choisissez-vous pour ces places des femmes d'un âge mûr & d'une vertu éprouvée ? Excluez-vous de ces places les jeunes femmes d'une beauté qui seroit un piege pour vous & pour vos courtisans ? Il vaut mieux que telles personnes demeurent dans une vie retirée, au milieu de leur famille, loin de la cour. Avez-vous exclus de votre cour toutes les dames qui n'y sont point nécessaires dans les places auprès des princesses ; avez-vous soin de faire en sorte, que les princesses elles-mêmes soient modestes, retirées, & d'une conduite réguliére en tout ? En diminuant le nombre des femmes de la cour, & en les choisissant le mieux que vous pouvez, avez-vous soin d'écarter celles qui introduisent des libertés dangereuses, & d'empêcher que les courtisans corrompus ne les voyent en particulier, hors des heures où toute la cour se rassemble ? Toutes ces précautions paroissent maintenant des scrupules & des sévérités outrées. Mais, si on remonte aux temps qui ont précédé François I, on trouvera, qu'avant la licence scandaleuse, introduite par ce prince, les femmes de la premiere condition, sur-tout celles qui étoient jeunes & belles, n'alloient point à la cour. Tout au plus elles y paroissoient très rarement pour aller rendre leurs devoirs à la reine : ensuite leur honneur étoit de demeurer à la campagne dans leur famille. Ce grand nombre de femmes, qui vont librement par-tout à la cour, est un abus monstrueux auquel on a accoutumé la nation. N'avez-vous point attiré ou conservé par quelque distinction dans votre cour, quelque femme d'une conduite actuellement suspecte, ou du moins qui a autrefois mal édifié le monde ? Ce n'est point à la cour que ces personnes profanes doivent faire pénitence. Qu'elles l'aillent faire dans des retraites si elles sont libres ; ou dans leurs familles si elles sont attachées au monde par leurs maris encore vivants. Mais écartez de votre cour tout ce qui n'a pas été régulier ; puisque vous avez à choisir, parmi toutes les femmes de qualité de votre royaume, pour remplir les places,

Direction XII.

Avez-vous ſoin de réprimer le luxe & d'arrêter l'inconſtance ruineuſe des modes? C'eſt ce qui corrompt la plupart des femmes. Elles ſe jettent à la cour dans des dépenſes qu'elles ne peuvent ſoutenir ſans crime. Le luxe augmente en elles la paſſion de plaire: & leur paſſion pour plaire ſe tourne principalement à tendre des piéges au roi. Il faudroit qu'il fût inſenſible & invulnérable, pour réſiſter à toutes ces femmes pernicieuſes qu'il tient autour de lui: c'eſt une occaſion toujours prochaine dans laquelle il ſe met. N'avez-vous point ſouffert que les perſonnes les plus vaines & les plus prodigues, ayent inventé de nouvelles modes pour augmenter les dépenſes? N'avez-vous pas vous-même contribué à un ſi grand mal par une magnificence exceſſive? Quoique vous ſoyez roi, vous devez éviter tout ce qui coûte beaucoup, & que d'autres voudroient avoir comme vous. Il eſt inutile d'alléguer que nul de vos ſujets ne doit ſe permettre un extérieur qui ne convient qu'à vous. Les princes qui vous touchent de près voudront faire à peu près ce que vous ferez. Les grands-ſeigneurs ſe piqueront d'imiter les princes. Les gentilshommes voudront être comme les ſeigneurs. Les financiers surpasseront les seigneurs mêmes. Et tous les bourgeois voudront marcher sur les traces des financiers qu'ils ont vus sortir de la boue. Personne ne se mesure & ne se fait justice. De proche en proche, le luxe passe comme par une nuance imperceptible de la plus haute condition à la lie du peuple. Si vous avez de la broderie, bientôt tout le monde en portera. Le seul moyen d'arrêter tout court le luxe, c'est de donner vous-même l'exemple que saint Louis donnoit d'une grande simplicité. L'avez-vous donné en tout cet exemple si nécessaire ? Il ne suffit pas de le donner en habits, il faut le donner en meubles, en équipages, en tables, en bâtiments, en terres, en jardins, parcs, &c. Sachez comment les rois, vos prédécesseurs, étoient logés & meublés ; sachez quels étoient leurs repas & leurs voitures ; & vous serez étonné des prodiges de luxe où nous sommes tombés. Il y a aujourd'hui plus de carrosses à six chevaux dans Paris, qu'il n'y avoit de mules il y a cent ans. Chacun n'avoit point sa chambre, une seule chambre suffisoit avec plusieurs lits pour plusieurs personnes. Maintenant chacun veut avoir des jardins où l'on renverse toute la terre, des jets-d'eaux, des statues, des parcs sans bornes, des maisons dont l'entretien surpasse le revenu des terres où elles sont situées. D'où tout cela vient-il ? De l'exemple que les uns prennent sur les autres. L'exemple seul peut redresser les mœurs de toute la nation. Nous voyons même que la folie de nos modes est contagieuse chez tous nos voisins. Toute l'Europe, si jalouse de la France, ne peut s'empêcher de se soumettre sérieusement à nos loix dans ce que nous avons de plus frivole & de plus pernicieux. Encore une fois, telle est la force de l'exemple du prince qu'il peut lui seul, par sa modération, ramener au bon sens ses propres peuples & les peuples voisins. Puisqu'il le peut, il le doit sans doute. L'avez-vous fait ?

Direction XIII.

N'avez-vous point donné un mauvais exemple, ou par des paroles trop libres, ou par des railleries piquantes, ou par des manieres indécentes de parler sur la religion ? Les courtisans sont de serviles imitateurs, qui font gloire d'avoir tous les défauts du prince. Avez-vous repris l'irréligion jusques dans les moindres mots par lesquels on vouloit l'insinuer ? Avez vous fait sentir votre sincere indignation contre l'impiété ? N'avez-vous rien laissé de douteux là-dessus ? N'avez-vous jamais été retenu par une mauvaise honte qui vous ait fait rougir de l'évangile ? Avez-vous montré par vos discours & par vos actions votre foi sincere & votre zele pour le christianisme ? Vous êtes-vous servi de votre autorité pour rendre l'irréligion muette ? Avez-vous écarté avec horreur les plaisanteries malhonnêtes, les discours équivoques, & toutes les autres marques de libertinage ?

Direction XIV.

N'avez vous rien pris à aucun de vos sujets par pure autorité & contre les regles ? L'avez-vous dédommagé comme un particulier l'auroit fait quand vous avez pris sa maison, ou enfermé son champ dans votre parc, ou supprimé sa charge, ou éteint sa rente ? Avez-vous examiné à fond les vrais besoins de l'état, pour les comparer avec l'inconvénient des taxes avant que de charger vos peuples ? Avez-vous consulté sur une si importante question les hommes les plus éclairés, les plus zélés pour le bien public & les plus capables de vous dire la vérité sans flatterie ni mollesse ? N'avez-vous point appellé *nécessité de l'état* ce qui ne servoit qu'à flatter votre ambition, comme une guerre pour faire des conquêtes ou pour acquérir de la gloire ? N'avez-vous point appellé *besoins de l'état* vos propres prétentions ? Si vous aviez des prétentions personnelles pour quelques successions dans les états voisins, vous deviez soutenir cette guerre sur votre domaine, sur vos épargnes, sur vos emprunts personnels ou du moins ne prendre à cet égard que les secours qui vous auroient été donnés par la pure affection de vos peuples, & non pour les accabler d'impôts pour soutenir des prétentions qui n'intéressent point vos sujets : car, ils n'en seront point plus heureux quand vous aurez une province de plus. Quand Charles VIII alla à Naples, pour recuillir la succession de la maison d'Anjou, il entreprit cette guerre à ses dépens : l'état ne se crut point obligé aux frais de cette entreprise. Tout au plus vous pourriez recevoir en de telles occasions les dons des peuples, faits par affection & par rapport à la liaison qui est entre les intérêts d'une nation zélée & d'un roi qui la gouverne en perc. Mais, selon cette vue, vous seriez bien éloigné d'accabler les peuples d'impôts pour votre intérêt particulier.

Direction XV.

N'avez-vous point toléré des injustices, lors même que vous vous êtes abstenu d'en faire ? Avez-vous choisi avec assez de soin, toutes les personnes que vous avez mises en autorité, les intendants, les gouverneurs, les ministres,

&c. ? N'en avez-vous choisi aucun par molleſſe pour ceux qui vous les propoſoient, ou par un ſecret deſir qu'ils pouſſaſſent au de-là des vraies bornes votre autorité ou vos revenus ? Vous êtes-vous informé de leur adminiſtration ? Avez-vous fait entendre, que vous étiez prêt à écouter des plaintes contre eux, & à en faire bonne juſtice ? L'avez-vous faite quand vous avez découvert leurs fautes ? N'avez-vous point donné, ou laiſſé prendre à vos miniſtres des profits exceſſifs, que leurs ſervices n'avoient point mérités ? Les récompenſes que le prince donne à ceux qui ſervent ſous lui, doivent toujours avoir certaines bornes. Il n'eſt point permis de leur donner des fortunes qui ſurpaſſent celles des gens de la plus haute condition, ni qui ſoient diſproportionnées aux forces préſentes de l'état. Un miniſtre, quelque ſervice qu'il ait rendu, ne doit point parvenir tout-à-coup à des biens immenſes, pendant que les peuples ſouffrent, & que les princes & les ſeigneurs du premier rang ſont néceſſiteux. Il eſt encore moins permis de donner de telles fortunes à des favoris, qui d'ordinaire ont encore moins ſervi l'état que les miniſtres.

Direction XVI.

Avez-vous donné à tous les commis des bureaux de vos miniſtres, & aux autres perſonnes qui rempliſſent les emplois ſubalternes, des appointements raiſonnables, pour pouvoir ſubſiſter honnêtement ſans rien prendre des expéditions ? En même-temps, avez-vous réprimé le luxe & l'ambition de ces gens-là ? Si vous ne l'avez pas fait, vous êtes reſponſable de toutes les exactions ſecretes qu'ils ont faites dans leurs fonctions. D'un côté, ils n'entrent dans ces places qu'en comptant qu'ils y vivront avec éclat, & qu'ils y feront de promptes fortunes. D'autre côté, ils n'ont d'ordinaire en appointements que le tiers de l'argent qu'il leur faut pour la dépenſe honorable qu'ils font avec leurs familles. Ils n'ont d'ordinaire aucun bien par leur naiſſance : que voulez-vous qu'ils faſſent ? Vous les mettez dans une eſpece de néceſſité de prendre en ſecret tout ce qu'ils peuvent attraper ſur l'expédition des affaires. Cela eſt évident : & c'eſt fermer les yeux de mauvaiſe foi que de ne le pas voir. Il faudroit que vous leur donnaſſiez davantage, & que vous les empêchaſſiez de ſe mettre ſur un trop haut pied.

Direction XVII.

Avez-vous cherché les moyens de soulager les peuples, & de ne prendre sur eux que ce que les vrais besoins de l'état vous ont contraint de prendre pour leur propre avantage ? Le bien des peuples ne doit être employé qu'à la vraie utilité des peuples mêmes. Vous avez votre domaine qu'il faut retirer & liquider : il est destiné à la subsistance de votre maison. Vous devez modérer cette dépense ; sur-tout quand vos revenus de domaine sont engagés & que les peuples sont épuisés. Les subventions des peuples doivent être employées pour les vraies charges de l'état, vous devez vous étudier à retrancher, dans les temps de pauvreté publique, toutes les charges qui ne sont pas d'un absolue nécessité. Avez-vous consulté les personnes les plus habiles & les mieux intentionnées, qui peuvent vous instruire de l'état des provinces, de la culture des terres, de la fertilité des années dernieres, de l'état du commerce, &c. pour savoir ce que l'état peut payer sans souffrir ? Avez-vous réglé là-dessus les impôts de chaque année ? Avez-vous écouté favorablement les remontrances des gens de bien ? Loin de les réprimer, les avez-vous cherchées & prévenues comme un bon prince le doit faire ?

Vous ſavez qu'autrefois le roi ne prenoit jamais rien ſur ſes peuples par ſa ſeule autorité. C'étoit le parlement, c'eſt-à-dire, l'aſſemblée de la nation qui lui accordoit les fonds néceſſaires pour les beſoins extraordinaires de l'état. Hors de ce cas, il vivoit de ſon domaine. Qu'eſt-ce qui a changé cet ordre, ſi-non l'autorité abſolue que les rois ont priſe? De nos jours, on voyoit encore les parlements, qui ſont des compagnies infiniment inférieures aux anciens parlements ou états de la nation, faire des remontrances pour n'enregiſtrer pas les édits burſaux. Du moins devez-vous n'en faire aucun, ſans avoir bien conſulté des perſonnes incapables de vous flatter, & qui ayent un véritable zele pour le bien public. N'avez-vous point mis ſur les peuples de nouvelles charges pour ſoutenir vos dépenſes ſuperflues; le luxe de vos tables, de vos équipages & de vos meubles; l'embelliſſement de vos jardins & de vos maiſons; les graces exceſſives que vous avez accordées à vos favoris?

Direction XVIII.

N'avez-vous point multiplié les charges & les offices pour tirer de leur création de nouvelles ſommes? De telles créations ne ſont que des impôts déguiſés. Elles ſe tournent toutes à l'oppreſſion des peuples, & elles ont trois inconvénients que les ſimples impôts n'ont pas. I. Elles ſont perpétuelles quand on n'en fait pas le rembourſement ; & ſi on en fait le rembourſement, ce qui eſt ruineux pour vos ſujets, on recommence bientôt ces créations. II. Ceux qui achetent ces offices créés, veulent trouver au plutôt leur argent avec uſure, & vous leur livrez le peuple pour l'écorcher. Pour cent mille francs qu'on vous donnera, par exemple, ſur une création d'offices, vous livrez les peuples pour cinq cents mille francs de véxations, qu'il ſouffrira ſans remede. III. Vous ruinez par ces multiplications d'offices la bonne police de l'état ; vous rendez la juſtice de plus en plus vénale ; vous rendez la réforme de plus en plus impraticable ; vous obérez toute la nation ; car, ces créations deviennent des eſpeces de dettes de la nation entiere : enfin, vous réduiſez tous les arts & toutes les fonctions, à des monopoles qui gâtent & abâtardiſſent tout. N'avez-vous point à vous reprocher de telles créations, dont les ſuites ſeront pernicieuſes pendant pluſieurs ſiecles ? Le plus ſage & le meilleur de tous les rois, dans un regne paiſible de cinquante ans, ne pourroit raccommoder ce qu'un roi peut avoir fait de maux par ces ſortes de créations en dix ans de guerre. N'avez vous pas été trop facile pour des courtiſans, qui, ſous prétexte d'épargner vos finances dans les récompenses qu'ils vous ont demandées, vous ont proposé ce qu'on appelle des *affaires?* Ces affaires sont toujours des impôts déguisés sur le peuple, qui troublent la police, qui énervent la justice, qui dégradent les arts, qui gênent le commerce, qui chargent le public, pour contenter en peu de temps l'avidité d'un courtisan fastueux & prodigue. Renvoyez vos courtisans passer quelques années dans leurs terres pour raccommoder leurs affaires. Apprenez-leur à vivre avec frugalité. Montrez-leur que vous n'estimez que ceux qui vivent avec regle, & qui gouvernent bien leurs affaires. Témoignez du mépris pour ceux qui se ruinent follement. Par-là, vous leur ferez plus de bien, sans qu'il en coûte un sou, ni à vous, ni à vos peuples, que si vous leur prodiguiez tout le bien public.

Direction XIX.

N'avez-vous jamais toléré & voulu ignorer que vos ministres ayent pris le bien des particuliers pour votre usage sans payer sa juste valeur, ou du moins retardant le payement du prix, en sorte que ce retardement a porté dommage aux vendeurs forcés? C'est ainsi que des ministres prennent des maisons de particuliers pour

pour les enfermer dans les palais des rois ou dans leurs fortifications. C'est ainsi qu'on dépossède les propriétaires de leurs seigneuries, ou fiefs, ou héritages, pour les mettre dans des parcs. C'est ainsi qu'on établit des capitaineries de chasse, où les capitaines, accrédités auprès du prince, ôtent la chasse aux seigneurs dans leurs propres terres, jusqu'à la porte de leurs châteaux, & font mille vexations au pays. Le prince n'en sait rien, & peut-être n'en veut rien savoir. C'est à vous à savoir le mal qu'on fait par votre autorité. Informez-vous de la vérité. Ne souffrez point qu'on pousse trop loin votre autorité. Ecoutez favorablement ceux qui vous en représentent les bornes. Choisissez des ministres, qui osent vous dire en quoi on la pousse trop loin. Ecartez les ministres durs, hautains, & entreprenants.

Direction XX.

Dans les conventions que vous faites avec les particuliers, êtes-vous juste comme si vous étiez égal à celui avec qui vous traités? Est il libre avec vous comme avec un de ses voisins? N'aime-t il pas mieux souvent perdre, pour se racheter & pour se délivrer, que de soutenir son droit? Vos fermiers, vos traitans, vos intendants, &c. ne tranchent-ils pas avec une hauteur que vous n'auriez pas vous-même ; & n'étouffent-ils pas la voix du foible qui voudroit se plaindre ? Ne donnez-vous pas souvent à l'homme, avec qui vous contractez, des dédommagements en rentes, en engagements sur votre domaine, en charge de nouvelle création, qu'un coup de plume de votre successeur peut lui retrancher ; parce que les rois sont toujours mineurs, & que leur domaine est inaliénable ? Ainsi on ôte aux particuliers leur patrimoine assuré, pour leur donner ce qui leur sera ôté dans la suite, avec une ruine inévitable de leurs familles.

Direction XXI.

N'avez-vous point accordé aux traitans, pour hausser leurs fermes, des édits ou déclarations, ou arrêts, avec des termes ambigus pour étendre vos droits aux dépens du commerce, & même pour tendre des piéges aux marchands, & pour confisquer leurs marchandises, ou du moins les fatiguer & les gêner dans leur commerce ; afin qu'ils se rachetent par quelque somme ? C'est faire tort aux marchands & au public, dont on anéantit peu-à-peu par-là tout le négoce.

Direction XXII.

N'avez-vous point toléré des enrôlements, qui ne fussent pas véritablement libres ? Il est vrai que les peuples se doivent à la défense de l'état. Mais les princes ne doivent faire que des guerres justes & absolument nécessaires : mais il faudroit qu'on choisit en chaque village les jeunes hommes libres, dont l'absence ne nuiroit en rien, ni au labourage, ni au commerce, ni aux autres arts nécessaires, & qui n'ont point de famille à nourrir : mais il faudroit une fidélité inviolable à leur donner leur congé après un petit nombre d'années de service ; ensorte que d'autres vinssent les relever, & servir à leur tour ; mais laisser prendre des hommes sans choix & malgré eux ; faire languir & souvent périr toute une famille abandonnée par son chef ; arracher le laboureur de sa charrue, le tenir dix ou quinze ans dans le service, où il périt souvent de misere dans des hôpitaux dépourvus des secours nécessaires ; c'est ce que rien ne peut excuser, ni devant Dieu, ni devant les hommes.

Direction XXIII.

Avez-vous eu ſoin de faire délivrer chaque galérien d'abord après le terme réglé par la juſtice pour ſa punition. L'état de ces hommes eſt affreux : rien n'eſt plus inhumain que de le prolonger au de-là du terme. Ne dites point qu'on manqueroit d'hommes pour la chiourme, ſi on obſervoit cette juſtice : la juſtice eſt préférable à la chiourme. Il ne faut compter pour vraie & réelle puiſſance que celle que vous avez, ſans bleſſer la juſtice, & ſans prendre ce qui n'eſt pas à vous.

Direction XXIV.

Donnez-vous à vos troupes la paie néceſſaire pour vivre ſans piller ? Si vous ne le faites point, vous mettez vos troupes dans une néceſſité évidente de commettre les pillages & les violences que vous faites ſemblant de leur défendre. Les punirez-vous, pour avoir fait ce que vous ſavez bien qu'ils ne peuvent pas s'empêcher de faire, & faute de quoi votre ſervice ſeroit néceſſairement d'abord abandonné ? D'un autre côté, ne les punirez-vous point, lorſqu'ils commettront publiquement des brigandages contre vos défenses ? Rendrez-vous les loix méprisables, & souffrirez-vous qu'on se joue si indignement de votre autorité ? Serez-vous manifestement contraire à vous même ; & votre autorité ne sera-t-elle qu'un jeu trompeur, pour paroître réprimer les désordres, & pour vous en servir à toute heure ? Quelle discipline & quel ordre y a-t-il à espérer dans des troupes où les officiers ne peuvent vivre qu'en pillant les sujets du roi, qu'en violant à toute heure ses ordonnances, qu'en prenant par force & par tromperie des hommes pour les enrôler ; & où les soldats mourroient de faim s'ils ne méritoient pas tous les jours d'être pendus ?

Direction XXV.

N'avez-vous point fait quelque injustice aux nations étrangéres ? On pend un pauvre malheureux pour avoir volé une pistole sur le grand chemin dans son besoin extrême : & on traite de héros un homme qui fait la conquête, c'est-à-dire, qui subjugue injustement les pays d'un état voisin. L'usurpation d'un pré ou d'une vigne, est regardée comme un péché irrémissible au jugement de Dieu, à moins qu'on ne restitue : & on compte pour rien l'usurpation des villes & des provinces. Prendre un champ à un particulier est un grand péché : prendre un grand pays à une nation est une action innocente & glorieuse. Où sont donc les idées de justice ? Dieu jugera-t-il ainsi ? *Existimasti iniquè quod ero tui similis ?* doit-on moins être juste en grand qu'en petit ? La justice n'est-elle plus justice, quand il s'agit des plus grands intérêts ? Des millions d'hommes, qui composent une nation, sont-ils moins nos freres qu'un seul homme ? N'aura-t-on aucun scrupule de faire à des millions d'hommes l'injustice sur un pays entier, qu'on n'oseroit faire pour un pré à un homme seul ? Tout ce qui est pris par pure conquête est donc pris très injustement & doit être restitué. Tout ce qui est pris dans une guerre, entreprise sur un mauvais fondement, est de même. Les traités de paix ne couvrent rien, lorsque vous êtes le plus fort, & que vous réduisez vos voisins à signer le traité pour éviter de plus grands maux. Alors ils signent comme un particulier donne sa bourse à un voleur qui lui tient le pistolet sur la gorge.

La guerre que vous avez commencée mal à propos, & que vous avez soutenue avec succès, loin de vous mettre en sureté de conscience, vous engage non-seulement à la restitution des pays usurpés, mais encore à la réparation de tous les dommages causés sans raison à vos voisins.

Pour les traités de paix, il faut les compter nuls, non-seulement dans les choses injustes que la violence a fait passer, mais encore dans celles où vous pourriez avoir mêlé quelque artifice & quelque terme ambigu pour vous en prévaloir dans les occasions favorables. Votre ennemi est votre frere : vous ne pouvez l'oublier sans oublier l'humanité. Il ne vous est jamais permis de lui faire du mal, quand vous pouvez l'éviter sans vous nuire : & vous ne pouvez jamais chercher aucun avantage contre lui que par les armes dans l'extrême nécessité. Dans les traités, il ne s'agit plus d'armes ni de guerre : il ne s'agit que de paix, de justice, d'humanité & de bonne-foi. Il est encore plus criminel de tromper dans un traité de paix avec un peuple voisin, que de tromper dans un contract avec un particulier. Mettre dans un traité des termes ambigus & captieux, c'est préparer des semences de guerre pour l'avenir : c'est mettre des caques de poudre sous les maisons où l'on habite.

Direction XXVI.

Quand il a été question d'une guerre, avez-vous d'abord examiné & fait examiner votre droit par les personnes les plus intelligentes & les moins flatteuses pour vous ? Vous êtes-vous défié des conseils de certains ministres qui ont intérêt de vous engager à la guerre, ou qui du moins cherchent à flatter vos passions pour tirer de vous dequoi contenter les leurs? Avez-vous cherché toutes les raisons qui pouvoient être contre vous? Avez-vous écouté favorablement ceux qui les ont approfondies? Vous êtes-vous donné le temps de savoir les sentiments de tous vos plus sages conseillers sans les prévenir?

N'avez-vous point regardé votre gloire personnelle comme une raison d'entreprendre quelque chose, de peur de passer votre vie sans vous distinguer des autres princes? comme si les princes pouvoient trouver quelque gloire solide à troubler le bonheur des peuples, dont ils doivent être les peres! Comme si un pere de famille pouvoit être estimable par les actions qui rendent ses enfants malheureux! Comme si un roi avoit quelque gloire à espérer ailleurs que dans sa vertu, c'est-à-dire, dans sa justice & dans le bon gouvernemet de son peuple! N'avez-vous point cru que la guerre étoit nécessaire pour acquérir des places qui étoient à votre bienséance, & qui feroient la sûreté de votre frontiere? Etrange regle! Par les convenances on ira de proche en proche jusqu'à la Chine.

Pour la sûreté d'une frontiere, on la peut trouver sans prendre le bien d'autrui. Fortifiez vos propres places, & n'usurpez point celles de vos voisins. Voudriez-vous qu'un voisin vous prît tout ce qu'il croiroit commode pour sa sûreté ? Votre sûreté n'est point un titre de propriété pour le bien d'autrui. La vraie sûreté pour vous c'est d'être juste : c'est de conserver de bons alliés par une conduite droite & modérée : c'est d'avoir un peuple nombreux, bien nourri, bien affectionné, & bien discipliné. Mais qu'y a-t-il de plus contraire à votre sûreté que de faire éprouver à vos voisins qu'ils n'en peuvent jamais trouver aucune avec vous, & que vous êtes toujours prêt à prendre sur eux tout ce qui vous accommode ?

Direction XXVII.

Avez-vous bien examiné si la guerre dont il s'agissoit, étoit nécessaire à vos peuples ? Peut-être ne s'agissoit-il que de quelque prétention qui vous regardoit personnellement, vos peuples n'y ayant aucune intérêt réel. Que leur importe que vous ayez une province de plus ? Ils peuvent, par affection pour vous, si vous les traités en pere, faire quelque effort pour vous aider à recueillir les successions d'état qui vous sont dûes légitimement. Mais pouvez vous les accabler d'impôts malgré eux, pour trouver les fonds nécessaires à une guerre qui ne leur est utile en rien ? Bien plus : supposé même que cette guerre regarde précisément l'état, vous avez dû regarder si elle est plus utile que dommageable. Il faut comparer les fruits qu'on en peut tirer, ou du moins les maux qu'on pourroit craindre, si on ne la faisoit pas avec les inconvénients qu'elle entraînera après elle.

Toute compensation, exactement faite, il n'y a presque point de guerre, même heureusement terminée qui ne fasse beaucoup plus de mal que de bien à un état. On n'a qu'à considérer combien elle ruine de familles, combien elle fait périr d'hommes, combien elle ravage & dépeuple de pays, combien elle dérégle un état, combien elle y renverse les loix, combien elle autorise la licence, combien il faudroit d'années pour réparer ce que deux ans de guerre causent de maux contraires à la bonne politique dans un état. Tout homme sensé, & qui agiroit sans passion, entreprendroit-il le procès le mieux fondé selon les loix, s'il étoit assuré que ce procès, même en le gagant, feroit plus de mal que de bien à la nombreuse famille dont il est chargé.

Cette juste compensation des biens & des maux de la guerre, détermineroit toujours un bon roi à éviter la guerre à cause de ses funestes suites : car où sont les biens qui puissent contrebalancer tant de maux inévitables, sans parler des périls des mauvais succès ? Il ne peut y avoir qu'un seul cas où la guerre, malgré tous ses maux, devient nécessaire. C'est ce cas où l'on ne pourroit l'éviter qu'en donnant trop de prise & d'avantage à un ennemi injuste, artificieux, & trop puissant. Alors en voulant par foiblesse éviter la guerre, on y tomberoit encore plus dangereusement : on feroit une paix qui ne seroit pas une paix & qui n'en auroit que l'apparence trompeuse. Alors il faut malgré soi faire vigoureusement la guerre, par le désir sincere d'une bonne & constante paix. Mais ce cas unique est plus rare qu'on ne s'imagine ; & souvent on le croit réel, qu'il est très chimérique.

Quand un roi est juste, sincere, inviolablement fidele à tous ses alliés, & puissant dans son pays par un sage gouvernement, il a de quoi bien réprimer les voisins inquiets & injustes qui veulent l'attaquer. Il a l'amour de ses peuples, & la confiance de ses voisins. Tout le monde est intéressé à le soutenir. Si sa cause est juste, il n'a qu'à prendre toutes les voyes les plus douces avant que de commencer la guerre. Il peut, étant déja puiſſamment armé, offrir de croire certains voiſins neutres & déſinteréſſés, prendre quelque choſe ſur lui pour la paix, éviter tout ce qui aigrit les eſprits, & tenter toutes les voyes d'accommodement. Si tout cela eſt inutile, & ne ſert de rien, il en fera la guerre avec plus de confiance en la protection de Dieu, avec plus de zele de ſes ſujets, avec plus de ſecours de ſes alliés. Mais il arrivera très rarement, qu'il ſoit réduit à faire la guerre dans de telles circonſtances. Les trois quarts des guerres ne s'engagent que par hauteur, par fineſſe, par avidité, par précaution.

Direction XXVIII.

Avez-vous été fidele à tenir parole à vos ennemis, pour les capitulations, pour les cartels, &c ? Il y a les loix de la guerre qu'il ne faut pas moins religieuſement garder que celles de la paix. Lors même qu'on eſt en guerre, il reſte un certain droit des gens qui eſt le fonds de l'humanité même. C'eſt un lien ſacré & inviolable entre les peuples, que nulle guerre ne peut rompre. Autrement la guerre ne ſeroit plus qu'un brigandage inhumain, qu'une ſuite perpétuelle de trahiſons, d'aſſaſſinats, d'abominations, & de barbaries. Vous ne devez faire à vos ennemis que ce que vous croyez qu'ils ont droit de vous faire. Il y a les violences & les ruſes de guerre, qui ſont réciproques, & aux quelles chacun s'attend. Pour tout le reſte, il faut une bonne-foi & une humanité entiere. Il n'eſt point permis de rendre fraude pour fraude. Il n'eſt point permis, par exemple, de donner des paroles en vue d'en manquer, parce qu'on vous en a donné, aux quelles on a manqué enſuite.

D'ailleurs pendant la guerre, entre deux nations indépendantes l'une de l'autre, la couronne la plus noble, ou la plus puiſſante, ne doit point ſe diſpenſer de ſubir avec égalité toutes les loix communes de la guerre. Un prince, qui joue avec un particulier, ne doit pas moins obſerver que lui toutes les loix du jeu. Dès qu'il joue avec lui, il devient ſon égal, pour le jeu ſeulement. Le prince le plus élevé & le plus puiſſant, doit ſe piquer d'être le plus fidele à ſuivre toutes les regles pour les contributions qui mettent ſes peuples à couvert des captures, des maſſacres, des incendies, pour les cartels, pour les capitulations, &c.

Direction XXIX.

Il ne ſuffit pas de garder les capitulations à l'égard des ennemis : il faut encore les garder religieuſement à l'égard des peuples conquis. Comme vous devez tenir parole à la garniſon d'une ville priſe, & n'y faire aucune ſurpercherie ſur des termes ambigus : tout de même vous devez tenir parole au peuple de cette ville & de ſes dépendances. Qu'importe à qui vous ayez promis des conditions pour ce peuple ? Que ce ſoit à lui, ou à la garniſon, tout cela eſt égal. Ce qui eſt certain, c'eſt que vous avez promis des conditions pour ce peuple : c'eſt à vous à les garder inviolablement. Qui pourra ſe fier à vous, ſi vous y manquez ? Qu'y aura-t-il de ſacré, ſi une promeſſe ſi ſolemnelle ne l'eſt pas ? C'eſt un contract fait avec ces peuples pour les rendre vos ſujets : commencerez-vous par violer votre titre fondamental ? Ils ne vous doivent obéiſſance que ſuivant ce contract ; & ſi vous le violez, vous ne méritez plus qu'ils l'obſervent.

Direction XXX.

Pendant la guerre n'avez vous point fait de maux inutiles à vos ennemis ? Ces ennemis sont toujours hommes & toujours vos freres. Si vous êtes vrai homme, vous ne devez leur faire que les maux que vous ne pouvez vous dispenser de leur faire, pour vous garantir de ceux qu'ils vous préparent, & pour les réduire à une juste paix. N'avez vous point inventé & introduit à pure perte, & par passion ou par hauteur, de nouveaux genres d'hostilités, N'avez-vous point autorisé des ravages, des incendies, des sacrileges, des massacres, qui n'ont décidé de rien, sans lesquels vous pouviez défendre votre cause ; & malgré lesquels vos ennemis ont également continué leurs efforts contre vous ? Vous devez rendre compte à Dieu & réparer selon l'étendue de votre pouvoir, tous les maux que vous avez autorisés, & qui ont été faits sans nécessité.

Direction XXXI.

Avez-vous exécuté ponctuellement les traités de paix ? Ne les avez-vous jamais violés sous de beaux prétextes ? A l'égard des articles des anciens traités de paix qui ſont ambigus ; au lieu d'en tirer des ſujets de guerre, il faut les interpréter par la pratique qui les a ſuivis immédiatement. Cette pratique immédiate eſt l'interprétation infaillible des paroles. Les parties, immédiatement après le traité, s'entendoient elles-mêmes parfaitement ; elles ſavoient mieux alors ce qu'elles avoient voulu dire qu'on ne le peut ſavoir cinquante ans après. Ainſi la poſſeſſion eſt déciſive à cet égard-là ; & vouloir la troubler, c-eſt vouloir éluder ce qu'il y a de plus aſſuré, & de plus inviolable dans le genre-humain. Pour donner quelque conſiſtance au monde, & quelque ſûreté aux nations, il faut ſuppoſer, par préférence à tout le reſte, deux points, qui ſont comme les deux poles de la terre entiere ; l'un, que tout traité de paix, juré entre deux princes eſt inviolable à leur égard, & doit toujours être pris ſimplement dans ſon ſens le plus naturel, & interprété par l'éxécution immédiate : l'autre que toute poſſeſſion paiſible, & non interrompue, depuis les temps que la juriſprudence demande pour les preſcriptions les moins favorables, doit acquérir une propriété certaine & légitime à celui qui a cette poſſeſſion, quelque vice qu'elle ait pu avoir dans ſon origine. Sans ces deux regles fondamentales, point de de repos ni de sûreté dans le genre humain. Les avez-vous toujours suivies ?

Direction XXXII.

Avez-vous fait justice au mérite de tous les principaux sujets que vous pouviez mettre dans les emplois ? En ne faisant pas justice aux particuliers sur leurs biens comme sur leurs terres, sur leurs rentes, &c. vous n'avez fait tort qu'à ces particuliers, & à leurs familles. Mais en ne comptant pour rien dans le choix des hommes, ni la vertu, ni les talents, c'est à tout votre état que vous avez fait une injustice irréparable. Ceux que vous n'avez point choisis pour les places n'ont rien perdu d'effectif ; parce que ces places n'auroient été pour eux que des occasions dangereuses pour leur salut & pour leur repos temporel : mais c'est tout votre royaume que vous avez privé injustement d'un secours que Dieu lui avoit préparé. Les hommes, d'un esprit élevé & d'un cœur droit, sont plus rares qu'on ne sauroit le croire. Il faudroit les aller chercher jusques au bout du monde : *procul, & de ultimis finibus pretium ejus*, comme dit le sage de la femme forte. Pourquoi avez-vous privé l'état du secours de ces hommes supérieurs aux autres ? Votre devoir n'étoit-il pas de choisir pour les premieres places, les premiers hommes? N'étoit-ce pas là votre principale fonction? Un roi ne fait pas la fonction de roi, en réglant les détails que d'autres qui gouvernent sous lui pourroient régler. Sa fonction essentielle est de faire ce que nul autre que lui ne peut faire. C'est de bien choisir ceux qui exercent son autorité sous lui : c'est de mettre chacun dans la place qui lui convient; & de faire tout dans l'état, non par lui-même, ce qui est impossible, mais en faisant tout faire par des hommes qu'il choisit, qu'il anime, & qu'il redresse. Voilà la véritable action de roi. Avez-vous quitté tout le reste que d'autres peuvent faire sous vous, pour vous appliquer à ce devoir essentiel, que vous seul pouvez remplir? Avez-vous eu soin de jeter les yeux sur un certain nombre de gens sensés & bien intentionnés, par qui vous puissiez être averti de tous les sujets de chaque profession qui s'élevent & qui se distinguent? Les avez-vous questionnés tous séparément pour voir si leurs témoignages, sur chaque sujet, seroient uniformes? Avez-vous eu la patience d'examiner, par ces divers canaux, les sentiments, les inclinations, les habitudes, la conduite de chaque homme que vous pouvez placer? Avez-vous vu ces hommes vous-même? Expédier des détails dans un cabinet où l'on se renferme sans cesse, c'est détober son plus précieux temps à l'état. Il faut qu'un roi voie, parle, écoute beaucoup de gens; qu'il apprenne par son expérience à étudier les hommes, qu'il les connoisse par un fréquent commerce & par un accès libre.

Il y a deux manieres de les connoître. L'une est la conversation. Si vous étudiez bien les hommes, sans paroître néanmoins les étudier, la conversation vous sera beaucoup plus utile, que beaucoup de travaux qu'on croiroit plus importants. Vous y remarquerez la légéreté, l'indiscrétion, la vanité, l'artifice des hommes, leurs flatteries, leurs fausses maximes. Les princes ont un pouvoir infini sur ceux qui les approchent: & ceux qui les approchent ont une foiblesse infinie en les approchant. La vue des princes réveille toutes les passions, & rouvre toutes les plaies du cœur. Si un prince sait profiter de cet ascendant, il sentira bientôt les foiblesses de chaque homme. L'autre maniere d'éprouver les hommes est de les mettre dans les emplois subalternes, pour essayer s'ils seront propres aux emplois supérieurs. Suivez les hommes dans les emplois que vous leur confiez, ne les perdez jamais de vue, sachez ce qu'ils font, faites leur rendre compte de ce que vous leur avez donné à faire. Voilà de quoi leur parler, quand vous les voyez: jamais vous ne manquerez de ſujet de conſervations. Vous verrez leur naturel par les partis qu'ils ont pris d'eux-mêmes. Quelquefois il eſt à propos de leur cacher vos ſentiments pour découvrir les leurs. Demandez leur conſeil & n'en prenez que ce qu'il vous plaira.

Telle eſt la vraie fonction de roi. L'avez-vous remplie ? N'avez-vous point négligé de connoître les hommes, par pareſſe d'eſprit, par une humeur qui vous rend particulier, par une hauteur qui vous éloigne de la ſociété, par des détails qui ne ſont que des vétilles en comparaiſon de l'étude des hommes, enfin par des amuſements dans votre cabinet, ſous prétexte de travail ſecret ? N'avez-vous point craint & écarté les ſujets forts & diſtingués des autres ? N'avez-vous pas craint qu'ils vous verroient de trop près, & pénétreroient trop dans vos foibleſſes, ſi vous les approchiez de votre perſonne ? N'avez-vous pas craint qu'ils ne vous flatteroient pas, qu'ils contrediroient vos paſſions injuſtes, vos mauvais goûts, vos motifs bas & indécents ? N'avez-vous pas mieux aimé vous ſervir de certains hommes intéreſſés & artificieux, qui vous flattent, qui font ſemblant de ne voir jamais vos défauts, & qui applaudiſſent à toutes vos fantaiſies ; ou bien de certains hommes médiocres & ſouples, que vous dominez aisément, que vous espérez éblouir, qui n'ont jamais le courage de vous résister, & qui vous gouvernent d'autant plus que vous ne vous défiez point de leur autorité, & que vous ne craignez point qu'ils paroissent d'un génie supérieur au vôtre? N'est-ce point par ces motifs si corrompus que vous avez rempli les principales places d'hommes foibles ou dépravés; & que vous avez laissé loin de vous tout ce qu'il y avoit de meilleur pour vous aider dans les grandes affaires? Prendre les terres, les charges & l'argent d'autrui, n'est point une injustice comparable à celle que je viens d'expliquer.

Direction XXXIII.

N'avez-vous point accoutumé vos domestiques à une dépense au-dessus de leur condition, & à des récompenses qui chargent l'état? Vos valets de chambre, vos valets de garde-robe, &c. ne vivent-ils pas comme des seigneurs, pendant que les vrais seigneurs languissent dans votre antichambre sans aucun bienfait; & que beaucoup d'autres, des plus illustres maisons, sont dans le fond des provinces réduits à cacher leur misere? N'avez-vous point autorisé, sous prétexte d'orner votre cour, le luxe d'habits, de meubles, d'équipages, &

de maisons, de tous ces officiers subalternes ; qui n'ont ni naissance, ni mérite solide ; & qui se croyent au-dessus des gens de qualité, parce qu'ils vous parlent familiérement, & qu'ils obtiennent facilement des graces ? Ne craignez-vous pas trop leur importunité ? N'avez-vous point craint de les fâcher, plus que de manquer à la justice ? N'avez-vous pas été trop sensible aux vaines marques de zele & d'attachement tendre pour votre personne, qu'ils s'empressent de vous témoigner pour vous plaire, & pour avancer leur fortune ? Ne les avez-vous pas rendus malheureux, en leur laissant concevoir des espérances disproportionnées à leur état & à votre affection pour eux ? N'avez vous pas ruiné leurs familles, en les laissant mourir sans récompense solide qui reste à leurs enfants, après que vous les avez laissés vivre dans un faste ridicule, qui a consumé les grands bienfaits qu'ils ont reçus de vous pendant leur vie ? N'en a-t'il pas été de même des autres courtisans, chacun selon son degré ? Ils sucent, pendant qu'ils vivent, le royaume entier ; en quelque temps qu'ils meurent, ils laissent leurs familles ruinées. Vous leur donnez trop, & vous leur faites encore plus dépenser. Ainsi ceux qui ruinent l'état se ruinent eux-mêmes. C'est vous qui en êtes cause, en assemblant autour de vous tant d'hommes inutiles, fastueux, dissipateurs, & qui se font de leurs plus folles dissipations un titre auprès de vous, pour vous demander de nouveaux biens, qu'ils puissent encore dissiper.

Direction XXXIV.

N'avez-vous point pris des préventions contre quelqu'un sans avoir examiné les faits ? C'est ouvrir la porte à la calomnie & aux faux rapports, ou du moins prendre témérairement les préventions des gens qui vous approchent, & en qui vous vous confiez. Il n'est point permis de n'écouter & de ne croire qu'un certain nombre de gens. Ils sont certainement hommes : quand même ils seroient incorruptibles, du moins ils ne sont pas infaillibles. Quelque confiance que vous ayez en leurs lumieres & en leur vertu, vous êtes obligé d'examiner s'ils ne sont point trompés par d'autres, & s'ils ne s'entêtent point. Toutes les fois que vous vous livrerez à un certain nombre de personnes, qui sont liées ensemble par les mêmes intérêts, ou par les mêmes sentiments, vous vous exposez volontairement à être trompé & à faire des injustices. N'avez-vous point quelquefois fermé les yeux à certaines raisons fortes, ou du moins n'avez vous pas pris certains partis rigoureux dans le doute, pour contenter ceux qui vous environnent & que vous craignez de fâcher ? N'avez-vous pas pris le parti, sur des rapports incertains, d'écarter des emplois des gens qui ont des talents, & un mérite distingué ? On dit en soi-même : *il n'est pas possible d'éclaircir ces accusations ; le plus sur est d'éloigner des emplois cet homme.* Mais cette prétendue précaution est le plus dangereux de tous les piéges. Par-là on n'approfondit rien, & on donne aux rapporteurs tout ce qu'ils prétendent. On juge le fond sans examiner, car on exclut le mérite, & on se laisse effaroucher contre toutes les personnes que les rapporteurs veulent rendre suspectes. Qui dit un rapporteur, dit un homme qui s'offre pour faire ce métier, qui s'insinue par cet horrible métier, & qui, par conséquent, est manifestement indigne de toute créance. Le croire, c'est vouloir s'exposer à égorger l'innocent. Un prince qui prête l'oreille aux rapporteurs de profession, ne mérite de connoître ni la vérité ni la vertu. Il faut chasser & confondre ces pestes de cour. Mais comme il faut être averti, le prince doit avoir d'honnêtes gens, qu'il oblige malgré eux à veiller, à observer, à savoir ce qui se passe, & à l'en avertir secrétement. Il doit choisir pour cette fonction les gens à qui elle répugne davantage, & qui ont le plus d'horreur pour le mérite infâme de rapporter. Ceux-ci ne l'avertiront que des faits véritables & importants : ils ne lui diront point toutes les bagatelles qu'il doit ignorer, & sur lesquelles il doit être commode au public. Du moins ils ne lui donneront les choses douteuses que comme douteuses : & ce sera à lui à les approfondir, ou à suspendre son jugement si elles ne peuvent être éclaircies.

Direction XXXV.

N'avez-vous point trop répandu de bienfaits sur vos ministres, sur vos favoris, & sur leurs créatures, pendant que vous avez laissé languir dans le besoin des personnes de mérite qui ont long-temps servi & qui manquent de protection ? D'ordinaire le grand défaut des princes est d'être foibles, mous, & inappliqués. Ils ne sont presque jamais déterminés par le mérite ni par les vrais défauts des gens. Le fond des choses n'est pas ce qui les touche : leur décision d'ordinaire vient de ce qu'ils n'osent refuser ceux qu'ils ont l'habitude de voir & de croire. Souvent ils les souffrent avec impatience, & ne laissent pourtant pas de demeurer subjugués. Ils voyent les défauts de ces gens-là & se contentent de les voir. Ils se savent bon gré de n'en être pas les dupes ; après quoi ils les suivent aveuglément. Ils leur sacrifient le mérite, l'innocence, les talents diſtingués, & les plus longs ſervices. Quelquefois ils écouteront favorablement un homme qui oſera leur parler contre ces miniſtres ou ces favoris, & ils verront des faits clairement vérifiés. Alors ils gronderont, & feront entendre, à ceux qui auront oſé parler, qu'ils seront ſoutenus contre le miniſtre ou contre le favori. Mais bientôt le prince ſe laſſe de protéger celui qui ne tient qu'à lui ſeul. Cette protection lui coûte trop dans le détail: & de peur de voir un viſage mécontent dans la perſonne du miniſtre, l'honnête-homme, par qui l'on avoit ſu la vérité, ſera abandonné à ſon indignation. Après cela méritez-vous d'être averti? Pouvez-vous eſpérer de l'être? Quel eſt l'homme ſage qui oſera aller droit à vous, ſans paſſer par le miniſtre dont la jalouſie eſt implacable? Ne méritez-vous pas de ne plus voir que par ſes yeux? N'êtes-vous pas livré à ſes paſſions les plus injuſtes, & à ſes préventions les plus déraiſonnables? Vous laiſſez-vous quelque remede contre un ſi grand mal?

Direction XXXVI.

Ne vous laiſſez-vous point éblouir par certains hommes vains, hardis, & qui ont l'art de ſe faire valoir, pendant que vous négligez & laiſſez loin de vous le mérite ſimple, modeste, timide & caché ? Un prince montre la grossiéreté de son goût, lorsqu'il ne sait pas discerner combien ces esprits si hardis, & qui ont l'art d'imposer, sont superficiels & pleins de défauts méprisables. Un prince sage & pénétrant, n'estime ni les esprits évaporés, ni les grands parleurs, ni ceux qui décident d'un ton de confiance, ni les critiques dédaigneux, ni les moqueurs, qui tournent tout en plaisanterie. Il méprise ceux qui trouvent tout facile, qui applaudissent à tout ce qu'il veut, qui ne consultent que ses yeux, ou le ton de sa voix, pour deviner sa pensée, & pour l'approuver. Il recule loin des emplois de confiance, ces hommes qui n'ont que des dehors sans fond. Au contraire il cherche, il prévient, il attire à soi les personnes judicieuses & solides, qui n'ont aucun empressement, qui se défient d'elles-mêmes, qui craignent les emplois, qui promettent peu & qui tâchent de faire beaucoup, qui ne parlent guere & qui pensent toujours, qui parlent d'un ton douteux, & qui savent contredire avec respect.

De tels sujets demeurent souvent obscurs dans les places inférieures, pendant que les premieres sont occupées par des hommes grossiers & hardis, qui ont imposé au prince, & qui ne servent qu'à montrer combien il manque de discernement. Tandis que vous négligerez de chercher le mérite caché, & de réprimer les gens empressés, & dépourvus des qualités solides, vous serez responsable devant Dieu de toutes les fautes qui seront faites par ceux qui agiront sous vous. Le métier d'adroit courtisan perd tout dans un état. Les esprits les plus courts & les plus corrompus sont souvent ceux qui apprennent le mieux cet indigne métier. Ce métier gâte tous les autres : le médecin néglige la médecine : le prélat oublie les devoirs de son ministere ; le général d'armée songe bien plus à faire sa cour qu'à défendre l'état : l'ambassadeur négocie bien plus pour ses propres intérêts à la cour de son maître, qu'il ne négocie pour les intérêts de son maître à la cour où il est envoyé. L'art de faire sa cour gâte les hommes de toutes les professions, & étouffe le vrai mérite.

Rabaissez donc ces hommes dont tout le talent ne consiste qu'à plaire, qu'à flatter, qu'à éblouir, qu'à s'insinuer pour faire fortune. Si vous y manquez, vous remplirez indignement vos places, & le vrai mérite demeurera toujours en arriere. Votre devoir est de reculer ceux qui s'avancent trop, & d'avancer ceux qui demeurent reculés en faisant leur devoir.

Direction XXXVII,

ET DERNIERE.

N'avez-vous point entassé trop d'emplois sur la tête d'un seul homme, soit pour contenter son ambition, soit pour vous épargner la peine d'avoir beaucoup de gens à qui vous soyez obligé de parler ? Dès qu'un homme est l'homme à la mode, on lui donne tout, on voudroit qu'il fît lui seul toutes choses. Ce n'est pas qu'on l'aime ; car on n'aime rien : ce n'est pas qu'on s'y fie ; car on se défie de la probité de tout le monde : ce n'est pas qu'on le trouve parfait : car on est ravi de le critiquer souvent ; mais c'est qu'on est paresseux & sauvage. On ne veut point avoir à compter avec tant de gens. Pour en voir moins & pour n'être point observé de près par tant de personnes, on fera faire à un seul homme ce que quatre auroient grand peine à bien faire. Le public en souffre ; les expéditions languissent ; les surprises & les injustices sont plus fréquentes & plus irrémédiables. L'homme est accablé & seroit bien fâché de ne l'être pas. Il n'a le temps, ni de penser, ni d'approfondir, ni de faire des plans, ni d'étudier les hommes dont il se sert :

il est toujours entraîné au jour la journée, par un torrent de détails à expédier.

D'ailleurs cette multitude d'emplois sur une seule tête, souvent assez foible, exclut tous les meilleurs sujets qui pourroient se former & faire de grandes choses. Tout talent demeure étouffé. La paresse du prince en est la vraie cause. Les plus petites raisons décident sur les grandes affaires. De-là naissent des injustices innombrables. *Pauca de te*, disoit saint Augustin au comte Boniface, *sed multa propter te*. Peut-être ferez-vous peu de mal par vous-même ; mais il s'en fera d'infinis par votre autorité mise en mauvaises mains.

FIN des Directions.

SUPPLÉMENT, OU ADDITION

AUX DIRECTIONS PRÉCÉDENTES XXV - XXX.

Concernant en particulier,

Non-ſeulement le droit légitime, mais même la néceſſité indiſpenſable de former des alliances, tant offenſives que deffenſives, contre une puiſſance ſupérieure, juſtement redoutable aux autres, & tendant manifeſtement à la monarchie univerſelle.

Les états voiſins les uns des autres ne ſont pas ſeulement obligés à ſe traiter mutuellement ſelon les regles de la juſtice & de la bonne foi; mais ils doivent encore pour leur ſûreté particuliere, autant que pour l'intérêt commun; faire une espece de société & de république générale.

Il faut compter, qu'à la longue, la plus grande puissance prévaut toujours & renverse les autres, si les autres ne se réunissent point pour faire le contrepoids. Il n'est pas permis d'espérer, parmi les hommes, qu'une puissance supérieure demeure dans les bornes d'une exacte modération; & qu'elle ne veuille dans sa force, que ce qu'elle pourroit obtenir dans sa plus grande foiblesse. Quand même un prince seroit assez parfait pour faire un usage si merveilleux de sa prospérité, cette merveille finiroit avec son regne. L'ambition naturelle des souverains, les flatteries de leurs conseillers, & la prévention des nations entieres, ne permettent pas de croire qu'une nation, qui peut subjuguer les autres, s'en abstienne pendant des siecles entiers. Un regne où éclateroit une justice si extraordinaire, seroit l'ornement de l'histoire, & un prodige qu'on ne peut plus revoir.

Il faut donc compter sur ce qui est réel & journalier, qui est que chaque nation cherche à prévaloir sur toutes les autres qui l'environnent. Chaque nation est donc obligée à veiller sans cesse pour prévenir l'excessif agrandissement

ſement de chaque voiſin, pour ſa ſûreté propre. Empêcher le voiſin d'être trop puiſſant, ce n'eſt point faire un mal : c'eſt ſe garantir de la ſervitude, & en garantir ſes autres voiſins. En un mot, c'eſt travailler à la liberté, à la tranquillité, au ſalut public. Car l'agrandiſſement d'une nation, au-delà d'une certaine borne, change le ſyſtême général de toutes les nations qui ont rapport à celle-là. Par exemple, toutes les ſucceſſions qui ſont entrées dans la maiſon de Bourgogne, puis celles qui ont élevé la maiſon d'Autriche, ont changé la face de toute l'Europe. Toute l'Europe a dû craindre la *monarchie univerſelle* ſous Charles-Quint ; ſur-tout après que François I eut été défait & pris à Pavie. Il eſt certain qu'une nation, qui n'avoit rien à démêler directement avec l'Eſpagne, ne laiſſoit pas alors d'être en droit, pour la liberté publique, de prévenir cette puiſſance rapide qui ſembloit prête à tout engloutir.

Les particuliers ne ſont pas en droit de s'oppoſer de même à l'accroiſſement des richeſſes de leurs voiſins : parce qu'on doit ſuppoſer que cet accroiſſement d'autrui ne peut être leur ruine. Il y a des loix écrites & des magiſtrats pour réprimer les injuſtices & les violences entre les familles inégales en biens ; mais pour les états, ils ne ſont pas de même. Le trop grand accroissement d'un seul peut être la ruine & la servitude de tous les autres qui sont ses voisins : il n'y a ni loix écrites, ni juges établis, pour servir de barriere contre les invasions du plus puissant. On est toujours en droit de supposer que le plus puissant, à la longue, se prévaudra de sa force, quand il n'y aura plus d'autre force à peu près égale qui puisse l'arrêter. Ainsi chaque prince est en droit & en obligation de prévenir, dans son voisin, cet accroissement de puissance qui jetteroit son peuple & tous les autres peuples voisins dans un danger prochain de servitude sans ressource.

Par exemple, Philippe II Roi d'Espagne, après avoir conquis le Portugal, veut se rendre maître de l'Angleterre. Je sais bien que son droit étoit mal fondé ; car il n'en avoit que par la reine Marie sa femme, morte sans enfants. Elisabeth, illégitime, ne devoit point régner. La couronne appartenoit à Marie Stuart, & à son fils. Mais enfin, supposé que le droit de Philippe II eut été incontestable, l'Europe entiere auroit eu raison néanmoins de s'opposer à son établissement en Angleterre : car ce royaume si puissant, ajouté à ses états d'Espagne, d'Italie, de Flandre, des Indes orientales & occidentales, le mettoit en état de faire la loi, sur-tout par ses forces maritimes, à toutes les autres puissances de la chrétienté. Alors, *summum jus, summa injuria*. Un droit particulier de succession ou de donation, devoit céder à la loi naturelle de la sûreté de tant de nations. En un mot, tout ce qui renverse l'équilibre, & qui donne le coup décisif pour la monarchie universelle, peut être juste, quand même il seroit fondé sur des loix écrites dans un pays particulier. La raison en est, que ces loix écrites chez un peuple, ne peuvent prévaloir sur la loi naturelle de la liberté & de la sûreté commune, gravée dans le cœur de tous les autres peuples du Monde. Quand une puissance monte à un point que toutes les autres puissances voisines ensemble ne peuvent plus lui résister, toutes ces autres sont en droit de se liguer pour prévenir cet accroissement, après lequel il ne seroit plus temps de défendre la liberté commune. Mais pour faire légitimement ces sortes de ligues, qui tendent à prévenir un trop grand accroissement d'un état, il faut que le cas soit véritable & pressant : il faut se contenter d'une ligue défensive, ou du moins ne la faire offensive, qu'autant que la juste & nécessaire défense se trouvera renfermée dans les desseins d'une agression. Encore même faut-il toujours dans les traités de ligues offensives poser des bornes précises, pour ne détruire jamais une puissance, sous prétexte de la modérer.

Cette attention à maintenir une espece d'égalité & d'équilibre, entre les nations voisines, est ce qui en assure le repos commun. A cet égard toutes les nations voisines, & liées par le commerce, font un grand corps, & une espece de communauté. Par exemple, la chrétienté fait une espéce de république générale qui a ses intérêts, ses craintes, ses précautions à observer. Tous les membres qui composent ce grand corps, se doivent les uns aux autres pour le bien commun, & se doivent encore à eux-mêmes pour la sûreté de la patrie, de prévenir tout progrès de quelqu'un des membres qui renverseroit l'équilibre, & qui se tourneroit à la ruine inévitable de tous les autres membres du même corps. Tout ce qui change ou altére ce systême général de l'Europe est trop dangereux, & traîne après soi des maux infinis.

Toutes les nations voisines sont tellement liées par leurs intérêts les unes aux autres, & au gros de l'Europe, que les moindres progrès particuliers peuvent altérer ce systême général qui fait l'équilibre, & qui peut seul faire la sûreté publique. Otez une pierre d'une voûte, tout l'édifice tombe, parce que toutes les pierres se soutiennent en s'entrepoussant.

L'humanité met donc un devoir mutuel de défense du salut commun, entre les nations voisines, contre un état voisin qui devient trop puissant; comme il y a des devoirs mutuels entre les concitoyens pour la liberté de la patrie. Si le citoyen doit beaucoup à sa patrie, dont il est membre, chaque nation doit, à plus forte raison, bien davantage au repos & au salut de la république universelle dont elle est membre, & dans laquelle sont renfermées toutes les patries des particuliers.

Les ligues défensives sont donc justes & nécessaires, quand il s'agit véritablement de prévenir une trop grande puissance qui seroit en état de tout envahir. Cette puissance supérieure n'est donc pas en droit de rompre la paix avec les autres états inférieurs, précisément à cause de leur ligue défensive; car ils sont en droit & en obligation de la faire.

Pour une ligue offensive elle dépend des circonstances. Il faut qu'elle soit fondée sur des infractions de paix, ou sur la détention de quelque autre pays des alliés, ou sur la certitude de quelque autre fondement semblable. Encore même faut-il toujours, comme je l'ai déja dit (*), borner de tels traités à des con-

---

(*) Voyez ci-dessus pages 59 & 60.

ditions qui empêchent ce qu'on voit ; c'est qu'une nation se sert de la nécessité d'en rabattre une autre qui aspire à la tyrannie universelle, pour y aspirer elle-même à son tour. L'habileté aussi bien que la justice & la bonne foi, en faisant des traités d'alliance, est de les faire très précis, très éloignés de toutes équivoques, & exactement bornés à un certain bien que vous en voulez tirer prochainement. Si vous n'y prenez garde, les engagements que vous prenez se tourneront contre vous, en abbattant trop vos ennemis & en élevant trop vos alliés. Il vous faudra, ou souffrir ce qui vous détruit, ou manquer à votre parole ; choses presque également funestes.

Continuons à raisonner sur ces principes, en prenant l'exemple particulier de la chrétienté, qui est le plus sensible pour nous.

Il n'y a que quatre sortes de systêmes. Le premier est d'être absolument supérieur à toutes les autres puissances, même réunies : c'est l'état des romains, & celui de Charlemagne. Le second est d'être dans la chrétienté la puissance supérieure aux autres, qui font néanmoins à peu près le contrepoids en se réunissant. Le troisieme est d'être une puissance inférieure à une autre, mais qui se soutient par son union avec tous les voisins, contre cette puissance prédominante. Enfin le quatrieme est d'une puissance à peu près égale à une autre, qui tient tout en paix par cette espéce d'équilibre, qu'elle garde sans ambition & de bonne foi.

L'état des romains & de Charlemagne n'est point un état qu'il vous soit permis de desirer. I. Parce que pour y arriver, il faut commettre toutes sortes d'injustices & de violences: il faut prendre ce qui n'est point à vous, & le prendre par des guerres abominables dans leur étendue. II. Ce dessein est très dangereux: souvent les états périssent par ces folles ambitions. III. Ces empires immenses qui ont fait tant de maux en se formant, en font bientôt après d'autres encore plus effroyables, en tombant par terre. La premiere minorité, ou le premier regne foible, ébranle les trop grandes masses, & sépare des peuples qui ne sont encore accoutumés, ni au joug, ni à l'union mutuelle. Alors quelles divisions, quelles confusions, quelles anarchies irrémédiables! On n'a qu'à se souvenir des maux qu'ont fait en occident la chûte si prompte de l'empire de Charlemagne; & en orient le renversement de celui d'Alexandre, dont les capitaines firent encore plus de maux pour partager ses dépouilles, qu'il n'en avoit fait lui-même en ravageant l'Asie. Voilà donc le systême le plus éblouissant, le plus flatteur & le plus funeste, pour ceux mêmes qui viennent à bout de l'exécuter.

Le second systême est d'une puissance supérieure à toutes les autres, qui font contre elle à peu près l'équilibre. Cette puissance supérieure a l'avantage contre les autres d'être toute réunie, toute simple, absolue dans ses ordres, toute certaine dans ses mesures. Mais à la longue, si elle ne cesse de réunir contre elle les autres en excitant la jalousie, il faut qu'elle succombe. Elle s'épuise, elle est exposée à beaucoup d'accidents internes & imprévus, ou les attaques du dehors peuvent la renverser soudainement. De plus elle s'use pour rien, & fait des efforts ruineux pour une supériorité qui ne lui donne rien d'effectif, & qui l'expose à toutes sortes de deshonneurs & de dangers. De tous les états, c'est certainement le plus mauvais, d'autant plus qu'il ne peut jamais aboutir dans sa plus étonnante prospérité, qu'à passer dans le premier systême, que nous avons déja reconnu injuste & pernicieux.

Le troisieme systême est d'une puissance inférieure à une autre, mais en sorte que l'inférieure, unie au reste de l'Europe, fait l'équilibre contre la supérieure, & la sûreté de tous les autres moindres états. Ce systême a ses incommodités & ses inconvénients ; mais il risque moins que le précédent : parce qu'on est sur la défensive, qu'on s'épuise moins, qu'on a des alliés, & qu'on n'est point d'ordinaire dans cet état d'infériorité, dans l'aveuglement & dans la présomption insensée qui menace de ruine ceux qui prévalent. On voit presque toujours, qu'avec un peu de temps, ceux qui avoient prévalu, s'usent & commencent à déchoir. Pourvu que cet état inférieur soit sage, modéré, ferme dans ses alliances, précautionné pour ne leur donner aucun ombrage, & pour ne rien faire que par leur avis pour l'intérêt commun, il occupe cette puissance supérieure jusqu'à ce qu'elle baisse.

Le quatrieme systême est d'une puissance à peu près égale à une autre ; avec laquelle elle fait l'équilibre pour la sûreté publique. Etre dans cet état, & n'en vouloir point sortir par ambition, c'est l'état le plus sage & le plus heureux. Vous êtes l'arbitre commun, tous vos voisins sont vos amis : du moins ceux qui ne le sont pas, se rendent par là suspects à tous les autres. Vous ne faites rien qui ne paroisse fait pour vos voisins aussi bien que pour vos peuples. Vous vous fortifiez tous les jours, & si vous parvenez, comme cela est presque infaillible à la longue par un sage gouvernement, à avoir plus de forces intérieures, & plus d'alliances au-dehors que la puissance jalouse de la vôtre ; alors il faut s'affermir de plus en plus dans cette sage modération qui vous borne à entretenir l'équilibre & la sûreté commune. Il faut toujours se souvenir des maux que coûtent au dedans & au-dehors de son état les grandes conquêtes ; du risque qu'il y a à les entreprendre ; qu'elles sont sans fruit ; & enfin de la vanité, de l'inutilité du peu de durée des grands empires, & des ravages qu'ils causent en tombant.

Mais comme il n'est pas permis d'espérer qu'une puissance supérieure à toutes les autres, demeure long-temps sans abuser de cette supériorité, un prince bien sage & bien juste ne doit jamais souhaiter de laisser à ses successeurs, qui seront, selon toutes les apparences, moins modérés que lui, cette continuelle & violente tentation d'une supériorité trop déclarée. Pour le bien même de ses successeurs & de ses peuples, il doit se borner à une espece d'égalité. Il est vrai qu'il y a deux sortes de supériorités. L'une extérieure qui consiste en étendue de terres, en places fortifiées, en passages pour entrer dans les terres de ses voisins, &c. Celle-là ne fait que causer des tentations aussi funestes à soi-même qu'à ses voisins ; qu'exciter la haine, la jalousie, & les ligues. L'autre est intérieure & solide. Elle consiste dans un peuple plus nombreux, mieux discipliné, plus appliqué à la culture des terres & aux arts nécessaires. Cette supériorité d'ordinaire est facile à acquérir, sure, à l'abri de l'envie & des ligues ; plus propre même que les conquêtes & que les places fortes, à rendre un peuple invincible. On ne sauroit donc trop chercher cette seconde supériorité, ni trop éviter la premiere qui n'a qu'un faux éclat.

Achevé de transcrire, à la Haye le 30 Mai 1720, après une copie faite sur une qui sortoit de l'hôtel de Beauvilliers.

FIN du premier Supplément.

AUTRE SUPPLÉMENT,

Contenant diverses maximes de saine politique, & de sage administration, tirées, tant des autres écrits de Mr. de Cambrai, que de ses simples conversations.

TOUTES les nations de la terre ne sont que les différentes familles d'une même république, dont Dieu est le pere commun. La loi naturelle & universelle, selon laquelle il veut que chaque famille soit gouvernée, est de préférer le bien public à l'intérêt particulier.

Si les hommes suivoient exactement cette loi naturelle, chacun feroit, & par amitié, ce qu'il ne fait à présent que par crainte, ou par intérêt. Mais les passions malheureusement nous aveuglent, nous corrompent, & nous empêchent ainsi de connoître & d'aimer cette grande & sage loi. Il a fallu l'expliquer & la faire exécuter par des loix civiles ; & par conséquent établir une autorité suprême qui jugeât en dernier ressort, & à laquelle tous les hommes pussent avoir recours, comme à la source de l'unité politique & de l'ordre civil. Autrement il y auroit autant de gouvernements arbitraires qu'il y a de têtes.

L'amour du peuple, le bien public, l'intérêt général de la société, est donc la loi immuable & universelle des souverains. Cette loi est antérieure à tout contrat. Elle est fondée sur la nature même. Elle est la source & la regle sûre de toutes les autres loix. Celui qui gouverne doit être le premier & le plus obéissant à cette loi primitive. Il peut tout sur les peuples ; mais cette loi doit pouvoir tout sur lui. Le pere commun de la grande famille ne lui a confié ses enfants que pour les rendre heureux. Il veut qu'un seul homme serve par sa sagesse à la félicité de tant d'hommes ; & non que tant d'hommes servent par leur misere à flatter l'orgeuil d'un seul. Ce n'est point pour lui-même que Dieu l'a fait roi. Il ne l'est que pour être l'homme des peuples : & il n'est digne de royauté qu'autant qu'il s'oublie réellement lui-même pour le bien public.

Le despotisme tyrannique des souverains

est un attentat sur les droits de la fraternité humaine. C'est renverser la grande & sage loi de la nature, dont ils ne doivent être que les conservateurs. Le despotisme de la multitude est une puissance folle & aveugle, qui se forcene contre elle-même. Un peuple gâté par une liberté excessive, est le plus insupportable de tous les tyrans. La sagesse de tout gouvernement, quel qu'il soit, consiste à trouver le juste milieu entre ces deux extrémités affreuses, dans une liberté moderée par la seule autorité des loix. Mais les hommes aveugles & ennemis d'eux-mêmes, ne sauroient se borner à ce juste milieu.

Triste état de la nature humaine ! Les souverains, jaloux de leur autorité, veulent toujours l'étendre. Les peuples passionnés pour leur liberté, veulent toujours l'augmenter. Il vaut mieux cependant souffrir, pour l'amour de l'ordre, les maux inévitables dans tous les états, même les plus réglés, que de secouer le joug de toute autorité, en se livrant sans cesse aux fureurs de la multitude qui agit sans regle & sans loix. Quand l'autorité souveraine est donc une fois fixée par les loix fondamentales, dans un seul, dans peu, ou dans plusieurs, il faut en supporter les abus, si l'on ne peut y remédier par des voyes compatibles avec l'ordre.

Toutes ces ſortes de gouvernements ſont néceſſairement imparfaits, puis qu'on ne peut confier l'autorité ſuprême qu'à des hommes; & toutes ſortes de gouvernement ſont bonnes, quand ceux qui gouvernent ſuivent la grande loi du bien public. Dans la théorie, certaines formes paroiſſent meilleures que d'autres ; mais dans la pratique, la foibleſſe ou la corruption des hommes, ſujets aux mêmes paſſions, expoſent tous les états à des inconvénients à peu près égaux. Deux ou trois hommes entraînent toujours le monarque ou le ſénat.

On ne trouvera donc pas le bonheur de la ſociété humaine, en changeant & en bouleverſant les formes déja établies : mais en inſpirant aux ſouverains, que la ſûreté de leur empire dépend du bonheur de leurs ſujets; & aux peuples, que leur ſolide & vrai bonheur demande la ſubordination. La liberté ſans ordre eſt un libertinage, qui attire le deſpotiſme. L'ordre, ſans la liberté, eſt un eſclavage, qui ſe perd dans l'anarchie.

D'un côté on doit apprendre aux princes, que le pouvoir ſans bornes eſt une frénéſie, qui ruine leur propre autorité. Quand les ſouverains s'accoutument à ne connoître d'autres loix que leurs volontés abſolues, ils ſappent le fondement de leur puiſſance. Il viendra une révolution ſoudaine & violente, qui, loin de modérer leur autorité exceſſive, l'abattra ſans reſſource.

D'un autre côté on doit enſeigner aux peuples, que les ſouverains étant expoſés aux haines, aux jalouſies, aux bévues involontaires, qui ont des conſéquences affreuſes, mais imprévues, il faut plaindre les rois & les excuſer. Les hommes ſont, à la vérité, malheureux d'avoir à être gouvernés par un roi, qui n'eſt qu'un homme ſemblable à eux : car il faudroit des dieux pour redreſſer les hommes. Les rois ne ſont pas moins infortunés, n'étant qu'hommes, c'eſt-à-dire, foibles & imparfaits, d'avoir à gouverner cette multitude innombrable d'hommes corrompus & trompeurs.

Par ces maximes, également convenables à tous les états, & en conſervant ainſi la ſubordination des rangs, on peut concilier la liberté du peuple avec l'obéiſſance due aux ſouverains, & rendre les hommes tout enſemble bons citoyens & fideles ſujets, ſoumis ſans être eſclaves, & libres ſans être effrénés. Le pur amour de l'ordre eſt la ſource de toutes les vertus politiques, auſſi bien que de toutes les vertus divines.

» Enfant

» Enfant de S. Louis » disoit le sage & pieux prélat à son illustre éleve dans une de ses lettres, » imitez votre pere. Soyez comme » lui, doux, humain, accessible, affable, » compatissant & libéral. Que votre grandeur » ne vous empêche jamais de descendre avec » bonté jusques aux plus petits, pour vous » mettre à leur place; & que cette bonté n'af- » foiblisse jamais, ni votre autorité ni leur » respect. Etudiez sans cesse les hommes. Ap- » prenez à vous en servir sans vous lier à eux. » Allez chercher le mérite jusqu'au bout du » monde. D'ordinaire il demeure modeste & » reculé. La vertu ne perce point la foule. Elle » n'a, ni avidité, ni empressement. Elle se » laisse oublier. Ne vous laissez point obséder » par des esprits flatteurs & insinuants. Faites » sentir que vous n'aimez, ni les louanges ni » les bassesses. Ne montrez de la confiance qu'à » ceux qui ont le courage de vous contredire » avec respect, & qui aiment mieux votre ré- » putation que votre faveur.

» Il est temps que vous montriez au monde » une maturité & une vigueur d'esprit propor- » tionnées au besoin présent. S. Louis, à votre » âge, étoit deja les délices des bons & la ter- » reur des méchants. Laissez donc tous les » amusements de l'âge passé. Faites voir que

» vous pensez & que vous pensez ce qu'un » prince doit penser & sentir. Il faut que les » bons vous aiment, que les méchants vous » craignent, & que tous vous estiment. Hâ- » tez-vous de vous corriger pour travailler uti- » lement à corriger les autres.

» La piété n'a rien de foible, ni de triste, » ni de gêné. Elle élargit le cœur. Elle est sim- » ple & aimable. Elle se fait tout à tous pour » les gagner tous. Le royaume de Dieu ne con- » siste pas dans une scrupuleuse observation de » petites formalités, il consiste pour chacun » dans les vertus propres à son état. Un grand » prince ne doit pas servir Dieu de la même » façon qu'un solitaire, ou qu'un simple par- » ticulier.

» S. Louis s'est sanctifié en grand roi. Il » étoit intrépide à la guerre, décisif dans ses » conseils, supérieur aux autres par la noblesse » de ses sentiments, sans hauteur, sans pré- » somption, sans dureté. Il suivoit en tout les » véritables intérêts de sa nation, dont il étoit » autant le pere que le roi. Il voyoit tout de » ses propres yeux dans les affaires principales. » Il étoit appliqué, prévoyant, modéré, droit » & ferme dans les négociations; en sorte que » les étrangers ne se fioient pas moins à lui que

» ſes propres ſujets. Jamais prince ne fut plus » ſage pour policer les peuples, & pour les » rendre tout enſemble bons & heureux. Il ai- » moit avec confiance & tendreſſe tous ceux » qu'il devoit aimer ; mais il étoit ferme pour » corriger ceux qu'il aimoit le plus. Il étoit » noble & magnifique ſelon les mœurs de ſon » temps, mais ſans faſte & ſans luxe. Sa dé- » penſe, qui étoit grande, ſe faiſoit avec tant » d'ordre, qu'elle ne l'empêchoit pas de déga- » ger tout ſon domaine.

» Soyez héritier de ſes vertus avant que de » l'être de ſa couronne. Invoquez-le avec con- » fiance dans vos beſoins. Souvenez-vous que » ſon ſang coule dans vos veines, & que l'eſ- » prit de foi qui l'a ſanctifié doit être la vie de » votre cœur. Il vous regarde du haut du ciel, » où il prie pour vous & où il veut que vous » régniez un jour en Dieu avec lui. Uniſſez- » donc votre cœur au ſien. *Conſerva, fili mi,* » *præcepta patris tui.* »

Autant affectionné au bonheur du genre humain en général, qu'à celui de ſa propre nation en particulier ; & autant ennemi de la violence & de la perſécution, qu'ami ſincere de la juſtice & de l'équité ; voici les ſages & judicieux conſeils que notre illuſtre prélat donna au chevalier de S. George, lorſqu'il fut le voir à Cambrai en 1709 ou 10.

« Sur toutes choſes ne forcez jamais vos » ſujets à changer leur religion. Nulle puiſ» ſance humaine ne peut forcer le retranche» ment impénétrable de la liberté du cœur. » La force ne peut jamais perſuader les » hommes : elle ne fait que des hypocrites. » Quand les rois ſe mêlent de religion, au lieu » de la protéger, ils la mettent en ſervitude. » Accordez à tous la tolérance civile : non en » approuvant tout comme indifférent ; mais en » ſouffrant avec patience tout ce que Dieu » ſouffre, & en tâchant de ramener les » hommes par une douce perſuaſion. »

Conſidérez attentivement quels ſont « les » avantages que vous pouvez tirer de la forme » du gouvernement de votre pays, & des » égards que vous devez avoir pour votre ſénat. » Ce tribunal ne peut rien ſans vous. N'êtes» vous pas aſſez puiſſant ? Vous ne pouvez rien » ſans lui. N'êtes-vous pas heureux d'être libre » pour faire tout le bien que vous voudriez, » & d'avoir les mains liées quand vous vou» driez faire du mal ? Tout prince ſage doit » ſouhaiter de n'être que l'exécuteur des loix, » & d'avoir un conſeil ſuprême qui modere

» son autorité. L'autorité paternelle est le premier modele des gouvernements. Tout bon » pere doit agir de concert avec ses enfants, les » plus sages, & les plus expérimentés. »

Le *Télémaque*, où l'*utile* se trouve si industrieusement & si sagement enchassé parmi l'*agréable*, est tout rempli de semblables conseils, qu'il seroit extrêmement à souhaiter pour le bonheur du genre humain, que les souverains de tous les états voulussent bien écouter & suivre, mais qu'il seroit tout-à-fait superflu de transcrire ici, vu que cet excellent ouvrage se rencontre actuellement par-tout, & entre les mains de tout le monde.

FIN du dernier Supplément.

www.ingramcontent.com/pod-product-compliance
Lightning Source LLC
Chambersburg PA
CBHW071952270326
41928CB00009B/1413

9782011863195